A Plague of Sheep: Environmental Consequences of the Conquest of Mexico
by Elinor G. K. Melville

양 떼의 재앙

생태문명총서 6

양 떼의 재앙

멕시코 정복이 환경에 초래한 결과

A PLAGUE OF SHEEP

ENVIRONMENTAL CONSEQUENCES OF THE CONQUEST OF MEXICO

엘리너 G. K. 멜빌 지음

김윤경·하상섭·박구병·황보영조 옮김

한울
아카데미

나의 어머니 헬렌과 스승 찰스 깁슨을 기리며

하느님은 열 가지 끔찍한 재앙으로 이 땅과 그 안에 사는 원주민과 외국인 모두를 치시고 훈계하셨다……

첫 번째는 천연두의 재앙이었다……

두 번째는 누에바 에스파냐의 정복 과정에서 막대한 수의 사람들이 사망한 것이었다……

세 번째 재앙은 멕시코를 획득한 직후 찾아온 아주 엄청난 기근이었다……

네 번째 재앙은 공물 징수인calpixques 또는 작업 감독과 (아프리카 출신의) 흑인이라는 재앙이었다……

다섯 번째 재앙은 원주민들이 납부한 과중한 세금과 공물이었다……

여섯 번째 재앙은 금광이었다……

일곱 번째 재앙은 위대한 도시 멕시코를 건설하는 일이었다. 건설 초창기에 예루살렘의 건설 때보다 더 많은 사람들이 동원되었다……

여덟 번째 재앙은 광산 노동에 투입하기 위해 에스파냐인들이 원주민들을 노예로 삼은 것이었다……

아홉 번째 재앙은 광산의 노역이었다……

열 번째 재앙은 멕시코의 에스파냐인들 사이에 존재한 분열과 파벌 싸움이었다……

— 모톨리니아(토리비오 데 베나벤테),
『누에바 에스파냐 원주민들의 역사History of the Indians of New Spain』
(엘리자베스 안데스 포스터Elizabeth Andes Foster 번역 및 편집) 중에서

나는 대답했다. "보고에 따르면, 평소에 대단히 길들여지고 사료를 먹이는 데도 돈이 얼마 들지 않는 여러분의 양들이 이제 몹시 탐욕스럽고 사나워지기 시작해 사람들을 집어삼키며 인구를 줄이고 들판, 가옥, 도시 들을 완전히 파괴하고 있다."

— 토머스 모어 경Sir Thomas More, 『유토피아Utopia』

차례

표와 그림 차례

서문

 이 책은 유럽인들의 신세계 정복이 환경에 미친 결과에 관한 연구서이다. 16세기 멕시코의 메스키탈 계곡Valle del Mezquital〔메스키트 숲(메스키트는 아메리카 원산의 콩과 식물 관목으로 숯을 만들거나 음식 굽는 불을 피울 때 흔히 쓰임 — 옮긴이)〕의 역사(1530~1600)를 소재로 한 사례 연구로서 구세계의 방목 가축들이 신세계 생태계로 유입되면서 그와 관련해 발생한 변화에 초점을 맞춘다. 이 연구는 이 과정과 연관된 생태적·사회적 변화가 어떻게 영토의 정복과 지배를 초래했는지 보여주고자 시도한다.

 이 연구는 신세계의 정복이 정치적 정복만큼이나 생물학적 정복이었고 신세계 환경의 변화를 수반했다는 앨프리드 크로스비Alfred Crosby의 통찰력에 토대를 둔다. 그러나 크로스비가 유럽인들이 온대 기후대를 지배하게 된 과정에 주의를 기울이는 반면, 필자는 원주민들이 경관, 사회, 문화를 지속적으로 형성해 온 열대 지역에서 정복의 특징이 무엇이었는지에 관심이 있다. 언뜻 보기에 이런 '토착' 경관은 문화와 사회뿐 아니라 생태계의 지속성을 반영하는 것처럼 보인다. 그러나 이 분명한 지속성은 오해의 소지가 있다. 닭, 돼지, 당나귀, 염소, 양, 소, 말과 노새의 존재는 모두 유럽인들의 침입이 초래한 생태 혁명의 증거이다. 원주민들의 문화와 사회의 지속성이 두드러지지만, 유럽인들의 침입의 결과로 생산 양식은 신세계의 거의 모든 지역에서 원예로부터 일종의 농목축업 형태로 크게 변화했다. 신세계에서 목축업의 발전은 독특한 식민 체제의 전개 과정에서 중요한 요소였다고 오랫동안 주장되어 왔다. 이 연구에서 필자는 목축업의 팽창이 원주민들에 대한 정복과 광활한 농촌 지역의 지배를 가능하게 만들었다는 견해뿐 아니라 이런 견해에 따른 귀결, 즉 식민 사회 자체의 전개 과정이 정복을 이뤘다는 발상을 탐구한다.

에스파냐식 토지 이용 방식의 팽창, 에스파냐식 토지 보유의 발전, 아시엔다hacienda(대농장) 체제의 형성과 같이 필자가 다음에 이어지는 장들에서 다루는 주제들은 멕시코 농촌의 역사적 전통에서 주된 요소이다. 그러나 이런 주제들로 안내하는 접근 방식은 환경사라는 장르에 속한다. 자연환경 자체가 연구의 대상이다. 필자는 구세계 방목 가축들의 도입이 초래한 변화의 본질을 이해하기 위해 식물·초식 동물계를 다루는 생물학 문헌, 특히 새로운 생태계로의 초식 동물 유입, 방목지 생태학, 토양과 물의 관계 등을 활용한다. 그뿐 아니라 필자는 천연자원의 기반이 단지 초창기의 선택에 대한 수동적 제약이 아니라 사회적 변화 과정의 적극적인 변수였다고 제안한다. 그렇지만 이는 생물학적 규칙이 인간의 행위를 추동한다고 평가되는 사회 생물학이 아니다. 또 인간 사회가 자연환경에 의해 결정된다는 환경 결정론도 아니다. 오히려 그것은 유럽인들의 신세계 정복의 맥락 안에서 환경적·사회적 변화의 호혜적 특성에 대해 탐구하려는 것이다.

이 책을 구상하고 집필하는 데 몇 년이 걸렸는데 필자는 그 과정에서 기꺼이 인정할 수밖에 없는 큰 빚을 곳곳에 쌓아왔다. 집필한 원고를 고치는 동안 다양한 판본을 읽어준 이들에게 엄청나게 도움을 받는 행운을 누려왔다. 원래 박사 학위 논문의 초고에 대한 윌리엄 테일러William Taylor의 상세한 비평은 필자가 이 최종판에서 초점을 맞추고자 노력한 구상들을 제공해 주었고 잘 알려지지 않은 무명의 대학원생에게 전해준 그의 관대한 조언과 절실했던 격려에 대해 특히 감사의 말씀을 전한다. 찰스 깁슨Charles Gibson, 후안 카를로스 가라바글리아Juan Carlos Garavaglia, 존 프레더릭 슈월러John Frederick Scwhaller는 논문 초고를 모두 읽고 필자에게 출판하도록 독려해 주었다. 최근의 수정본을 다듬는 과정에서 조지프 언스트Joseph Ernst의 비평적 독해, 서론에 대한 메리 호지Mary Hodge의 조언, 마지막 장에서 다룬 시장의 형성에 대한 샘 랜프랭코Sam Lanfranco의 논평으로부터 헤아릴 수 없이 큰 혜택을 입었다. 물론 어떤 누락도 전적으로 필자 자신의 책임이다.

라틴아메리카 역사 분야에서 활동하는 연구자들에게 저명한 학자들과 학생들이 보내준 지원은 특별하다. 귀중한 자료와 대안적 분석을 제안하느라 시간을 내주거나 단지 이야기를 들어준 모든 이들에게 감사의 말을 전하기란 불가능할 것이다. 그렇지만 수년에 걸쳐 필자와 지속적으로 대화를 나눈 크리스턴 아처Christon Archer, 아단 베나비데스Adán Benavides, 돈 베이즐리Dawn Bazely, 엘리자베스 브룸필Elizabeth Brumfiel, 찰스 프레더릭Charles Frederick, 엘리자베스 그레이엄Elizabeth Graham, 메리 호지, 허먼 콘래드Herman Konrad, 콜린 매클러클랜Colin MacLachlan, 로베르토 살몬Roberto Salmón, 존 슈월러, 리베카 스콧Rebecca Scott, 윌리엄 테일러, 에릭 밴 영Eric Van Young 등 일부 인사들에게 감사를 전하고 싶다. 필자는 또한 나를 환경사의 세계로 이끌어준 리처드 터커Richard Tucker에게 사의를 표하고 싶다.

멕시코국립문서보관소Archivo General de la Nación(Mexico)의 직원들은 필자의 문서고 작업을 즐거움으로 만들어주었고 특별히 제4관의 관리인들, 아르만도 후아레스Armando Juárez, 헤수스 로페스 마르티네스Jesús López Martínez, 아르투로 리브라도 갈리시아Arturo Librado Galicia, 세라핀 비야고메스 사발라Serafin Villagómez Zavala, 호엘 수니가 토레스Joel Zúñiga Torres에게 감사드린다. 그들은 한결같은 호의를 베풀면서 내게 다양한 문서들을 끊임없이 가져다주었다. 그리고 학사 레오나르도 곤살레스Leonardo González 가 이끌고 알레한드로 페레스 산티아고Alejandro Pérez Santiago와 알레한드로 바레라Alejandro Barrera가 돕는 기술지원부는 필자에게 훌륭한 마이크로 필름을 제공해 주었다. 필자는 또한 에스파냐 세비야의 인디아스 문서보관소Archivo General de Indias(Sevilla), 호주 시드니의 미첼 도서관Mitchell Library in Sydney, 호주 캔버라의 영연방 과학산업연구조직의 도서관Library at the Commonwealth Scientific and Industrial Research Organization in Canberra, 오스틴 소재 텍사스 주립 대학교 네티 리 벤슨 도서관Nettie Lee Benson Library at the University of Texas at Austin의 직원들의 도움에 감사드리며, 마지막으로 거론하지만 앞서 말씀드린 분들과 마찬가지로 중요한 요크 대학교York University 상호 도서 대출 부서의 사서들에게 사의를 표하고 싶다. 필자는 특별히 케임브리지 대학교 출판부Cambridge University Press의 편집자들에게 감사드린다. 그들은 수정과 교정이라는 골칫거리를 최소한으로 줄여주었고 전체 출판 과정을 출판의 세부 사항들에 관한 대단히 흥미로운 교육으로 만들어주었다. 또한 지도 제작을 맡아준 찰스 프레더릭과 표를 정리해 준 수전 레이니Susan Rainey에게 감사한다.

오랜 연구와 집필 기간 동안 필자를 지원해 준 단체들에게 진심 어린 감사를 전한다. 캐나다 박사과정장학금위원회는 박사 학위 논문 연구 첫 3년간 재정적으로 지원해 주었고 여성평생교육센터, 미시간 주립 대학교 University of Michigan의 래컴 대학원Rackham School of Graduate Studies과 동창회는 모두 정말 고마운 지원을 제공해 주었다. 초고를 고쳐 쓰는 기간 동안 필자는 캐나다 사회과학연구위원회의 박사후과정장학금과 캐나다 연구장학기금으로부터 지원을 받았다.

마지막으로 내 이웃이 되어준 멕시코 모렐로스 틀라야카판Tlayacapan, Morelos의 주민들에게 감사를 전하고 싶다. 그들은 양들의 방목과 메스키

탈 계곡에 대해 그들이 아마 그럴 것이라고 생각했거나 어쩌면 그렇게
하고 싶었을 것보다 훨씬 더 많이 알고 있었다.

1장 서론

신세계의 생물학적 정복

아스테카, 잉카, 그리고 신세계의 수많은 읍과 도시 국가 들이 군사적 패배를 겪은 뒤에 무슨 일이 벌어졌는가? 뒤이어 신세계로 유입된 에스파냐인들과 유럽인들은 어떻게 농촌 지역에 대한 통제권을 확대했는가? 이런 더 평범하고 덜 과시적이며 덜 다채로운 정복의 측면은 지속적인 결과에서 매우 중요하다. 그리고 전반적으로 유럽인들은 군사적 정복만큼이나 이런 정복 과정에서도 성공적이었다.

유럽인들의 성공은 대체로 그들이 신세계에 홀로 오지 않고 동식물, 잡초, 씨앗, 질병과 함께 왔다는 사실에서 그 원인을 찾을 수 있을 것이다. 이런 사정을 환기시키는 앨프리드 크로스비의 표현에 따르면, 유럽인들은 "대형 여행 가방같이 여러 가지로 이뤄진 혼성 생물군"[1]과 함께 이동했다. 예컨대 에스파냐인들은 단지 말과 전투용 맹견뿐 아니라 돼

---

1   Crosby, *Ecological Imperialism*, p. 89. 크로스비는 유럽인들의 성공 비결이 유럽 제국주의의 '생태적 구성 요소'에 달려 있다고 말한다. 일부 저서와 논문 들에서 그는 어떻게 유럽인들이 발을 디딘 곳 어디서나 그들의 문화와 경관을 재생산하는 수단을 갖고 여정에 올랐는지 서술해 왔다. 이질적인 구세계 종의 지속적인 유입이 초래한 인구 통계와 환경의 변화는 신세계의 정복과 지배의 주된 요소가 되었다. Crosby, 같은 책; *The Columbian Exchange*; "Ecological Imperialism" 등을 참조하라.

지, 닭, 양, 염소, 소 등 일상적인 가축들을 대동했다. 그들은 과실수, 포도 덩굴, 꽃뿐 아니라 밀과 보리 같은 곡물을 가지고 들어왔다. 잡초들은 짐승들의 털에 붙어서 왔고 씨앗이나 덩이줄기에 묻어 왔다. 쥐 같은 유해 동물들은 배의 선반에 올라타고 왔다. 정복자들은 또한 구세계의 병원균을 가지고 왔다. 침입자들은 그들이 대륙을 정복하기 위해 알고 있었던 것보다 더 많은 수단을 갖고 왔던 것이다.

유입된 종은 점령되지 않은 틈새로 조심스럽게 이동하지 않았다. 그들은 어떤 방식이로든 신세계의 생물학적·사회적 체제를 변모시킨 거대한 개체 수로 폭증했다. 생물학적인 신세계 정복, 즉 "생태 제국주의"[2]의 성공은 대부분 혼성 생물군(즉, 종의 수와 다양성)의 포괄성과 더불어 그들이 팽창하고 신세계의 환경을 바꿨던 엄청난 능력에 달려 있었다. 그것은 또한 원주민들의 경관과 사회의 변화, 그리고 새로운 생산 체제의 형성에 달려 있었다. 변화의 지나친 신속성, 엄청난 규모, 무엇보다 유입된 종의 다양성이 초래한 많은 다양한 변화 유형의 결합은 유럽인들을 거의 천하무적으로 만들었다.

생태 제국주의라는 논제는 유럽과 비슷한 기후로 방목 가축들과 작물들이 번성할 수 있었고 접촉 당시에 원주민들이 드물었던 온대 지역에서 유럽인들이 가장 효과적이었다는 분명한 증거에 의해 뒷받침된다. 아르헨티나, 캐나다, 미국같이 유럽인들이 가장 크게 성공한 지역들은 오늘날 대부분 유럽 혈통의 인구, 구세계 동식물군(밀, 소, 양)의 경제적 우위, 그리고 유럽과 유사한 경관과 사회 등으로 구별된다.[3] 유럽의 혼성 생물

---

2   Rappaport, "The Flow of Energyin Agricultural Society," p. 275; Crosby, *Ecological Imperialism*, 특히 pp. 1~7.

3   크로스비는 이 지역들을 "신新유럽neo-Europes"이라고 부른다. Crosby, 같은 책, p. 2.

군이 번성하지 않았던 곳, 예컨대 덥고 습한 열대 지역이나 멕시코처럼 원주민들이 밀집해서 그 수가 유럽인들을 압도한 곳에서 분명하게 성공이 결여되었다는 점은 또한 이 논제를 뒷받침하는 듯 보인다. 열대 지역에서는 결국 여전히 신세계의 인간 집단과 동식물이 우세하다.

그러나 아메리카의 열대 지역에서 분명한 것처럼 보이는 환경의 지속성은 오해의 소지가 있다. 유럽인들은 오늘날 우리가 라틴아메리카로 알고 있는 지역의 대부분에서 생물학적으로 우세하지 않았음에도 불구하고 멕시코와 안데스Andes 지역에 존재해 온 수준 높은 문명의 드넓은 배후지背後地를 놀랍도록 짧은 기간 내에 정치적으로 지배하게 되었다. 그리고 더 늦고 다소 불안정했지만 열대 저지대의 대부분을 어떻게든 통제하게 되었다. 더욱이 유럽과 유사한 경관이 라틴아메리카의 수준 높은 문명 배후지에서 발생하지 않았지만, 생물학적 현상現狀 또한 유지되지 않았다는 점은 분명하다. 신세계의 토착종은 유럽인들과 그 동식물들이 기반을 거의 마련하지 못했던 아시아에서처럼 침입자들에 대해 승리를 거두지는 못한다.[4] 반면 토착 생물학적 체제biological regime는 구세계 종의 유입에 이어 근본적인 변화를 겪었고, 우리가 이제 보통 신세계의 것으로 생각하는 새로운 경관들이 형성되었다.

구세계 방목 가축들의 확산과 원주민 인구의 붕괴는 이 변화의 주요 과정이었다. 천연두, 홍역, 유행성 감기 같은 유럽의 풍토병은 신세계로 유입되자 아메리카 전역을 휩쓸어 공동체를 떼죽음으로 몰아넣은 무섭고 예측할 수 없는 전염병으로 폭발했다. 전염병은 첫 100년에 걸쳐 정

---

4   『생태 제국주의Ecological Imperialism』 6장에서 크로스비는 상인들이나 1차 산물 채집(또는 채굴)자들을 제외한 유럽인들과 그들의 혼성 생물군이 습한 열대 지대와 인구가 밀집된 지역에서 성공을 거두지 못한 다양한 이유들을 논의한다.

기적으로 되풀이되었고 원주민 인구를 가장 낮은 정체 상태까지 감소시켰다. 산발적인 폭발은 식민 시대 내내 지속되었다. 전염병 자체의 치명적 특성과 원주민 인구 붕괴의 결합은 유럽인들이 원주민 인구가 밀집되어 있고 고도로 조직된 지역으로까지 빠르게 이동할 수 있었음을 의미했다. 천연두라는 전염병은 테노치티틀란Tenochtitlán을 방어하는 원주민들을 대량으로 살상해서 1521년 아스테카 제국의 몰락에 원인을 제공했다. 안데스 지역에서 또 다른 전염병은 에스파냐인들의 잉카 정복을 위한 길을 닦았다. 또한 전염병은 유럽인들에 앞서 북아메리카 내륙 지방을 휩쓸어 유럽인들의 정복을 위한 길을 터주었다고 볼 수 있다.[5] 인구의 붕괴는 메사추세츠Massachusetts만 식민지의 초대 지사 존 윈스럽John Winthrop의 성명서가 증언해 주듯이 일부 유럽인들이 전염병을 그들을 지지하려는 신의 개입으로 인식했을 정도로 효과적인 동맹이었다. "원주민들에 대해 말하자면, 주님이 우리가 소유한 것에 대한 권리를 승인해 주신 것처럼 그들은 거의 모두 천연두에 걸려 죽는다."[6] 이런 관점에 대한 분명한 확인인 듯 유입된 방목 동물들은 (최소한 처음에) 정말 엄청난 수까지 기하급수적으로 늘어났다. 농촌으로 확산되면서 그들은 신세계의 생태계

---

5   유럽인들과 접촉하기 전에 북아메리카 원주민들의 수와 그 인구 붕괴의 정도는 그들이 어떤 매개체에 의해 감염되었는가와 마찬가지로 뜨거운 논쟁을 불러일으키는 주제이다. 예컨대 휘트모어Thomas M. Whitmore와 헤니지David Henige가 《라틴아메리카 인구사 회보Bulletin, Latin American Population History》에서 지속적으로 진행한 토론을 참조하라.

6   Crosby, *Ecological Imperialism*, p. 208에서 재인용. 『콜럼버스의 교환The Columbian Exchange』 2장과 『생태 제국주의』 9장에서 크로스비가 아스테카와 잉카 제국의 패배에서 전염병이 담당한 역할에 대해 논의한 내용, 그리고 신세계와 태평양 지역으로 유입된 질병들에 대한 논의한 대목을 참조하라. 또한 McNeill, *Plagues and Peoples*를 참조하라.

를 바꿨고 에스파냐인들에 의한 농촌의 지배에서 중대한 역할을 맡았다.

이런 이질적인 종 ― 병원체病原體와 방목 동물 들― 은 정확히 어떻게 신세계 생태계로 확산**되었는가**? 그들은 일종의 비교 우위를 지녔는가? 신세계 종은 강인하지 않았거나 공격적이지 않고 웬일인지 열등했는가? 이런 질문들에 대한 답변은 놀랍도록 이국적인 이름을 지닌 두 가지 생물학적 과정에서 찾아낼 수 있다. 하나는 미개척지 전염병virgin soil epidemics으로서 병원체가 새로운 인간 집단들로 이동하는 과정이다. 다른 하나는 유제류有蹄類(발굽 동물)의 급증 또는 방목 가축들이 어떻게 새로운 생태계로 이동하는지에 관한 문제이다. 설명의 틀로서 이 두 과정 모두의 큰 이점은 그것들이 보편적인 현상이라는 점이다. 그 과정들은 신세계에만 국한된 것이 아니고 유전적 차이에 의존하지도 않는다. 또 그것들은 상상된 문화적 또는 물질적 우월성 탓으로 볼 수도 없다. 그것들은 환경이 적합하다면 어디에서든 그리고 언제든 발생한다.

미개척지 전염병

미개척지 전염병은 면역학적으로 무방비 상태의 숙주 개체군(따라서 그들의 이름), 극도로 신속한 확산, 그리고 거의 보편적인 감염 등을 특징으로 삼는다. 구세계 병원균들은 신세계 주민들이 그것에 감염된 적이 결코 없었고 방어책이 없었기 때문에 성공적이었다. 구세계 병원균들은 충격적인 속도로 퍼졌고 전체 공동체들을 감염시켰으며 결과적으로 무시무시한 사망률을 초래했다. 이 모든 새로운 질병들은 원주민들이 얼마간 면역력을 얻을 때까지 몇 년마다 반복되었는데, 그 과정은 네 세대에서 여섯 세대 정도가 걸린 것으로 보인다. 잇따른 전염병은 대대적인 인구의 붕괴를 유발했다. 예컨대 멕시코에서 인구 감소의 추정치는 에스파냐인들이 도착한 1519년부터 원주민 인구가 천천히 회복세를 보이기 시작

한 1620년까지 90~95%에 이르렀다.[7]

아메리카의 미개척지 전염병에 대한 논문에서 앨프리드 크로스비는 신세계 원주민들의 높은 사망률을 설명하는 몇 가지 요인들을 논의한다. 첫째, 그는 이 질병들을 가벼운 유아기 전염병으로 우리가 지정하는 관행이 그 유독성에 대한 오해를 불러일으킨다는 점을 지적한다. 현대 의학은 홍역과 유행성 감기 같은 질병들을 치료하지 못한다. 그것은 단지 감염된 개인을 다른 전염병들로부터 방어함으로써만 이 질병들의 특징인 통상적으로 높은 사망률을 억제할 수 있다, 지원과 구조가 불가능하다면, 사망률은 이런 질병들이 풍토병으로 자리 잡은 곳에서조차 매우 높다. 둘째, 천연두, 홍역, 유행성 감기, 가래톳 페스트, 결핵같이 신세계로 전파된 질병[8]은 15~40세의 연령 집단, 달리 말해 식량, 주거지 등의 생산과 준비에 가장 많이 관여하는 집단에서 매우 높은 사망률을 나타내는 특징을 지닌다. 이 집단 중에서 높은 비율이 사망할 때, 그렇지 않다면 생존할지 모르는 이들은 방치되고 치료를 받지 않은 합병증이나 굶주림으로 사망한다. 셋째, 아메리카 원주민들은 단 하나의 질병에는 좀처럼 감염되지 않았다. 연속적인 새로운 전염병들에 직면할 가능성이 훨씬 더 높았을 것이다. 여러 가지 미개척지 전염병들이 동시에 발생하는 곳에서 사망률은 치솟는다. 다른 전염병이 새로운 감염의 결과를 악화시키

---

7 신세계의 미개척지 전염병과 그것이 북아메리카 원주민들에게 미친 결과에 대한 간결한 서술은 Crosby, "Virgin Soil Epidemics"를 참조하라. 또한 크로스비의 『콜럼버스의 교환』과 『생태 제국주의』 9장을 참조하라. 인구 붕괴에 대한 최근의 평가와 90%라는 더 낮은 수치에 대한 주장은 Whitmore, "Population Decline"을 참조하라. 그리고 원래 인구와 그 붕괴를 둘러싼 논쟁에 관한 토론은 Henige, "Native American Population"을 참조하라.
8 신세계에서 왜 동일하거나 유사한 질병들이 나타나지 않았는지에 대한 논의는 크로스비의 『생태 제국주의』 11장과 『콜럼버스의 교환』 2장을 참조하라.

는 곳에서도 사망률은 올라간다. 현대의 경험은 되풀이되는 미개척지 전염병이 여러 사회들을 효과적으로 파괴할 수 있다는 점을 입증해 왔다. 넷째, 전염병은 겉보기에 건강한 사람들이 자신이 거주하는 촌락에서 벗어나면서 확산되었다. 이는 결국 새로운 공동체들로 전염병을 전달할 뿐이었다. 또한 전염병은 완전한 방역과 격리의 결여 탓에 퍼져 나갔다. 마지막으로 크로스비는 죽음의 불가피성에 대한 숙명론적 태도가 흔히 전체 가족의 사망을 의미했다는 점에 주목한다.[9]

신세계의 인구 붕괴는 이용 가능한 노동력의 감소, 정착 유형의 변화, 그리고 천연자원 개발의 변화 등에 반영되었다.[10] 예컨대 농업 지역에서

---

9   Crosby, "Virgin Soil Epidemic," p. 29.

10   인구의 붕괴는 분명히 식민지 사회들을 형성한 주요 동력의 하나였다. 16세기 멕시코에 대한 역사 서술은 전염병과 그것이 만들어낸 사회 경제적 결과에 초점을 맞추는 다양한 범위의 연구들을 포함한다. 학자들은 접촉 당시 신세계 주민들의 규모와 건강 상태를 입증하기 위해 생물학적·환경적·문화적·사회적 요소들을 활용해 왔다. 예컨대, Cook and Borah, *Essays in Population History*를 참조하라. 또한 Dobyns, "Estimating Aboriginal American Population: An Appraisal of Techniques with a New Hemispheric Estimate"; Whitmore, "Population Decline"; Zambardino, "Mexico's Population in the Sixteenth Century: Demographic Anomaly or Mathematical Illusion?" 등을 참조하라. 유라시아 병원체에 대한 원주민들의 민감성(병원체에 감염되기 쉬운 성질), 그리고 전염병들의 특징과 추이에 관한 주장들의 논의를 위해서는 Crosby, *The Columbian Exchange*; McNeill, *Plagues and Peoples*를 참조하라.
     일부 사회 경제사가들은 인구의 붕괴가 식민 시대 정치 경제의 발전에 미친 결과를 다뤄왔다. 그들은 식민 시대 생산 체제의 형성 과정에서 이용 가능한 노동력의 급감이 어떤 역할을 했는지에 초점을 맞췄다. 예컨대 Assadourian, "La despoblación indígena en Perú y Nueva España durante el siglo xvi y la formación de la economía colonial"; Bakewell, *Silver Mining and Society*; Borah, *New Spain's Century of Depression*; Chevalier, *La formación*; Florescano, *Estructuras y problemas agrarias*; Florescano, "La formación de los trabajadores en la época colonial"; Frank, *Mexican Agriculture*; Gibson,

는 경작지들이 줄어들고 휴경지들이 확대되었다. 16세기 멕시코의 토지 이용에 관한 독창적인 연구에서 레슬리 버드 심프슨Lesley Byrd Simpson은 원주민들의 인구 붕괴로 자유롭게 된 토지들이 에스파냐인들이 데려온 방목 가축들의 팽창을 가능하게 만들었다고 제안했다. 유명한 하나의 그 래프를 통해 심프슨은 원주민 인구가 안정세에 접어들기 시작한 1620년 경까지 인구의 하락과 동물 개체 수의 *꾸준한* 증가 간의 상관관계(두 개 체군의 증가 추세의 반비례 관계)를 보여주었다.[11] 동물 개체 수와 인구는 공간을 두고 경쟁하는 종속 변수들로 인식된다. 그러나 이 책에서 나중 에 입증될 테지만 두 개체군의 밀도는 사실 서로 아무런 관련이 없이 변 했다. 동물 개체 수는 인구의 감소에 앞서 절정에 도달했고 그다음에 인 구가 붕괴의 최저점에 도달하기 전에 추락했다. 인구의 하락은 유입된 방목 가축들의 놀랄 만한 증가를 촉발시키지 않았다. 오히려 신세계 초 목의 풍부함과 더불어 안데스 지역을 제외하고 토착 방목 가축들과의 경 쟁이 완전히 부재한 상태가 그런 증가를 유발했다.

유제류의 급증

유제류(단단한 뿔 모양의 발굽을 가진 초식 동물들[12])가 다음 세대에 그 개

Aztecs; Konrad, *A Jesuit Hacienda*; MacLeod, *Spanish Central America*; Taylor, *Landlord and Peasant* 등을 참조하라.
비원주민 인구의 증가와 분화, 상업적 농업의 발전, 지역 시장들과 상업의 성장 ― 식민 시대 정치 경제의 전개에 수반되는 과정 가운데 몇 가지를 거론한다면 ― 등의 증거와 함께 이런 연구들이 밝혀낸 생산관계의 두드러진 변동성은 식민 체제의 특징과 복잡성에 대한 우리의 생각을 근본적으로 바꿔왔다.

11   Simpson, *Exploitation of Land*.
12   길들지 않은 야생 유제류는 사슴, 순록, 들소 등을 포함한다. 염소, 돼지, 양, 소, 당나귀, 노새, 말 등은 구세계에서 흔히 볼 수 있는 유제류 가축이다.

체 수를 대체하기 위해 필요한 것보다 더 많은 먹이와 마주칠 때마다 그 결과로 유제류의 급증이 발생한다. 동물들은 미개척지 개체군과 맞닥뜨리는 병원균들과 유사한 방식으로 지나치게 많은 먹이에 반응한다. 동물들은 자신을 떠받칠 수 있는 식물 군락群落의 수용력(포화飽和 밀도)을 넘어설 때까지 기하급수적으로 늘어난다. 그러다가 그들의 개체 수는 폭락하고 그다음에 더 낮은 밀도에서 이제 줄어든 생존의 기반과 타협에 이른다. 식물 군락은 상반되는 궤적을 따라간다. 원래 초목의 현존량은 방목지에 의해 심각하게 줄어들고 동물 개체 수가 최대 밀도에 도달하기 직전에 최저 수준의 밀도와 높이에 이른다. 동물 개체 수가 하락하고 방목 압력이 제거될 때, 식물 군락은 회복되기 시작하고 과정이 시작될 때보다 더 낮은 밀도, 높이, 종 다양성에서 동물 개체 수와 타협에 이른다. 전체 과정이 다시 시작될 때 수용력의 뚜렷한 증가로 이어지는 식물 성장 조건의 근본적인 변화가 얼마간 발생하지 않는다면,[13] 동물 군취群聚와 식물 군락은 이런 타협과 적응의 수준 주위에서 변동할 것이다. 동물 개체 수의 증가는 유제류의 급증으로 알려져 있다. 식물과 동물 개체 수의 상반되는 궤적의 결합은 파괴적인 진동으로 알려져 있다(〈그림 2-2〉 참조).[14] 35년에서 40년이 걸리는 전체 과정은 매우 신속하다.[15] (파괴적인 진

---

13 칼 L. 요하네슨Carl L. Johannessen의 서술에 따르면, "방목放牧 구역의 수용력은 풀이 맛 좋고 영양가가 높은 기간과 그 뒤 몇 년 동안 사료 생산을 줄이지 않고 건강하게 부양할 수 있는 동물의 개체 수로 표시될 수 있고, 과도 방목은 가축의 개체 수가 방목 구역의 수용력을 초과할 때 발생한다". Johanssen, *Savannas of Interior Honduras*, p. 106.

14 유제류 급증의 모델과 그것을 뒷받침하는 연구에 대한 논의는 Leader-Williams, *Reindeer in South Georgia*, pp. 19~24를 참조하라. 필자가 유제류의 급증에 관한 문헌에 주목하게 된 것은 동료 생물학자 돈 베이즐리의 조언 덕분이다.

15 Caughley, "Overpopulation," p. 10.

동을 구성하는 단계들의 세부 사항은 2장에서 더 자세하게 논의될 것이다.)

유제류 급증의 전개 과정에서 식물 군락은 원형을 찾아볼 수 없을 만큼 바뀌곤 한다. 선택적 방목은 종 다양성을 단순화하고 초목의 높이와 밀도를 감소시킨다. 엄청난 방목의 압력을 견딜 수 없는 종은 외딴 장소들의 유물 전시대展示臺로 추방되고 방목에 잘 견디거나 동물의 입맛에 맞지 않는 다른 종으로 대체된다. 새로운 생물학적 체제가 발전해 급격하게 바뀐 경관에 반영된다.[16] 이런 변화들은 인간이 존재하든 아니든 간에 발생한다. 그럼에도 미개척지 전염병의 경우처럼 구세계 유제류가 신세계로 유입된 결과는 인간의 주도권, 즉 인간의 관념과 그것을 형성한 문화로부터 영향을 받았다.[17]

관념과 환경 변화

혼성 생물군의 구성원들이 단독으로 오지 않고 인간과 함께 왔다는 점을 기억해야만 한다. 신세계 환경에 불쑥 끼어든 유제류는 문화적으로 규정된 동물과 방목지 관리 체제, 즉 목축의 일원이자 일부분인 방목 가축이었다. 동물들의 섭식, 먹이와 물을 찾아 매일 유랑하는 것, 그리고 심지어 그들의 수명은 흔히 인간의 선택과 의사 결정에 달려 있었다. 그들이 풀을 뜯는 땅 역시 인간의 선택에 달려 있었다. 인간은 단순히 가축을 방목하는 데 만족하지 않고 언제나 가축들로부터 최대한의 수익을 획득하기 위해 환경을 조작한다. 조작이 취하는 형태는 문화와 과거의

---

16 Caughley, "Wildlife Management," p. 197; Leader-Williams, *Reindeer*, p. 241.
17 가축들은 야생 동물과 마찬가지로 동일한 전반적인 급증, 폭락, 그리고 생존 기반과의 타협 과정을 겪는다. 식물 군락은 야생 유제류 급증의 사례처럼 상반되는 궤적을 따라간다.

경험 모두에 좌우된다. 그러므로 목축 활동이 처음 도입되는 곳에서는 문화적·사회적 경관이 생물학적 체제에 따라 바뀐다. (안데스 지역을 제외하고) 길들인 방목 가축 없이 사회가 변화해 온 신세계에서는 특히 그랬다. 정복 이전 안데스 지역 외부에서는 뚜렷한 목축 활동이 포착되지 않았는데, 목축의 도입은 이국종異國種의 추가뿐 아니라 천연자원과 그것의 이용에 대한 완전히 이질적인 인식을 수반했다. 실제 그것은 완전히 새로운 생산 체제의 형성을 동반했다. 식생 피복被覆, vegetative cover(침식이 발생할 위험이 있는 토지에서 식물을 재배해서 지면을 덮는 일 — 옮긴이)을 근본적으로 바꾼 새롭고 특이한 동물들과 함께 경관은 달라 보였을 뿐 아니라 천연자원들의 입수와 개발 방식 또한 바뀌었다.

목축 도입의 함의를 고려할 때, 문제는 '자연스러운' 환경 변화란 무엇이었는지, 그리고 인간이 유발한 환경 변화가 무엇이었는지를 확인하는 것이다. 그리고 인간 행위의 결과로 환경 변화가 발생한 곳에서 그런 행위 뒤에 존재하는 관념이 무엇이었는지를 규명하는 것이다. 유제류의 급증을 연구하는 생물학자들은 순수하게 생물학적인 과정으로부터 인간 행위의 영향이나 결과를 분리해 내는 작업이 얼마나 어려운지 매우 잘 알고 있다. 그런 이유 때문에 유제류의 급증에 대한 연구는 인간의 영향력을 배제하고 연구의 한계를 통제하려는 시도로 외딴 섬들에서 길들지 않은 유제류 개체군을 활용하면서 수행되어 왔다.[18] 이 연구들은 거의 변함없이 파괴적인 진동에 대한 인간 개입의 결과가 침식이나 식물 종의 돌이킬 수 없는 손실과 같은 환경 훼손degradation이라는 점을 입증한다.

---

18 인간의 영향력을 분리하는 어려움에 대해서는 Bergerud, Jakinchuk, and Carruthers, "The Buffalo of the North"; Peek, "Natural Regulation of Ungulates"를 참조하라. 또한 섬 연구의 유용성에 대한 논의는 Leader-Williams, *Reindeer*, pp. 244~245, 271을 참조하라.

환경 훼손은 유제류 급증의 필연적인 결과가 아니다. 예컨대 식물 군락은 야생 유제류가 제거되면 재생될 것이고 침식은 일반적으로 잘 부서지는 토양, 가파른 경사면과 강우량의 결과라고 간주할 수 있다. 하지만 가축들이 관련된 곳에서 식생의 변화는 되돌릴 수 없을지 모른다. 목축업자들이 "때때로 가축이 나름의 동물 생태학을 마련했다면 가능했을 수 있는 것보다 더 높은 수준의 밀도에 가축을 가둬놓기"[19] 때문이다. 다시 말해 목축업자들은 식생의 훼손을 가속하면서 동물 개체 수 급증의 결과를 증폭시킨다. 인간들은 예컨대 방목지를 마련하기 위한 삼림 벌채, 풀밭의 성장을 자극하려는 방화放火, 그리고 쟁기질, 벌목이나 도로 건설 같은 다른 행위들에 의해 목축의 자연 환경을 조작함으로써 생태계를 더욱 불안정하게 만들 수 있다. 그 결과는 식물 종의 손실, 동물들의 멸종 또는 침식이다.[20]

새로운 환경으로 방목 동물들이 유입되면서 우리가 생물학 체제에서 보편적인 기준선의 변화로 여길 수 있는 상황이 초래된다. 이런 변화에 덧붙여 환경의 변형은 일반적으로 특정 지역의 물리적 특성과 상호 작용하는 인간 활동의 결과로 간주할 수 있다. 그러므로 신세계에서는 구세계의 가축과 재배 식물의 유입에 대한 환경적 반응이 연속적으로 발생했다. 그것은 야생 동물들과 연관된 생물학적 체제의 변화로부터 농작물 경작, 광물 채굴, 벌목, 석회 제조, 숯 제조, 도로 건설 등과 같은 다른 활동들과 결합된 목축의 도입에서 비롯된 변화에 이르기까지 다양했다. 이 연구에서 필자는 먼저 훼손된 경관으로 악명 높은 지역에서 환경 훼

19 Caughley, "Overpopulation," p. 14.

20 Howard, "Introduced Browsing Animals and Habitat Stability in New Zealand," pp. 425, 429; Peek, "Natural Regulation," pp. 218, 219, 224; Caughley, 같은 논문, p. 14.

손의 원인들이 무엇인지 규명하고자 목축 도입의 역사적 사례 연구들과 비교하기 위해 유제류 급증의 모델을 독립적인 표본으로 사용한다. 두 번째로 과도 방목의 이유를 검토하고 에스파냐인들의 행위와 그 환경적·사회적 결과를 빚어낸 인식이 무엇인지 제시한다. 마지막으로 급속하게 변화하는 환경이 어떻게 인식과 선택에 영향을 미치는지 보여주고자 한다.

식민 사회와 환경 변화

구세계 종이 신세계 생태계로 유입되면서 발생한 생물학적 변화가 보편적인 현상의 사례인 반면에 이런 변화의 사회적 맥락과 결과 들은 유럽인들의 신세계 정복과 유럽의 식민지들의 전개라는 특정한 역사적 과정에 속한다.

신세계 식민지들에 대한 전통적 역사는 지방 차원의 발전을 유럽에서 발생한 사건들의 결과라고 여겼다. 각 식민지는 '모국'과의 관계에 의해 형성되었기 때문이다. 그러나 지난 20~30년에 걸쳐 수행된 연구는 그 무게 중심이 에스파냐라기보다 아메리카였고 식민 체제를 형성하는 데 지방 차원의 현실이 담당한 역할을 자각하는 결과를 낳은 복잡한 사회경제적 체제를 드러내왔다. 따라서 개별 식민지 내부의 발전과 에스파냐뿐 아니라 다른 라틴아메리카 지역들에 대한 개별 식민지들의 태도에 대한 우리의 이해는 크게 바뀌어왔다. 예컨대 식민 시대 멕시코는 더 이상 주로 에스파냐 은의 출처로 간주되지 않는다. 그것은 또한 카리브해 지역을 포함하고 남으로 페루까지, 서쪽으로는 필리핀까지 확대되는 대규모 교역 지대의 중심으로 인식된다. 정복 시대의 혼란 속에서 출현한 사회는 다양하고 건강하며 놀랍도록 안정적이었고 게다가 팽창주의적이었다.

하지만 전통적인 역사의 유럽 중심적, 본질적으로 제국주의적인 접근은 아직 죽지 않았다. 그것은 새롭고 더욱 세련된 방식으로 계속 존재한다. 이런 '새로운' 설명 가운데 하나는 근대 세계 체제 이론이다.[21] 이 접근법에서 식민지들은 더 이상 별개의 분리된 단위로 여겨지지 않는다. 오히려 식민지들은 변화하는 세계 체제의 주변부로 함께 묶인다. 식민 본국과의 특정한 관계에 의해 형성되기는커녕 개별 식민지들은 이 체제의 역사의 대부분에서 세계 체제의 중심, 즉 유럽과의 관계에 의해 형성되어 왔다고 간주된다. 근대 세계 체제 이론의 기본 전제는 주변부 국가들의 천연자원과 노동력이 중심의 이익을 위해 착취되는 국제적인 불평등 교환 체제가 존재한다는 것이다. 이론가들은 이 불평등 교환 체제와 중심과 주변부 사이의 기본적인 차이가 근대 초부터 시작되는 근대 세계 체제의 특기할 만한 특징이라고 주장한다. 그러므로 16세기에 유럽과 신세계 모두의 정치 경제의 발전에 연루된 지방 차원의 과정들에 대한 연구는 근대 세계 체제의 실제적인 성장 모델의 전개에서 중요하다. 그렇지만 지금까지 16세기의 형성기에 신세계에서 전개된 지방 차원의 과정들에 대한 관심의 부족은 근대 세계 체제의 연구자들이 식민 시대의 정치 경제에 대해 지나치게 단순화한 모델을 만들어내도록 유도해 왔다. 정복과 정착의 즉각적인 결과로서 수출 지향적 채굴 경제의 강요는 처음부터 신세계 사회들의 특징으로 부각된 착취적인 생산 체제에 부가附加되었던 것으로 보인다.[22]

---

21 Wallerstein, *The Modern World System I: Capitalist Agriculture and the Origins of the European World-Economy in the Sixteenth Century*; *The Modern World System II: Mercantilism and the Consolidation of the European World-Economy*를 참조하라.

22 이매뉴얼 월러스틴은 "각 단위에 유효한 대안들이 전체의 틀에 의해 제한된다"라고 주장하면서 "주어진 대안을 선택하는 각 행위자는 사실 전체의 틀을 바꾸지만," 효과적인 변화를 위해 유럽 중심적인 맥락에 중점을 둔다는 데 동의한

반면에 식민 시대의 지배적인 생산 양식에 대한 라틴아메리카 역사학계 내의 토론 — 그것이 자본주의적이었는지, 봉건적이었는지 또는 새롭고 색다른 어떤 것이었는지 — 은 식민지적 생산관계의 발전에 지방의 현실과 라틴아메리카 외부의 현실 중 어떤 요소가 상대적으로 더 중요한 영향을 미치는지에 달려 있었다. 생산 체제를 형성하는 데 식민지의 현실이 담당하는 역할에 관한 증거가 늘어나면서, 외부적 요소의 필연적인 우위와 유럽적인 것을 흉내 내는 발전 과정에 대한 믿음은 약해졌다.[23] 사실 지방 차원의 과정들을 상세하게 검토할 때, 중심과 주변부의 사회적 생산 조직 사이의 구분은 덜 뚜렷해진다. 신세계의 발전을 외부의 자극에 대한 반응뿐 아니라 지방의 현실에 대한 대응에서 취해진 활동으로 분석함으로써 역사가들은 본질적으로 수동적인 적응의 개념을 신세계 식민지의 거주민들이 자기 자신의 역사 속에서 적극적인 행위자였다는 생각, 달리 말해 그들이 선택하고 계획하며 그 계획을 실행에 옮겼던 맥락을 그들 자신이 상당히 통제했다는 견해로 대체해 왔다.[24] 그렇다면, 신세계

다. Schwartz, "Indian Labor and New World Plantations," p. 43에서 재인용.

23 예컨대 슈워츠는 이렇게 서술한다. "식민 시대의 노예제는 (동북부 브라질에서) 지배적인 생산 양식으로 떠올랐고 그 출현 과정은 시장에 좌우되었다기보다 오히려 생산 조직에 달려 있었다. 노동 체제와 노동력의 본질은 리스본Lisbon의 궁정이나 암스테르담Amsterdam과 런던의 회계 사무소뿐 아니라 아메리카의 삼림 지대와 사탕수수밭에서도 결정되었다." Schwartz, 같은 논문, p. 79.

24 이는 라틴아메리카의 역사가들이 세계 체제의 존재를 부정한다든가 신세계의 사회와 경제 형성에 미친 세계 체제의 중요성을 거부한다는 것을 의미하지 않는다. 하지만 그것을 신세계의 변화와 발전의 유일한 원동력으로 보는 것은 문제이다. 예컨대 스턴은 다음과 같이 서술한다. "부상하는 세계 체제는 아메리카가 중상주의적 착취에 예속된 상황을 설명하는 개념으로서 여전히 중요하다. 그러나 주변부를 국제 자본주의의 핵심에 봉사하는 기능적으로 최적의 역할로 격하시키는 세계 체제의 힘은 월러스틴의 이론 체계가 제안하는 것보다 더 불확실하고 우발적인 것임이 — 독립적인 원인의 '원동력'과 내적인 모순에 의해 더

의 맥락을 그렇게 변형시킨 생물학적 변화는 어떻게 되었는가? 만일 환경이 예측할 수 없게 변화한다면, 다시 말해 지식이 적용되는 맥락이 변한다면, 그 땅 또는 축산업에 대한 지식이 무슨 가치가 있는가?

에스파냐인들이나 원주민들은 모두 역사의 포로가 아니었고 그들의 계획은 흔히 예기치 않은 결과를 낳았다. 에스파냐의 신세계 정복과 정착의 결과로 발전해 온 새로운 사회들은 유럽인들의 존재가 만들어낸 놀라울 정도로 계획되지 않고 예기치 못하며 바라지 않았던 결과에 의해 형성되었다. 사건들을 예측할 수 없었다는 점은 그리 놀랄 일이 아니다. 결국 이는 에스파냐인들에게 새로운 세계였고 에스파냐인들은 원주민들에게 이질적인 존재였다. 급속히 변화하는 자연환경에 대한 우리 나름의 경험은 에스파냐인들이 신세계의 천연자원들의 특징을 정확히 평가할 수 없었고 새로운 종을 추가함으로써 어떤 결과를 얻을지 예상할 수도 없었음을 분명히 보여준다. 예컨대 초식 동물들이 새로운 생태계로 팽창하는 과정에 대한 우리의 이해는 인간 사회와 그 환경 사이의 관계에 대해 우리가 알고 있는 많은 것만큼이나 사실 최근의 것이다. 그렇다 하더라도 전염병과 그에 따른 인구의 붕괴를 예외로 하면, 그리고 천연자원 기반이 지역 발전의 분석에서 결정적인 변수라는 사실에도 불구하고, 아마 그 지역의 환경이 바뀔 것으로 보이지 않기 때문에 환경의 변화는 의사 결정의 한 가지 요소로 거의 고려되지 않으며 식민 사회의 발전에서

강요당하고 농락당하며 내몰리는 것임이 ─ 드러난다." Steve J. Stern, "Feudalism, Capitalism, and the World-System," p. 857.
스턴은 라틴아메리카의 종속 이론가들(세계 체제 모델에 앞서 등장하고 영감을 불어넣은)이 탐구한 매우 귀중한 발전의 역사와 그것이 아프리카와 미국을 비롯해 다른 지역들로 확산된 사례를 제공한다. 또한 그는 세계 체제 이론에 대해 라틴아메리카인들의 관심이 부족했던 이유가 무엇인지를 논의한다.

적극적인 변수로 취급되지도 않는다.[25]

하지만 우리가 이미 주목해 왔듯이, 지역의 환경은 바�**었다**. 일부 사례에서는 지역의 환경이 훼손되고 토지의 생산성이 파괴되었기 때문에 천연자원 기반이 근본적으로 바뀌고 추가적인 선택이 강요되기도 했다. 우리가 주의를 기울이게 될 사례에서 원주민적 자원 개발 양식의 생산성은 지역 생태계의 취약성을 감췄다. 이런 상황 속에서 에스파냐인들은 새롭고 특이한 체제를 지원하기 위해 토지의 수용력보다 오히려 정복 당시의 생산 수준에 근거해 선택하게 되었다. 에스파냐인들이 그렇게 주도한 결과 외관상으로 풍부한 자원을 지닌 다른 지역들에 나타난 더 규모가 작고 더 집약적으로 일군 보유지보다 대규모 방목지의 발전을 강요하면서 원주민의 농업과 유입된 토지 활용 양식 모두를 위한 천연자원의 기반은 급속히 악화되었다. 다시 말해 변화하는 신세계의 현실은 에스파냐인들이 기대한 바까지는 아니라 하더라도 그들의 선택을 억제했다.

에스파냐인들이 신세계 자원들의 종류를 정확하게 평가할 수 없었거나 그것들을 바꾸는 행위의 결과와 그들의 계획이 파괴적인 결과를 초래할 가능성을 예측할 수 없었다는 것은 에스파냐인들이 신세계의 자원들을 **찾아낸 만큼** 그것들을 최대한 활용했다는 생각에 이의를 제기한다. 신세계의 상태에 대한 무지와 부적합한 전략들은 우리가 보게 될 테지만 천연자원의 기반에서 완전히 예상치 못한 변화를 초래할 수 있었고 실제로 그런 변화를 가져왔으며 따라서 선택의 맥락을 바꿨다. 구세계 종의 침입은 정착 과정에 의해 증가되고 복잡해진 수많은 변화에 시동을 걸었다. 신속한 변화 과정이 자연스럽게 끝나고 에스파냐인들이 지역 환경의

---

25   물론 이런 진술에는 일부 예외가 존재한다. 변화하는 환경을 고려하면서 분석해 온 멕시코의 역사가들 가운데 일부에 관해서는 이 책 6장의 주 3을 참조하라.

특징에 대한 지식과 이해를 습득했을 때에야 그들은 이 새로운 땅의 부富를 활용할 수 있는 최상의 수단을 충분히 통제하고 발전시키게 될 터였다.

생물학적 정복에 대한 한 가지 사례 연구

이 책에서 앞으로 우리는 유럽인들이 중부 멕시코의 고지대에 있는 메스키탈 계곡에 진입함으로써 어떤 환경적·사회적 결과들을 초래했는지 검토할 것이다. 이 지역에 대한 침입은 일종의 생태 혁명, 다시 말해 본래의 장소에서 발달해 온 환경적·사회적 변화 과정들과의 갑작스럽고 질적인 단절을 유발했다.[26] 16세기 후반기에 접어들어 인간과 메스키탈 계

---

26 생태 혁명이라는 개념은 캐롤린 머천트Carolyn Merchant의 논문 "The Theor-etical Structure of Ecological Revolutions"에서 가져온 것이다. 머천트는 다음과 같이 서술한다. "생태 혁명들은 인간이 비인간인 자연과 맺는 관계의 주요한 변화이다. 그것들은 한 사회의 생산 양식과 그 생태 사이, 그리고 한 사회의 생산 양식과 재생산 양식 사이에 발생하는 변화, 긴장, 모순에서 비롯된다. 그런 역동성은 결국 새로운 형태의 의식, 관념, 이미지와 세계관의 수용을 지지한다." 뉴잉글랜드New England의 경우에 17세기 식민지의 생태 혁명은 "토착 원주민들의 생태의 붕괴와 유럽의 동식물, 병원균, 사람 들로 이뤄진 생태적 집합체의 편입을 낳았다. 그것은 교화된 유럽인들을 야생의 자연, 다른 동물들, '짐승과 같은 미개인'보다 상위에 배치한 일련의 상징에 의해 정당화되었다. 그것은 구전에 의한 의식을 시각적 의식으로 바꿨고, 인간과 자연 사이의 상징적 교환이라는 정령精靈 신앙(애니미즘)적 구조를 초월적인 남성 신보다 부차적이고 여성 같은 자연의 이미지로 대체했다." Merchant, 같은 논문, pp. 365~366. 누에바 에스파냐Nueva España의 원주민들이 그들의 세계를 능숙하게 다뤘고, 그렇게 함으로써 식민 시대 내내 지속된 환경적·사회적 변화 과정들에 시동을 걸었다는 것은 의심할 여지가 없다. 마찬가지로 유럽인들과 그들이 가져온 혼성 생물군의 도래가 새로운 동력이 되었다는 점 역시 분명하다. 예컨대 목축의 추가는 생물학적 체제를 바꾼 새로운 초식 동물 종의 추가를 의미했을 뿐 아니라

곡의 자연환경 사이의 관계는 완전히 바뀌었다. 집약적인 관개灌漑 농업이 대규모의 목축으로 전환되었다. 그 지역은 복잡하고 인구가 조밀한 농경의 조합에서 인구 밀도가 희박한 메스키트 사막으로 변모했다. 토지와 지역의 생산 조직이 사회적으로(종족적으로는 항상 그렇지 않지만) 에스파냐인이었던 대규모 토지 소유자들의 수중에 넘어가는 동안에 원주민들은 경제적으로 주변화되었다. 변화의 과정들과 식민 체제의 전개는 원주민 사회들과 그들의 물리적 세계에 대한 정복과 지배를 의미했다.[27] 여기서 우리가 관심을 갖는 것은 바로 정복과 식민화, 그리고 변화/형성과 지역의 향후 발전에 미치는 결과라는 이 이중의 과정이다.

앞으로의 서술은 메스키탈 계곡의 경관과 그것을 형성한 주민 사이의 관계로부터 인간 중심의 경관에서 동물 중심의 경관으로 변모하는 흐름의 토대를 이뤘던 환경 변화의 과정들로 나아가고, 마지막으로 에스파냐인들의 생산 수단 접수, 원주민 공동체들의 주변화, 식민 체제의 형성에서 환경 변화가 맡은 역할에 대한 논의로 이어진다. 필자는 단순한 정량적定量的 분석뿐 아니라 묘사, 서술, 비교의 역사 등 몇 가지 접근 방식을

이미 가동 중인 것에 새로운 형태의 토지 관리와 사회적 생산 조직을 덧붙이는 작업이 불가피했다. 각종 동물(소, 양, 돼지, 말, 염소 등)은 각각 다른 생물학적 체제뿐 아니라 관리 체제를 요구하기 때문에, 그들의 유입과 연관된 변화들은 광범위하고 복잡했다. 또한 인구 붕괴의 정치적·사회적·경제적 결과를 감안한다면, 우리는 단지 두 집단의 구세계 종이 추가됨으로써 머천트가 제안한 의미에서 환경적 혁명이 발생했다는 점을 확인하게 될 것이다.

27 리처드 살부치Richard Salvucci는 『직물과 자본주의Textiles and Capitalism』의 98쪽에서 에스파냐인 직물 작업장obraje 주인들이 노동력을 입수한 방식에 대해 논의하면서 같은 논지를 전개한다. 또한 제임스 록하트James Lockhart와 스튜어트 슈워츠Stuart Schwartz가 공동 집필한 연구서 『초기 라틴아메리카Early Latin America』의 86쪽을 참조하라.

사용해 왔다. 2장에서 필자는 에스파냐인들이 진입한 시기의 메스키탈 계곡의 환경과 그것이 16세기 동안 변모하는 과정을 재구성하고자 시도한다. 2장은 그 지역에 대한 정의定義와 형성에 관련된 문제들을 논의하면서 시작하고, 전염병과 구세계 가축과 작물의 침입이 초래한 환경의 변화를 검토하며 그것이 향후 발전에 어떤 영향을 미치는지에 대해 논의한다. 메스키탈 계곡의 사례는 흥미롭다. 우리가 연구하고 있는 주제가 사실상 지역의 저발전이 마치 본래부터의 척박함 탓인 것처럼 보이도록 하면서 그 지역 환경의 특성을 신비화해서 잘 이해하지 못하게 만드는 전형적인 경관의 진화이기 때문이다. 3장에서 19세기 호주 뉴사우스웨일스New South Wales의 고지대와 고원의 역사는 목축의 도입이 새로운 생태계와 환경에 미친 영향을 보여주는 하나의 사례 연구로 활용된다. 4장에서 우리는 메스키탈 계곡이 겪은 환경 훼손의 토대를 이루고 이전의 자원 개발과 생산 양식으로의 복귀를 불가능하게 만들며 향후 발전에 해를 끼치면서 생태 혁명을 '고착'시킨 환경의 과정을 검토한다. 또한 메스키탈 계곡의 하위 지역들에서 발생한 환경 변화를 상세하게 살펴보고 이 지역의 목축과 환경 훼손 사이의 관계를 규명할 것이다. 5장과 6장에서 필자는 생태 혁명의 사회 경제적 결과와 더불어 그와 연관된 생산 양식의 변화를 설명한다. 5장에서 우리는 에스파냐인들의 토지 인수 과정을 추적하고 6장에서는 고전적인 식민지 생산 체제, 즉 아시엔다의 발전에 주목할 것이다. 우리는 이런 침입으로 촉발된 변화가 어떻게 원주민들의 저항을 무력하게 만들고 에스파냐인들이 토지에 대한 원주민들의 통제와 이용을 제한함으로써 그 지역을 지배하도록, 그리하여 에스파냐인들이 생물학적으로 지배하지 않았던 곳에서조차 정치적·경제적으로 지배하도록 도왔는지 살펴본다.

이 분석들은 일정한 제약 속에서 전개될 수밖에 없다. 16세기에 실행된 계획들의 장기적인 결과는 사실 오늘날에도 포착되고 있지만, 이 연구는 1600년에서 끝을 맺는다. 메스키탈 계곡에서 집약적인 목축(특히 목양牧羊)의 확대는 환경의 변화에서 중대한 변수였다. 그러나 집약적인 목축은 이 지역에서 매우 짧게 존속했다. 1570년대 말에 그것은 쇠퇴하고 있었고 1600년에 이르러 대규모의 목축이 지역의 생산을 지배하게 되었다. 지속적인 방목은 지역의 토지가 회복할 수 없었다는 것을 의미했지만, 16세기 말에 이미 큰 피해가 발생한 상태였다. 따라서 원인(집약적인 목축)과 결과(신속하고 심각한 환경 훼손)가 그때까지는 모두 끝나버렸다.

이 연구는 메스키탈 계곡의 경계 내에서 발생한 과정들에 주로 관심을 둔다. 이 지역의 변화의 토대를 이루는 과정들은 고립적으로 발생하지 않았다. 그것은 에스파냐인들의 정복 — 특히 두드러진 외부의 영향 — 에 의해 개시되었고 누에바 에스파냐Nueva España의 정치 경제의 발전이라는 맥락 속에서 발생했으며 따라서 외부의 끊임없는 영향에서 벗어나기 어려웠다.[28] 하지만 필자는 구세계의 방목 가축들이 이 지역의 취약한 반半건조성 생태계로 유입되면서 개시된 일련의 사건들이 진행되었을 때, 최종 결과 — 전형적으로 척박한 지역의 개발 — 는 외부의 발전과 거의 상관이 없었다고 주장한다.

끝으로 인간이 변화의 기폭제로 보인다고 할지라도, 이 연구에서는 인간을 둘러싼 환경에게 자리를 양보하고 뒷전으로 밀린다. 환경 변화의 증거가 상세히 서술되는 반면, 사회적 변화, 다시 말해 식민지 생산 조직의 발전은 그저 약술될 뿐이다. 이는 환경에 대해 필자가 지닌 어떤 철

---

28 이 경우에 외부는 지역 바깥, 다시 말해 에스파냐 제국의 식민지, 에스파냐 자체, 국제 시장 등을 포함하는 국제적 맥락뿐 아니라 누에바 에스파냐를 구성하는 지역들을 지칭한다.

학적 편향 때문이 아니라 아주 단순히 이런 종류의 연구는 시간이 걸리고 지역 내에 존재해 온 인간 사회의 상세한 역사는 계속 서술되지 않으면 안 되기 때문이다.

2장 이질적인 경관

17세기 말 어느 때에 멕시코 계곡의 북쪽에 있는 지역은 때때로 '메스키탈 계곡el Valle del Mezquital' 또는 간단히 '엘 메스키탈el Mezquital'이라는 별명을 얻었다. 그것은 메스키트가 자라는 계곡이나 장소를 의미했다. 메스키탈 계곡은 건조 상태, 토착 원주민들의 빈곤, 대토지 소유자들의 착취 등으로 잘 알려진 거의 신화적이라고 할 만큼 가난한 지역이었다. 그곳은 멕시코의 척박한 지역의 전형典型이 되었다. 하지만 그런 악명에도 불구하고 메스키탈 계곡은 어떤 지역의 특성을 드러내지 않은 불분명한 지역으로 남았다. 그것은 특정한 행정 단위 또는 정치적 단위가 아니었고, 명확하게 규정된 경제 또는 농업 체계와 연관되지 않았으며 심지어 특정한 지리적 공간과 명료하게 연결되지도 않았다. 툴라Tula강 유역에 집중되었지만, 그 경계가 동으로는 툴란싱고Tulancingo 계곡, 북으로는 메스티틀란Meztitlan 같은 뚜렷이 다른 지역들을 포함할 정도로 확대될 수 있었다. 메스키탈 계곡은 20세기에 와서야 특정한 지역으로 언급되기에 이르렀다.[1]

---

1 "(하나의 지역은) 어쩌면 어떤 종류의 체제의 실질적인 범위에 의해 경계가 결정되는 지리적 공간일 수 있다. 어떤 체제 내의 부분들은 외부의 체제와 교류하는 것보다 더 많이 서로 영향을 주고받는다." Van Young, *Hacienda and Market*, pp. 3~4.
현재의 속설에 따르면, 메스키탈 계곡은 파추카Pachuca, 때때로 툴란싱고, 그리

1900년에 멕시코시를 주기적으로 침수시켜 왔던 홍수 탓에 불어난 물이 북쪽으로 향해 툴라강과 그 지류인 살라도Salado강과 테페시Tepexi강에 흘러들었다. 1930년대에는 이 강들을 활용해 툴라강 계곡의 땅에 물을 대기 위해 관개 구역이 조성되었는데, 멕시코시로부터 쓰레기도 함께 유입되었다. 멕시코시에서 배출되는 폐수의 양이 늘어나면서 관개 구역은 규모와 중요성이 커졌다. 결국 메스키탈 계곡은 멕시코시의 폐기물을 처리하기에 편리한 장소 그 이상이 되었고 멕시코시의 시장에 채소들을 공급하는 주요 생산지로 떠올랐다. 농산물(과 이익)의 원천으로서 이 지역의 중요성이 커지면서 물과 토지에 접근할 수 있는 지방 주민들의 권리 보호가 긴급한 쟁점이 되었다. 메스키탈 계곡, 즉 현재의 관개 조직이나 향후의 확대로 포함될 토지에 의해 분명하게 확정되는 지역의 주민들의 이익을 보호하기 위해 조직들이 구성되었다.[2]

고 간혹 이달고Hidalgo주 전체를 포함한다. 이달고주 여행 안내소가 제작한 이달고주의 지도는 우이치아판Huichiapan의 메스키탈 계곡을 중심에 둔다. 연구자들은 동일하게 광범위한 정의를 채택해 왔다. 생물학자 라우로 곤살레스 킨테로 Lauro González Quintero와 시뇨레 포이용Signoret Poillon은 해당 지역의 식물군 연구에서 그 지역을 툴라강 계곡으로 한정했다. 역사가 미겔 오르톤 데 멘디사발Miguel Orthón de Mendizábal과 지질학자 블라스케스Blazquez에게 그 지역은 툴라강의 전체 배수 유역流域과 일치했다. 카나발Canabal과 마르티네스 아사드Martínez Assad는 에스파냐인들이 침입하기 전부터 있었던 실로테펙Xilotepec과 테오틀랄판Teotlalpan 프로빈시아(지방)를 그 지역에 포함시켰다. 반면 비교적 최근에 고고학자 제프리 파슨스Jeffrey Parsons는 이달고주 전체를 포괄하는 확장판을 채택해 왔다. González Quintero, *Tipos de Vegetacióndel Valle del Mezquital, Hgo*; Poillon, "Datos sobre Algunas Caracteristicas Ecologicas del Mezquite," p. 78; Mendizábal, *Obras Completas*, vol. 6, pp. 36, 40~43, 80; Blazquez, "Hidrogeología"; Canabal and Martínez Assad, *Explotación*; Parsons and Parsons, *Maguey Utilization*, p. 8의 지도를 참조하라.

2 툴라강에는 산후안델리오San Juan del Rio강이 흘러들었고 두 개의 강은 함께 목테수마Moctezuma강의 상류 배수 유역을 이룬다. Tamayo, "Hydrography," p. 91.

현재 그 지역은 메스키탈 계곡과 전통적으로 연관되어 온 척박한 경관과 다른 이미지로서 놀라운 반전을 제시한다. 물이 공급된 땅은 더 이상 척박하지 않다. 그곳의 땅은 대규모의 방목이나 멕시코인들의 전형적인 주류 폴케pulque(용설란龍舌蘭으로 빚은 술 — 옮긴이)의 생산 또는 밧줄의 제조에 쓰이는 용설란의 대량 재배에 더 이상 이용되지 않는다. 오히려 그 지역은 집약적으로 개발되고 생산성이 매우 높다. 그럼에도 메스키탈 계곡은 대중의 상상 속에 척박한 장소로 남아 있고,[3] 이런 이미지는 매우

무엇보다 중요한 행정 단위는 메스키탈 계곡의 원주민 유산Patrimonio Indígena del Valle del Mezquital: PIVM으로 알려졌고 북쪽으로 메스티틀란을 포함한다. Medina and Quesada, *Panorama de los Otomíes*, p. 39.

[3] 메스키탈 계곡에 대한 이런 이미지는 멕시코 문화에서 여전히 매우 폭넓게 퍼져 있으며 착취와 제국주의를 폭로하는 신문의 만평에서 적잖게 활용된다. 예컨대 '차별Marginación IV'이라는 제목의 만평에서는 독수리 한 마리가 "메스키탈 계곡mezquital valley"이라는 낱말이 새겨진 바위에 앉아 굶주린 농민들이 현세로부터 벗어나고자 투쟁해서 "돌로레스의 함성"을 기념할 수 있게 된 모습을 지켜본다. "돌로레스의 함성"은 1810년에 무기를 들 것을 요구하면서 (멕시코의) 독립 운동을 개시한 기념일이다. 더 작은 바위에는 "이달고의 해"라는 문구가 새겨져 있다. Vázquez Lira, *Unomásuno*. 이 만평에서 차별과 착취는 메스키탈 계곡, 굶주린 농민들에 대한 언급과 독수리 — 아마 농민들의 관점에서 본 멕시코의 독수리로서 멕시코 정부의 상징일 듯하다 — 에 의해 표상된다. 그 지역의 이름을 영어식으로 표기함으로써 미국이라는 외세의 지배를 표현한다. 그리고 그 행위를 독립 기념행사의 맥락에 자리매김함으로써 현재의 종속은 과거의 독립과 대비된다.

다양한 분야의 학자들의 연구는 대체로 대중적 이미지를 확증하는 데 기여해 왔다. 1946~1947년에 출판된 미겔 오르톤 데 멘디사발의 문집 전권은 메스키탈 계곡에 전념했다. 멕시코의 탁월한 학자가 서술한 이 종합적이고도 상세한 역사는 유럽인들의 정복 이전 시기부터 1940년대까지를 포괄한다. 오르톤 데 멘디사발은 그 지역의 천연자원이 기본적으로 빈약했다고 이해했기 때문에 그 문집은 지역의 이미지에 대한 역사적 기반을 제공하기 위해 크게 기여해 왔다. 1960년대와 1970년대에 이 지역에 대해서는 메스키탈 계곡의 원주민 유산, 사회연구소, 경제학연구소, 역사연구소(일군의 인류학자들을 포함한) 등의 후원

다르고 대체로 초목이 무성한 지역의 최신 경관과 공존하면서 정책과 토지 이용에 영향을 미친다(미처리 폐기물이 그곳의 상태를 향상하는 것처럼 판단될 수 있다는 점은 빈곤하고 비생산적인 장소라는 메스키탈 계곡의 이미지가 지니는 힘을 시사한다).[4] 사실 관개지의 대단한 생산성은 멕시코시의 폐수가 이 지역을 비옥하게 만들어왔다는 점, 다시 말해 현대적 기술이 빈곤한 원주민 지역의 경관을 개선시켜 왔다는 점을 시사하는 것처럼 보인다.[5]

아래 사회 과학자들의 대규모 학제적 연구가 수행되었다. 그곳은 멕시코에서 사회적·경제적·정치적으로 불리한 조건에 놓인 지역 중에서 주된 사례로 간주되었다. 예컨대 Medina and Quesada, *Panorama de los Otomíes, Canabal and Martínez Assad, Explotación y Dominio en el Mezquital* 등을 참조하라. 최근에는 오토미Otomí 원주민들의 혜택받지 못하는 불리한 상황을 논의하기 위해 사회 과학자들과 역사가들의 학술회의가 열렸다. Congreso Sobre la Situación Otomí, Pachuca, Hidalgo.

[4] 메스키탈 계곡에 물을 대기 위해 멕시코시의 폐기물을 활용하는 것에 대한 멕시코인들의 양면적 태도는 《우노마스우노Unomásuno》에 실린 안셀모 에스트라다 알부케르케Anselmo Estrada Albuquerque의 기사 제목 "메스키탈 계곡: 폐수가 동물들을 죽이고 농업에 생명을 제공한다Valle de Mezquital: las aguas negras matan la fauna y dan vida agrícola"에서 분명히 드러난다. *Unomásuno*, p. 22. 그러나 전반적으로 멕시코시의 폐수로 메스키탈 계곡에 물을 대는 구상은 1980년대까지 대개 진보라든가 척박한 지역의 개선으로 여겨졌다. 이제 환경 운동가들은 처리되지 않은 인간의 쓰레기와 화학 폐기물로 물을 대는 계획의 적합성에 대해 의문을 제기한다. 그렇지만 흥미롭게도 그 우려는 소비자들의 건강에 관한 것이지 이 화학 물질들이 메스키탈 계곡의 토질을 저하시킬지 모른다는 가능성에 관한 것이 아니라는 점에 주목할 필요가 있다. 사실 메스키탈 계곡은 멕시코시 폐기물의 방대한 처리장으로 인식된다. 메스키탈 계곡에서 멕시코시의 폐기물을 활용하는 것에 대한 최근의 논평은 Matilde Pérez Urbe, "rechazan suspender el uso de aguas negras en Hidalgo," *La Jornada*, pp. 1, 14; "Se reducirá el uso de aguas negras en el Mezquital: CNA," *La Jornada*, pp. 1, 16을 참조하라.

[5] 핑클러는 일부 지역에서 생산성이 아홉 배나 증가했다고 언급한다. 관개지가 아닌 곳에서 헥타르당 옥수수 535kg이 수확된 반면에 미처리 하수가 공급된 토지에서는 헥타르당 옥수수 4828.91kg이 수확되었다. Finkler, "A Comparative

메스키탈 계곡의 역사를 더 면밀히 살펴보면 이런 해석에 이의를 제기하게 된다. 첫째, 전형적인 척박한 경관은 그 지역 본래의 원주민적 경관이기는커녕 비교적 최근의 것이다. 16세기의 마지막 25년 동안에 그 척박한 경관은 에스파냐인들이 도래했을 때 자리 잡고 있었던 인구가 조밀하고 복잡한 농경의 조합을 대체했다. 둘째, 현대식 관개지 경관의 수계水系와 에스파냐인들이 맞닥뜨린 경관 사이에는 결정적인 차이가 존재한다. 16세기 중엽에 이르기까지 그 지역 내에서는 광대한 관개 조직에 공급할 정도로 충분한 물이 나왔다. 반면 20세기에는 메스키탈 계곡 내에서 매우 한정된 관개 조직보다 많이 공급하기에는 물이 충분하지 않으므로 메스키탈 계곡은 멕시코 계곡으로부터 유입된 '폐수'에 의존하고 있다. 즉, 메스키탈 계곡의 척박한 경관은 유럽인들이 도래한 뒤 빚생한 사막화 과정을 반영했다. 놀랄 만큼 비옥한 토양이 분명히 입증하듯이 그 지역은 근본적으로 빈곤하지 않다. 다른 곳에서 물을 끌어오는 현재의 관행은 근본적인 문제점들을 바로잡기 위해 아무것도 하지 않는 기술적 '해결책'일 뿐이다.

척박한 메스키탈이라는 전형은 이 지역의 특징과 거주민인 오토미Otomí 족의 역사를 신비화해서 이해할 수 없게 만들어왔다. 그것은 실제로 에스파냐인들에게 그랬던 만큼이나 원주민들에게도 이질적이었지만, 그럼에도 원주민적 경관으로 가장假裝해 왔다. 사실 그것은 정복의 경관이었다. 이 경관의 발전을 탐구함으로써 우리는 유럽인의 침입과 연관된 생태 혁명이 어떤 방식으로 원주민들의 세계를 바꾸면서 원주민 공동체들을 정복하는 데 기여했는지 얼마간 이해하게 될 것이다.

Study," p. 105 참조.

지역의 경계들과 내부적 구분

메스키탈 계곡은 이 연구의 목적상 툴라강과 목테수마Moctezuma강의 집수集水 구역, 즉 현재의 관개 조직과 계획된 확장 범위를 아우르는 것으로 정의한다. 그곳은 북위 19도 35분에서 20도 55분, 서경 98도 45분에서 100도 4분(원문에는 104도로 적혀 있으나 100도 또는 100.4도가 맞다 — 옮긴이)의 좌표 내에 속하는데 전체 표면적은 약 1만 139km²이다. 이 넓은 지리적 범위 안에 위치해 있는 현대의 지방 자치체들은 그 지역의 최종적 정의와 규모를 계산하기 위해 활용되어 왔다(〈그림 2-1〉 참조).[6]

현대적인 관개 조직이 갖춰질 때까지는 메스키탈 계곡이 별개의 독립체로 인식되지 않은 듯하지만,[7] 지정학과 역사는 여러 가지 방식으로 현대의 지역을 예시했다. 그곳은 높은 산맥으로 둘러싸인 세 방면과 대략 인접해 있다. 동쪽으로 파추카Pachuca 산맥, 북쪽으로 후아레스Juárez 산맥, 그리고 남쪽에는 라스크루세스las Cruces 산맥과 더불어 톨루카Toluca와 실로테펙Xilotepec을 나누는 산맥이 있다. 과거에 이 산맥들은 인접한 툴란싱고, 메스티틀란, 톨루카 지역과의 자유로운 통신을 막았고 그리하

---

6   필자는 그 지역의 저명한 역사가 미겔 오르톤 데 멘디사발의 견해에 따라 목테수마강의 배수 유역과 식민 시대의 실로테펙 프로빈시아를 포함했다. 이 프로빈시아의 정치적·정서적 제휴 관계와 위치가 정복 이전과 이후에 모두 툴라 프로빈시아와 밀접하게 연관되어 왔기 때문이다. 메스키탈 계곡의 표면적은 1970년 산업통상부 통계국이 발간한 인구 조사 자료에서 얻었다. IX Censo General de Población, 1970. 현대의 지방 자치체들은 식민 시대의 카베세라cabecera(지방 행정 중심지)들과 곧잘 일치하는 것처럼 보인다. 또한 Johnson, "Do As the Land Bids," p. 238을 참조하라.

7   메스키탈 계곡의 동남부 구역(남-북 평원, 남부 평원, 중앙 계곡과 북부 계곡 등의 동남부 영역)은 에스파냐인들의 침입 이전에 테오틀랄판으로 알려진 지역을 포함했으나 이 이름은 식민 시대에 많이 사용되지 않았다.

여 뚜렷이 구별되는 정치적 성향과 경제 체제를 지닌 지역들이 형성될 수 있었다. 사실 높은 산맥같이 분명한 장애물이 없는 곳에서 인접 지역들의 역사와 발전의 역할은 지역의 경계들을 규정하는 데 내부의 발전만큼이나 중요했다. 예컨대 바히오Bajío와 메스키탈 계곡 사이의 구분―두 곳은 각각 멕시코의 부유하고 빈곤한 지역을 상징한다―은 지정학적 관할권, 행정, 엔코미엔다encomienda 보유권, 거주민들의 종족적 구성과 토지 활용 등의 발전을 수반한 1550년대의 몇 가지 사건들을 통해 예시되었다.

에스파냐인들과의 접촉 당시 메스키탈 계곡과 바히오의 동쪽 절반에 둘러싸인 지역은 삼각 동맹에 공물貢物을 납부하던 32개의 오토미 프로빈시아 내에서 나뉘어 있었는데, 삼각 동맹은 멕시코 계곡의 테노치티틀란(멕시코시)에 중심을 두고 있었다.[8] 1521년 테노치티틀란의 정복 이후에는 에스파냐인들이 삼각 동맹을 대체했고 원주민들의 프로빈시아(지방 (아마 주州)) 수준의 조직은 사라졌다. 에스파냐인들의 정부와 지방 주민 사이를 매개하는 중간 단계 조직, 즉 알칼디아 마요르Alcaldía Mayor(알칼데 마요르, 즉 시장이나 읍면장의 관할 구역)가 이론적으로는 프로빈시아 수준을 대체했지만, 실제로 카베세라cabecera(지방 행정 중심지) 또는 주요 읍(소도시)은 식민 시대에 에스파냐인들의 농촌 통제에 기여하는 더 중요한 중심지로 발전했다. 카베세라는 에스파냐인들이 원주민들의 공물과 노동력을 조직한 근거지였다. 카베세라는 엔코멘데로encomendero(원주민들의 공물과 노동력의 수취인)들이나 군주가 부과하는 공물과 노동력 할당량을 맞추기 위해 결국 지배권 아래에 있는 촌락들에 의지했다.

에스파냐인들이 침입 이전의 지정학적 단위들을 재정립하면서 그것들

---

8   Gerhard, *Guide*, pp. 44, 154~155, 295~297, 332~333, 383~384; Canabal and Martínez Assad, *Explotación*, chapter 1.

의 정치적 지향이 바뀌었고 지역적 구별에 대한 내부적 경향이 강화되었다. 이 지역에서 식민 시대의 카베세라와 촌락들의 정치적 관할 구역은 정복 이전의 구분과 위계서열에 상응했고 대부분의 경우에 식민 시대 읍들의 지리적 경계 역시 정복 이전의 경계선과 일치했다.[9] 메스키탈 계곡에서 이런 규칙의 중대한 예외는 실로테펙 프로빈시아의 관할 구역과 관련이 있다. 인구의 대다수는 남쪽에 집중되어 있는 듯 보이지만, 식민 시대의 첫 30년 동안 실로테펙의 관할 구역은 북쪽으로 멀리 케레타로 Queretaro까지 확대되었다. 1524년에 실로테펙 프로빈시아는 네 명에게 엔코미엔다 영지로 하사下賜되었으나 그것은 거의 즉각적으로 코르테스 Cortes의 통역인 마리나Marina의 남편 후안 하라미요Juan Jaramillo에게 다시 양도되었다.[10] 1552년까지 이 거대한 엔코미엔다는 하라미요의 미망인(그의 두 번째 부인 베아트리스 데 안드라다Beatriz de Andrada)과 하라미요의 딸 (마리아 하라미요Maria Jaramillo, 마리나의 딸) 사이에 분할되었다. 베아트리스 데 안드라다는 그때부터 '실로테펙 구역'으로 알려진 절반을 보유한 반면에 마리아 하라미요는 나머지 절반인 '케레타로 구역'을 차지했다.[11] 실로테펙 카베세라의 서북쪽 경계는 남쪽으로 옮겨져 바히오와 메스키탈 계곡 사이의 향후 경계를 따라 산후안델리오San Juan del Rio의 동쪽 언덕에 자리 잡게 되었다.

---

9   정확한 경계표지의 설치를 둘러싸고 촌락과 읍 사이에 벌어진 법정 소송 사건들은 대부분 지방 자치체들의 지리적 관할 구역에 대한 엄밀한 이해를 분명히 보여준다. 그러나 카베세라 수준에서 정복 이전과 이후 관할 구역 사이의 지속성이 존재함(사실 카베세라들이 오늘날까지 지속되어 왔다고 주장할 수도 있다)에도 불구하고 16세기에 카베세라는 에스파냐인들에 의해 별개의 지역을 구성하는 부분으로 인식되지 않았다(원주민들도 그렇게 인식하지 않은 듯했다).

10   AGIJ, leg.(legajo: 서류철 ― 옮긴이) 129, no. 5; leg. 148, no. 1; leg. 168.

11   AGIJ, leg. 168. Gerhard, *Guide*, pp. 383~384.

두 지역 사이의 구별은 토지 이용 방식의 차이를 초래한 두 가지 사건으로 한층 더 강화되었다. 하나는 유랑하는 원주민 치치메카족Chichimecs의 남하南下였고 다른 하나는 소 떼가 메스키탈 계곡에서 북부 평원으로 쫓겨난 사건이었다. 1521년 오토미 프로빈시아들은 정주민들이 밀집한 접경 지역을 형성했는데, 그곳은 멕시코 계곡의 농경민들과 북쪽의 수렵 채집민인 치치메카족 사이에 놓여 있었다. 에스파냐인들의 정복과 정착은 유랑민과 정주민 사이의 세력 균형을 뒤엎었고 1546년 사카테카스 Zacatecas에서 북부의 은광 채굴이 개시된 다음에 에스파냐인들과 치치메카족 사이에 전쟁이 시작되었다. 치치메카족이 멕시코시와 사카테카스 사이를 오가는 노새들의 짐수레 행렬을 약탈하기 위해 멕시코 계곡에 더 가깝게 밀어붙이면서 북쪽으로 향하는 긴 통보는 선생터가 되었다.[12] 메스키탈 계곡의 북쪽 절반은 그 북쪽 경계에 있는 시마판Cimapan과 더불어 전쟁 지역tierra de guerra으로 알려지게 되었고, 에스파냐인 정착민들과 오토미족은 16세기 내내 치치메카족과 싸웠다. 유랑민과 정주민 사이의 경계(이른바 치치메카 변경)는 케레타로 구역과 실로테펙 구역 사이의 분할, 즉 메스키탈 계곡의 향후 서북쪽 경계선과 거의 같은 지역까지 남쪽으로 이동했다.

치치메카 원주민들의 남하와 원주민 농업 공동체와 유랑민 무리 사이 경계의 형성은 이 지역에서 사회적 변화에 공포와 폭력의 요소를 덧붙였다. 16세기 말까지는 여행자들이 비교적 안전한 길을 떠나 메스키탈 계곡을 가로질러 바로 서북쪽에 위치한 산후안델리오에 도달해 북쪽으로 향하는 긴 여정을 준비했을 때, 그들은 문명과 야만 상태 사이의 선을 넘는다는 느낌을 갖곤 했다.[13] 그러나 치치메카족의 남하가 16세기의 대

---

12   Powell, *Soldiers, Indians, and Silver*, p. 15.

부분 시기에 에스파냐인들의 정착이나 원주민의 농업 생산에 크게 영향을 미쳤던 것처럼 보이지는 않는다. 부왕副王이 1587년 남·북 평원에 있는 미스키아괄라Mizquiaguala에서 어떤 에스파냐인의 석회 채굴을 보호하기 위해 요새가 실제로 필요한지를 살피고자 악토판Actopan의 읍장(알칼데 마요르)을 보냈을 때, 그 명령의 어조는 그런 방어 활동이 필요하다고 간주되지 않았음을 분명히 드러낸다.[14] 한 에스파냐인 농부가 곤란한 상황을 대비해 항상 곁에 화승총을 두고 있었다고 말했지만,[15] 치치메카족의 습격을 집중적으로 받느라 큰 타격을 입었던 탓에 에스파냐인들의 정착이 지역의 나머지 부분보다 다소 더 늦었던 우이치아판Huichiapan 고원조차도 유별나게 생산적인 농업과 목축 지역이었다. 치치메카족의 습격이 불러일으킨 가장 분명한 결과는 건물들과 정착 양태에서 드러났다. 에스파냐인들의 주택은 흔히 요새였다. 우이치아판 고원의 서북단에 있는 테코사우틀라Tecozautla는 벽으로 둘러싸인 자치체였다. 케레타로의 식민지 개척자들이었다가 1576년 당시 귀향을 원했던 오토미족의 한 무리는 작은 거주민 집단들을 하나의 큰 촌락으로 만들기 위해 자원을 공동 관리함으로써 그들이 유랑민들의 공격에 저항할 수 있을 것이라고 제안했다.[16] 그런 방식으로 현지 주민들은 급습을 저지할 수 있었던 것처럼 보인다. 예컨대 총을 휴대한 에스파냐인은 어떤 사람이 한 사교 모임에서 자신의 총을 훔쳤다 ― 더 많은 총이나 보호 조치가 필요하다고는 말하지 않았지만 ― 고 불평을 터뜨렸다.[17] 그 지역에 병사들을 배치할 필요가 있

---

13   AGNT, vol. 1867, exp.(expediente: 관련 문서 ― 옮긴이). 1, fol.(folio: 한 장, 낱장 ― 옮긴이) 1r. Powell, 같은 책, p. 31; Gerhard, *Guide*, p. 383.

14   AGNG, vol. 3, exp. 495, fols. 232v-233r.

15   AGIM, leg. 111, ramo 2, doc. 12, fol. 27v.

16   AGNT, vol. 79, exp. 6, fol. 3r. AGNG, vol. 1, exp. 883, fol. 164.

다고 여겨지지는 않았고 수비대가 지키는 요새presidio도 없었다. 그 대신 변경에 있는 테코사우틀라 주민 가운데 모든 남성(원주민들을 포함해)은 항상 무기를 휴대했다.[18]

하지만 급습의 빈도와 규모는 16세기 말과 17세기 초 치치메카족 '문제'가 마침내 해결되고 있었을 바로 그때에 늘어났다. 교전의 증가는 원주민 인구의 극적인 감소와 동시에 발생했다. 읍들은 더 이상 인구 밀도가 높은 농업 지역의 중심지로 기능하지 않았다. 메스키트가 우세한 사막 덤불은 읍들을 분리하고 사실상 고립시켰으며 산적과 도망 노예 들에게 피난처를 제공했다. 원주민 공동체들의 인구 붕괴는 그저 방어하는 주민들의 수를 줄어들게 함으로써 실제로 외부의 침입을 늘렸을 것이고 그리하여 치치메카족이 선호하던 게릴라식 습격들을 더 쉽게 만들었을 것이다.[19]

바히오와 메스키탈 계곡의 분리 과정에서 중요한 두 번째 사건, 즉 1550년대에 인구가 조밀한 누에바 에스파냐의 중부 지역들에서 소 떼가 밀려난 것은 원주민들의 농지와 에스파냐인들의 식량 공급을 보호하려는 의도에서 부왕 루이스 데 벨라스코Luis de Velasco의 명령으로 실행되었다.[20] 소 떼는 (장래의) 메스키탈 계곡으로부터 서북쪽에 있는 '치치메카족의 영역', 즉 북부 평원의 남쪽 확장 부분이자 미래의 바히오로 이동했

---

17 AGIM, leg. 111, ramo 2, doc. 12, fol. 27v.
18 무기를 휴대하지 않으면, 에스파냐인들에게는 벌금이 부과되었고 원주민들은 매질을 당했다. AGNT, vol. 79, exp. 6, fol. 7r.
19 에스파냐인들이 북부 지역으로 이동하고 그곳을 식민지로 만들면서 치치메카족을 진압하거나 그들을 더 멀리 북쪽으로 밀어낼 때까지 습격들은 멈추지 않았다. Powell, *Soldiers*, p. 204.
20 Chevalier, *La formación*, pp. 133~135.

다. 그러므로 식민 시대 초기 바히오에서는 머리가 큰 네발짐승ganado mayor (소와 말)들이 풀을 뜯어 먹고 유랑 생활을 하는 호전적인 원주민들이 거주하고 있었다. 그에 반해 메스키탈 계곡은 머리가 작은 네발짐승ganado menor(양, 염소, 돼지)들이 풀을 뜯어 먹는 정주 지역으로 남아 있었다.[21]

메스키탈 계곡과 남쪽에 있는 멕시코 계곡 사이의 경계는 식민 시대의 사건들에 의해 예시되지 않았고, 멕시코시의 폐수가 툴라강의 지류들로 유입되고 메스키탈 계곡에 공급되는 관개 구역이 조성되기 전까지 모호하게 남아 있었다. 이 경계는 이제 멕시코 계곡의 배수 유역과 툴라강 사이의 분수계分水界(같은 수원의 물이 두 갈래 이상으로 나뉘어 흐르는 경계 — 옮긴이)를 따라 놓여 있다.

이곳은 크고 복잡한 지역이다. 다음에 이어지는 장들에서 논의되는 과정들의 증거로 활용되는 정보는 광범위하고 다양하다. 이 정보를 용이하게 관리하고 그 지역의 다른 부분들의 토지 이용과 환경 변화의 역사를 비교하기 위해 필자는 해당 지역을 몇 개의 하위 지역으로 분류했다. 그 하위 지역들은 남부 평원, 남-북 평원, 중앙 계곡, 북부 계곡(이 네 하위 지역은 에스파냐인들의 정복 이전에 테오틀랄판Teotlalpan으로 알려진 지역을 구성한다.[22])과 익스미킬판Ixmiquilpan, 알파사유카Alfaxayuca, 우이치아판, 실로테펙, 치아파데모타Chiapa de Mota, 툴라(〈그림 2-1〉 참조) 등이다. 그 구분은 지리적 기준에 의거한다. 첫 여덟 개의 하위 지역은 넓고 평평한 평원과 계곡이다. 툴라는 시에라데라스크루세스Sierra de la Cruces의 구릉지에 있는 툴라강의 수원水源을 포함하고, 치아파데모타는 시에라데라스

---

21   농업적 용도로 활용된 젖소와 무거운 짐을 끄는 동물들은 또한 농지에서 적은 수효가 방목되었다.

22   이 하위 지역들에 대해 필자는 셔번 F. 쿡Sherburne F. Cook의 명명법을 사용해 왔다. Cook, *Historical Demography*, pp. 3~4.

크루세스의 높은 산골짜기들을 포함한다. 지역 전체에 관해 말하면, 하위 지역들의 최종적인 지리적 경계들과 규모는 그들의 경계 내에 위치하는 현대의 지방 자치체의 관할 구역 아래 있는 땅들과 거의 동일하게 보인다. 엔코미엔다이든 코레히미엔토corregimiento(코레히도르corregidor, 즉 왕실을 대리하는 일종의 행정관의 관할 구역―옮긴이)이든 특정한 카베세라의 관할 구역 내에 포함되는 푸에블로pueblo(소도시/읍)의 영역은 그 카베세라의 지배를 받는 것으로 간주되었다. 따라서 토지(의 소유와 이용)와 관련되거나 엔코미엔다와 코레히미엔토의 업무와 관계가 있는 모든 문서들은 해당하는 카베세라에 회부된다. 그리하여 문서, 그리고 토지 이용, 토지 보유, 환경 등의 변화에 관한 정보를 적절한 하위 지역들에 배정하는 것은 단순한 일이었다. 그렇지만 하위 지역들은 정치적 또는 행정적 구분에서 동등한 대응물이 없기 때문에 분석의 용도로만 존재할 뿐이다.

경관과 주민

오늘날 메스키탈 계곡의 경관은 놀라운 차이를 드러낸다. 겉보기에 무성한 상록의 관개지는 '폐수'가 아직 미치지 않는 장소들의 말라빠진 외관과 선명하게 대비된다. 관개용수가 더 높이 공급되면서 산기슭은 점차 경작지로 변하고 초록빛은 맨땅이 노출되고 높고 가파른 언덕을 기어오른다. 심지어 침식된 평평한 경토층硬土層조차 불도저로 다져지고 부서져서 계단식 대지臺地로 조성되며 경작지로 변한다.[23] 하지만 관개 조직에 아직 포함되지 않은 장소에서 황량한 달 표면과 같이 노출된 경토층, (여

---

[23] 필자가 메스키탈 계곡을 관찰해 온 24년 동안 관개지는 엄청나게 확대되었다. 필자가 처음 이 주제로 연구서를 집필한 뒤 10년의 기간 동안에도 광대한 관개지의 확대를 목격해 왔다.

름 호우로 지표면을 따라 흐르는 빗물을 받아내기 위해 신중하게 계단식으로 조성된) 거대한 도랑, 그리고 뿔뿔이 흩어진 채로 돌이 많은 땅에서 자라는 메스키트와 선인장은 메스키탈 계곡에 그 명칭과 악평을 선사해 준 경관을 상기시킨다.

이곳은 높고 시원하며 건조한 지역으로 이른바 냉지tierra fria의 일부이다. 계곡(실제로는 서로 다른 여덟 개의 계곡)의 분지는 남부 평원과 중앙 계곡의 2300m 고지, 탁시마이Taxhimay 댐에서 나온 테페지강(툴라강의 지류) 유출 지점의 2200m 고지, 그리고 톨루카 계곡으로부터 실로테펙을 분리시키는 구릉지의 2650m 고지에서 익스미킬판, 타스키요Tasquillo, 테코사우틀라의 1700m 지점까지 북쪽으로 내리막 경사면이 펼쳐진다.[24] 그 지역은 시에라마드레오리엔탈Sierra Madre Oriental의 비 그늘(산맥이 습한 바람을 막아 바람이 부는 방향의 반대편 경사면에 비가 내리지 않거나 강수량이 적은 지역 — 옮긴이)에 놓여 있고 전반적인 상황은 남쪽에서 북쪽으로, 그리고 동쪽에서 서쪽으로 갈수록 더 건조해지는 경향을 보인다.[25] 5월에서 10월까지 지속되는 우기(기온이 약간 떨어지는 시기) 직전에 기온이 가장 높고, 밤에는 항상 서늘하거나 춥다. 가장 추운 계절(12월부터 2월까지)에는 서리가 많이 내린다(〈표 2-1〉 참조). 이곳에서는 경작하기가 쉽지 않고, 시에라데후아레스의 북쪽 경사면에서 천수농업天水農業(농작물에 필요한 물을 빗물에만 의존하는 농업 — 옮긴이)은 5년에서 10년마다 단 한 번

---

24 대통령 비서실 산하 국토연구위원회(CETENAL)와 기획예산부(1958~1992년에 존재한 멕시코의 내각 부서 — 옮긴이) 국가지리정보통계서비스조정본부 산하 국토지리국은 우수한 지도들을 배포해 왔다. 지금부터 지도들을 참조하는 경우에 다음과 같이 인용할 것이다. 정부 간행 지도Government maps, 1:50,000: (사용한 지도의 유형, 다시 말해 경작지 활용, 지질학 등) 또는 지도서Atlas 1: 1,000,000: (사용한 지도의 유형). 정부 간행 지도, 1:50,000: 지형도Topographic.

25 West, "The Natural Regions," p. 371.

그림 2-1 메스키탈 계곡의 하위 지역들과 카베세라 지도

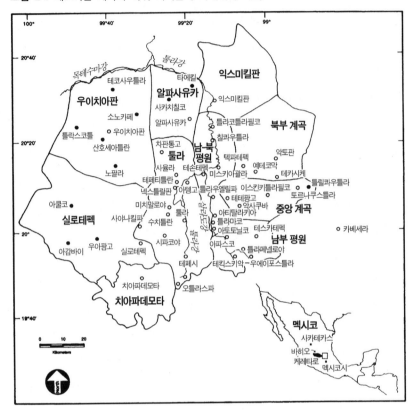

만 수확하게 된다.[26]

이 지역의 지질학적 기반과 관련해 특징적인 요소는 중앙 고원Mesa Central 또는 신화산성新火山性 고원이다. 현무암과 안산암이 높은 언덕과 산들을 구성하는 반면, 역암礫巖이나 퇴적암과 화산암이 겹겹이 쌓인 층

---

26 Parsons and Parsons, *Maguey Utilization*, p. 11. 오토미족이 강수량이 적은 지역에서 작물을 심은 까닭에 관해서는 또한 Johnson, "Do As the Land Bids," p. 131을 참조하라.

표 2-1 연평균 강수량과 평균 기온

하위 지역	연평균 강수량		평균 기온	
남부 평원	동부	700~800mm		16.0
	서부	562mm		
남-북 평원	남부	508.8mm	남부	15.2
	중부	508.8mm	중부	17.4
	북부	455.5mm		
중앙 계곡		700~800mm	정보 입수 불가	
	남사면	600mm		
북부 계곡	동남부	60~70mm		
	동북부	500mm	동북부	16.0
	서부	568mm		
익스미킬판	동북부	600mm		
	서남부	360.5mm	서남부	18.4
알파사유카	남부	500.3mm	남부	17.2
	북부	400mm		
우이치아판		500~600mm	북부	19.1
실로테펙	중앙 고원	700~800mm	고원	16.2
	서북부	617.2mm		
	남부 산지	800~1000mm		
툴라	남부	700~800mm	남부	15.5
	북부	600mm	북부	16.0
	서부	500~600mm	서부	16.0
치아파데모타		800~1000mm		16.0

주: 평균 기온은 연평균 기온(섭씨).
자료: HMAI vol. 1, pp. 208~210. 정부 간행 지도 1:1,000,000(기후), 기후 정보는 다음의 인구
조사 자료에서 입수했다. IX Censo General de Población. Secretaría de Indústria y
Comércio, Dirección General de Estadística, México, D. F., 1971.

은 더 낮은 경사면을 받쳐준다. 그 지역에서 가장 눈에 잘 띄는 지형은
넓고 평평한 평원과 계곡인데 이는 두 가지 다른 유형의 형성 과정으로
부터 생긴다. 서부 실로테펙의 아캄바이Acambay 계곡과 우아팡고Huapango
호수 바닥뿐 아니라 남부 평원, 남-북 평원, 중앙 계곡, 북부 계곡과 익

스미킬판의 일부는 오래된 호수 바닥의 자취로서 엄청난 깊이의 충적토를 지니고 있다. 반면에 익스미킬판, 알파사유카 계곡과 우이치아판·실로테펙 고원은 현무암과 안산암으로 이뤄져 있고 고립된 지역들을 구성하는 역암, 결합층, 사암, 잔류토를 지니고 있다. 그 지역의 동남부에 있는 석회암층은 시멘트 산업을 위해 원료를 제공한다.[27] 그 지역 곳곳에서 주요 읍들과 규모가 더 작은 촌락들은 대부분 현무암 노두露頭(광맥, 암석이나 지층, 석탄층 등이 지표에 드러난 부분 — 옮긴이)의 하단부에 있는 샘물 근처 역암층에 위치해 있고 그 정면에는 충적토나 잔류토로 구성된 경작지들이 있다. 따라서 그 읍들의 지리적 위치는 매우 독특하다. 사실 우이치아판과 실로테펙 고원의 읍들은 지질도地質圖에서 화산암의 바닷속에 있는 섬처럼 보인다.[28]

토양 침식은 그 경관의 두드러진 특징이다. 높은 비율의 수인성水因性 침식은 화산암과 퇴적암의 결합층 위에 토양이 겹쳐진 지역에서 발생해 왔다. 하지만 훨씬 더 주목할 만한 것은 특히 차판통고Chapantongo, 서부 실로테펙과 우이치아판에서 불안정한 토양과 연관되어 발생한 침식이다.[29] 여름에 세차게 내리는 소나기와 침식은 대개 개울의 진로를 따라가고 개울은 빠르게 흘러가는 다량의 무거운 물살을 실어 나른다. 물이 모이기 시작하는 산과 언덕의 높은 곳에서는 실제로 (최소한 정부가 간행하는 토양도土壤圖에 기록될 정도로 충분히 심각한) 침식이 거의 없지만, 더 낮은 산비탈과 기복이 있는 땅은 흔히 광범위한 표층 침식과 구곡溝谷 침식(물길이 형성되지 않은 상태에서 호우로 표토가 제거되는 현상과 흐르는 물 때문

---

27 West, "Surface Configuration", pp. 40~53.

28 정부 간행 지도, 1:50,000: 지질학.

29 Melville, "The Pastoral Economy," 부록 C를 참조하라.

에 하천의 물길이 유실되는 현상의 중간적 형태로 발생하는 침식 — 옮긴이)을 드러내 보인다. 충적토가 매우 깊어 기반암이 노출되지 않는 바닥이 평평한 계곡과 평원의 중앙부에만 침식이 없는 듯하다. 그러나 경작할 준비가 된 지역들은 풍식風蝕 작용에 시달리곤 한다. 그리고 많은 곳에서 강변의 저지대는 근처 언덕에서 다소 떨어져 물에 의한 비탈 침식을 흔히 겪는다.[30] 계단식 비탈과 거의 지속적인 관개지의 경작은 풍속風速의 감소와 수인성 침식을 의미해 왔으나 이 문제들은 염류화鹽類化(물의 증발로 염류가 토양에 쌓이는 현상으로 사막화의 원인이 된다 — 옮긴이)같이 장기간의 관개와 연관된 문제들로 대체되었다.

이곳은 주로 농업 지역이다. 관광업은 주말에 멕시코시를 탈출하는 이들을 응대하면서 성장하고 있다. 페멕스PEMEX(멕시코 국영 석유 회사)와 시멘트 제조업체들은 이곳에 정제 공장을 갖추고 있으며 남부에는 원자력 발전소와 시멘트 공장들이 있다. 그렇지만 인구의 대다수는 농업에 종사한다. 달리 말해 농업은 생계와 거래의 기반을 이룬다. 농민들은 여전히 소 몇 마리뿐 아니라 양과 염소 떼를 날마다 몰고 나가 운이 좋으면 관개지의 가장자리를 따라 자라는 무성한 풀밭에서 꼴을 먹인다. 그렇지 않은 날에는 산기슭과 산비탈의 가시덤불이나 풀이 드문드문한 곳으로 데려간다. 그러나 이는 생계 기반의 핵심이라기보다 오히려 보험과 비슷한 것이었다.[31] 일부 새로운 읍들이 최신의 요구를 충족시키고자 발전해 왔으나 대부분은 옛 식민 시대의 카베세라에 기반을 둔다. 그곳들은 소중한 농지들을 경작을 위해 자유롭게 남겨두면서 대체로 빽빽이 응

---

30 Stevens, "The Soils", pp. 265~290, 293~296. 정부 간행 지도, 1:50,000: 토양, 지도서, 1:1,000,000: 토양.

31 필자는 이런 식견을 선사해 준 오스틴 소재 텍사스 주립대학교 지리학과의 카를로스 링콘Carlos Rincón 교수에게 감사의 말을 전하고 싶다.

집되어 있고, 거의 모두 에스파냐 식민 시대의 전형적인 소도시 설계인 중앙 광장 주위의 격자형 거리 형태를 갖추고 있다.

이런 경관을 어떤 방식으로 에스파냐인들이 맞닥뜨렸던 경관과 비교할 수 있는가? 아마 가장 분명한 차이는 토지 이용 방식일 것이다. 땅에 물이 공급되고 현대적 농법들이 집약적이기는 하지만, 그것은 원주민들이 에스파냐인들과 처음 접촉할 무렵에 관습에 따라 실행하던 방식과 매우 다르다. 단일 재배monoculture는 혼합 원예를 대체하고 쟁기는 화전을 일굴 때 쓰는 끝이 뾰족한 막대기를 대체해 왔으며 목축은 생계의 구성 요소가 되었다. 생산물은 매주 열리는 시장에서 판매되기보다 매일 트럭에 실려 멕시코시로 운반된다. 결과적으로 그 경관은 매우 다르다. 들판은 쟁기질에 필요한 공간을 제공하기 위해 일직선으로 바뀌고, 삽초 뽑기와 수확에 용이하도록 한 번에 하나의 작물이 경작된다. 일부 장소에서는 동물들의 자유로운 이동을 막고자 울타리를 둘러친다. 사실 원주민들의 작물은 이국종 작물에 비해 더 많이 경작되지만, 멕시코시의 소비자들이 경작되는 작물의 유형을 대부분 결정한다고 볼 수 있다.

하지만 원주민적 경관과 현대의 경관은 훨씬 더 결정적인 방식에서, 다시 말해 숲과 삼림 지대의 규모와 유형에서 다르다. 본래의 지피地被 식생은 이제 시에라데라스크루세스의 떡갈나무와 소나무 숲, 그리고 우이치아판과 알파사유카 북쪽의 야산에 있는 침엽수림에 국한되어 있다. 우이치아판 지역에서 수목이 우거진 언덕 꼭대기는 얼마 남지 않았는데, 그곳은 떡갈나무robles와 상록常綠 떡갈나무encinos(live oaks, evergreen oaks) 로 덮여 있다. 다른 곳에는 상록 떡갈나무, 메스키트, 투르빈토Pirú trees 〔turbinto(줄기가 곧고 껍질에 금이 가고 가지가 늘어진 남아메리카 원산의 옻나뭇과科 식물―옮긴이)〕 등이 고립된 군락을 이루고 있다. 유입된 풀, 엉겅퀴, 가시나무 덤불, 선인장과 독특한 모양의 유입된 투르빈토 등으로 구성된 이차 생장(노목을 벌채하고 난 뒤에 자라나는 후생수 — 옮긴이) 식생植生은 더 낮은 경사면에 있는 본래의 초목(풀, 선인장, 가시가 없거나 약간 보강된 키 작은 나무들)을 대체해 왔다.[32] 다음 인용문은 본래의 초목과 우세한 이차 생장 식생의 관계를 요약해 준다.

흔히 오랫동안 벌목이 이뤄져왔고, 과거에 소나 염소 떼가 엄청나게 풀을 뜯어 먹은 곳에서 선인장들이 드문드문 자라는 지점 사이의 공간에는 그저 아무것도 없다. 그런 장소에 있는 예전의 초목들은 동물들의 힘이 미치지 않도록 멀리까지 보강된 선인장들의 방어 반경 내에서 움츠러든 가련한 가시 없는 관목灌木들과 풀의 존재로 표시될 뿐이다.[33]

또 다른 뚜렷한 차이, 그리고 그 지역의 삼림 벌채에서 발생하는 차이는 수계와 관련이 있다. 16세기 말까지 광범위한 관개 조직에 필요한 물은 메스키탈 계곡 내에서 생겨났고 토양은 훨씬 더 축축했다. 오늘날 주요한 하천들, 즉 툴라강과 그 지류(테페시, 코스코마테Coscomate, 수치틀란 Suchitlan, 아로요 로사스Arroyo Rosas), 그리고 우에이포스틀라Hueypostla의 살라도강 — 테킥스키악Tequixquiac 근처에서 발원하는 같은 이름의 지류와 합쳐져 북쪽의 툴라강으로 흐른다 — 의 흐름은 멕시코시의 폐기물로 구성되어 있다. 내부에서 생기는 물의 원천이 그 지역에 완전히 없지는 않다. 서북쪽에는 산프란시스코San Francisco강과 테코사우틀라강(목테수마강의 지류들)이 있고, 알파사유카의 북쪽 칼티마칸Caltimacan에 이를 때까지 실제로 간헐

---

32 Wagner, "Natural Vegetation," pp. 251~252. 정부 간행 지도, 1:50,000: 토지 이용.

33 Wagner, 같은 논문, p. 257.

천間歇川일 뿐인 이른바 알파사유카강도 있다. 물은 대체로 역암이나 퇴적암과 화산암이 겹겹이 쌓인 층의 기반을 이루는 충적토나 잔류토 지역에 있는 샘에서 솟아나는데, 그것은 툴라강과 실로테펙 고원에 건설된 일부 대규모 현대식 댐, 그리고 지역 곳곳에 산재한 더 작은 규모의 여러 둑에서 경사로를 타고 흐르는 빗물과 함께 한데 모인다. 또 실로테펙 고원의 남쪽과 경계를 이루는 산맥의 기슭을 따라 자분정自噴井(지하수가 지층의 압력에 의해 지표상으로 솟아 나오는 우물 — 옮긴이) 구멍들이 있다.[34] 그렇지만 개울들은 더 이상 1년 내내 흐르지 않는다. 샘들은 수적으로 더 적고, 더 적은 양의 물을 제공하며 끌어들인 물이 공급되지 않는 지역에는 더 이상 습한 저지대가 존재하지 않는다. 그 지역은 본래 건조하다.

오토미족의 경관

유럽인들이 처음으로 이 넓고 평평한 계곡과 평원에 들어왔을 때, 그들은 수 세기에 걸쳐 인간의 점령이 빚어낸 경관을 목격했다. 그것은 광대한 경작지, 삼림 지대, 야초지野草地뿐 아니라 용수로用水路, 둑, 계단식 밭과 석회석 채석장 들로 이뤄진 비옥하고 인구가 조밀하며 복잡한 농경의 조합이었다. 떡갈나무와 소나무 숲은 야산을 뒤덮고 샘과 개울 들이 광대한 관개 조직에 물을 공급했다.

에스파냐인들이 도래하기 전에 적어도 400년 동안 이런 경관을 만들어낸 이들은 주로 오토미 원주민이었다.[35] 오토미어 사용자들은 분명히 12세기 툴라의 몰락 이후 서쪽으로부터 이주했고 13세기에는 멕시코 계

---

34 정부 간행 지도, 1:50,000: 지형도.

35 북부에는 정착한 치치메카족의 공동체들이 더러 있었고 여기저기에 나우아틀 Nahuatl(나우아어) 사용자들이 있었다. 그러나 오토미족이 지역 인구의 대부분을 차지했다. Gerhard, *Guide*, pp. 44, 155, 295, 332, 383, 401.

곡의 북쪽에서 강력한 집단을 형성했다. 하지만 멕시코 계곡의 콰우티틀란Cuautitlan, 멕시카Mexica족과 벌인 전쟁의 결과로 14세기에 그들의 세력은 쇠퇴했고 북쪽과 동쪽으로 흩어졌다.[36] 찰스 깁슨의 서술에 따르면, 이 이산離散은 매우 완벽해서 "식민 시대 내내 〔오토미족이〕 널리 퍼지고 종속된 집단으로 남았고 남쪽보다 북쪽에 더 조밀하게 분포되었으나 그들에게는 항상 확고하거나 통합된 영토가 없었다".[37]

수 세기 동안 오토미족의 역량과 생활 양식에 관해 내려진 판단은 메스키탈 계곡을 둘러싼 신화의 일부이다. 아스테카Azteca인들은 오토미족을 단지 수렵 채집민으로, 다시 말해 문화나 문명이 없는 집단으로 얕잡아 본 듯하다. 아스테카의 수도를 정복한 뒤 우월한 위치에서 오토미족을 바라본 코르테스는 그들을 "'산에 사는 원주민'이자 테노치티틀란의 노예"[38]로 묘사했다. 그럼에도 예전 오토미족의 중요성에 대한 흥미로운 암시는 테노치티틀란(아스테카의 수도)의 통치자 가문과 툴라(과거 톨테카의 수도)의 통치자 가문 사이의 혼사에서 엿볼 수 있듯이 식민 시대 초기까

---

36 Gibson, *Aztecs*, p. 10. 툴라강 유역에서 고전기 이후 시대(멕시코 역사에서 고전기는 서기 200~900년 또는 950년, 고전기 이후 시대período posclásico는 900년 또는 950년부터 에스파냐인들이 침입한 시기까지를 일컫는다 — 옮긴이) 말기부터 식민 시대까지 지속된 일련의 도기 형태는 오토미족이 적어도 툴라의 몰락 이후 이곳에서 우세했을 것이라는 점을 시사한다. Mastache and Crespo, "La Ocupación Prehispánica," pp. 74~77.

37 Gibson, 같은 책, p. 10.

38 깁슨은 오토미족이 "멕시코 계곡의 원주민 가운데 개별적인 또는 나우아어가 아닌 언어를 보유하고 있는 유일한 주요 집단이었고 나우아어 사용자들은 대개 오토미족을 업신여겼다"라고 논평한다. Gibson, 같은 책, p. 10. 16세기 내내 지리 보고서를 작성한 에스파냐인들은 오토미족의 특성과 지능, 사회와 문화에 대한 아스테카인들의 견해를 되풀이한다. 1579년의 지리 보고서에 담긴 언급은 PNE vol. 6을 참조하라.

지 살아남았다. 에스파냐인들이 1519년에 도래했을 때, 아스테카의 군주 목테수마 2세Moctezuma II는 툴라의 통치자의 딸과 혼인했다. 그의 아들 돈 페드로 데 목테수마Don Pedro de Moctezuma도 툴라의 귀족 여인과 혼인했고,[39] 에스파냐인들의 정복 당시 오토미의 실로테펙 프로빈시아 통치자는 목테수마의 사촌이었다.[40] 아스테카인들은 오토미족이 톨테카Tolteca 인들, 즉 11세기부터 13세기까지 고지대를 지배해 왔던 전설적인 집단의 후손이라고 믿었다. 아스테카인들은 오토미족을 정복당한 부족이라고 멸시했음에도 톨테카인의 후손과의 혼인이 부여한 정당화를 필요로 했다.

에스파냐인들은 오토미족이 문명, 특히 농업의 기술을 갖추지 못한 빈곤한 산지의 주민이었다는 허구적 가설을 유지했다. 그것은 에스파냐인들이 아스테카 제국의 내륙 지방을 정복할 때 쓸모가 있었을지 모른다. 사실 에스파냐인들의 기록은 그들이 꽤 다른 상황을 목격했을 것이라는 점을 시사한다. 4년 동안의 파괴적인 전염병이 끝난 1548년 무렵에 에스파냐의 군주는 누에바 에스파냐에 관한 첫 번째 지리 보고서 『정기 시찰 전집Suma de Visitas』을 완성하도록 명령했다.[41] 에스파냐 관리들에게 발송한 지시 사항에 따라 메스키탈 계곡을 구성하는 프로빈시아들에 대한 보고서는 그 지역의 천연자원과 더불어 전염병 창궐 이후에 원주민들이 그것을 어떻게 이용하는지를 기록했다. 하지만 이 연구를 위해 더 중요한 사항은 에스파냐인들의 보고서가 또한 에스파냐의 착취를 위해 토양의

---

39 Alavarado Tezozomoc, *Crónica mexicayotl*, pp. 87~88, 135~138, 150~158; Gibson, *Aztecs*, p. 50. 필자는 이 인용문들에 관해 도움을 준 엘리자베스 브룸필에게 사의를 표한다.

40 AGIJ, leg. 207, no. 2, ramo 3.

41 이는 정기 시찰 전집으로 알려져 있고 『누에바 에스파냐 원고Papeles de la Nueva España』의 제1권으로 출판되었다. 그것은 이후 내용에서 PNE vol. 1로 표기할 것이다.

밀 재배 적합성, 농업·목축·제분 작업용 수자원, 귀금속의 존재(또는 부재), 광물 채굴과 석회 생산용 삼림 자원의 이용 가능성, 방목용 풀밭의 규모와 가치, 석회석과 건축용 석재의 채석장 같은 다른 자원 등을 포함해 그 지역의 경제적 잠재력을 점검했다는 점이다.[42] 1548년 메스키탈 계곡의 토지에 대한 에스파냐인들의 분류는 천연자원에 대한 인식과 더불어 그들이 무엇을 중요하게 생각했는지 살펴볼 수 있는 실마리를 제공한다. 예컨대 식민 시대 초기에 광물 채굴은 분명히 에스파냐인들의 생각 속에서 상위를 차지했고 (광산의 수직 갱도용 버팀목과 기둥 등을 공급하는 데 필요한) 삼림 지대는 대개 잠재적인 광산 사업과 관련해 언급되었으며 따라서 불모지tierras baldias(공한지 또는 공유지)라기보다 왕실 소유지/국유지tierras realengas(왕실 소유지 또는 비점유지)[43]의 범주에 속했다. 다른 한편 불모지는 흔히 규모와 방목 적합성의 측면에서 별도로 언급되었다.[44]

식민 시대 초기에 에스파냐인들의 메스키탈 계곡 정착에 주된 걸림돌로 작용한 것은 서리, 부정기적인 강우, 그리고 특히 조밀한 원주민 인구였다.[45] 1548년까지 전염병의 창궐로 원주민 인구가 극적으로 감소했다고 할지라도 주민들이 꽤 밀집된 촌락들이 여전히 경관을 채우고 있었

---

42 PNE vol. 1, nos. 1, 2, 8, 9, 10, 106, 110, 111, 112, 235, 258, 293, 347, 397, 417, 498, 533, 534, 538, 546, 547, 548, 549, 550, 554, 555, 556, 771, 781, 838.

43 PNE vol. 1, nos. 112, 548, 549, 550, 인용문에는 대개 "산이 없고 광산도 없다"라고 적혀 있다.

44 PNE vol. 1, nos. 533, 534. 그러나 347번 자료에서 희소성(산이 약간 있고 풀밭도 조금 있다)에 대해 이야기할 때 삼림 지대와 풀밭이 함께 언급되어 있다. 그리고 550번 자료에는 광산과 방목지의 부족이 공유지의 부족과 함께 언급되어 있다(산이 없고 풀밭도, 불모지도 없다).

45 PNE vol. 1, nos. 1, 2, 8, 110, 235, 258, 293, 347, 533, 534, 546, 547, 548, 549, 550, 781. PNE vol. 3, pp. 68~69, 72.

다. 일부 공동체들은 집들을 길가에 배열했고, 적절한 도시 형태에 대한 르네상스의 이상을 따르려는 에스파냐인들은 이를 승인했다. 다른 공동 체들의 주민 가운데 아마 대다수는 그들의 농경지 가까이에 거주하고자 공동체의 영역 곳곳으로 흩어졌다. 에스파냐인들은 이런 태도를 못마땅 하게 지켜보았다.[46] 에스파냐인 정착민들이 몰려 있었던 동남부 구역의 평지에서는 집들이 거의 인접해 있었다.[47]

이 프로빈시아들에서 원주민의 농업 생산은 메소아메리카의 고전적인 세 가지 작물, 즉 옥수수, 콩, 호박뿐 아니라 고추, 토마토, 아마란스amaranth, 세이지sage 등에 주력했다. 지방적 편차는 해당 지방의 동식물상, 미기후 微氣候(특히 주변 지역과는 다른, 특정한 좁은 지역의 기후 — 옮긴이), 그리고 관

---

46 PNE vol. 1, no. 538; PNE vol. 3, p. 82; PNE vol. 6, pp. 27, 32, 202. 다음의 인용문은 아티탈라키아Atitalaquia의 1580년 보고서의 일부로서 분산된 정주 형 태에 대한 에스파냐인들의 태도와 더불어 그런 정주 형태의 이유가 무엇인지를 매우 잘 보여준다. "음흉하게도 일부 원주민들은 짚으로 만든 벌집같이 좁은 공 간에서, 그리고 산골짜기와 평원에서 서로 떨어져 살던 옛날의 습관으로 되돌아 가고, 특히 평원에서는 용설란의 편리함이 그리하도록 돕기도 하며, 몇 가지 이 유, 특히 그들의 교리doctrina와 관련된 이유 때문에 바로잡을 만한 가치가 있는 불편한 곳으로 돌아가서 살기로 결정할지라도, 오늘날 원주민들은 가장 훌륭한 누에바 에스파냐의 부왕 마르틴 엔리케스Martín Enríquez de Almanza y Ulloa(누에 바 에스파냐의 제4대 부왕으로서 1568년 11월부터 1580년 10월까지 펠리페 2 세Felipe II의 이름으로 통치했다 — 옮긴이)님의 배려 아래 바로 근처의 촌락에 서 살고 있다." PNE vol. 6, p. 202.

47 피터 거하드Peter A. Gerhard는 테테팡고-우에이포스틀라Tetepango-Hueypostla의 알칼디아(알칼데의 관할 구역)에 대해 다음과 같이 기술한다. "이 황량한 농촌 에는 에스파냐인들과의 접촉 당시 놀랄 만큼 인구가 조밀했다. 정착촌들은 사실 상 인접해 있었고 도처에 집들이 있었다." Gerhard, *Guide*, p. 295. 1564년에 목테수마의 아들 한 명에게 엔코미엔다로 수여된 읍들에 대한 조사가 수행되었 는데, 그 결과에 따르면 툴라에서 어느 한 읍과 다른 읍 사이에는 어떤 토지도 거의 없었다. AGIJ, leg. 207, no. 2, ramo 3.

개용수(또는 신뢰할 수 있는 강우량)의 존재 또는 부재에 달려 있었다. 에스파냐인들은 우량 토질에 주목했는데 그 지역의 남쪽 절반은 정복 이전과 정복 직후에 모두 생산적인 농업 지역으로 유명했다.[48] 하지만 원주민들이 법정에서 다양한 경우에 관해 진술했듯이 이 반건조 지역에서 수확을 보증하기 위해 관개는 필수적이었다.[49] 사실 툴라와 멕시코 계곡의 북단에 대한 문서 기록뿐 아니라 고고학적 측량은 광대한 관개 조직의 존재를 보여준다.[50]

최소한 약간이나마 관개지가 없는 큰 읍들의 몇 안 되는 사례는 산비탈에 있는 카베세라 다섯 군데로서 남부 평원의 틀라파날로야Tlapanaloya, 테스카테펙Tezcatepec, 투산틀랄파Tuzantlalpa, 툴라의 테페티틀란Tepetitlan과 사율라Sayula였다. 그리고 건조한 북부 계곡에 위치한 두 곳은 텍파테펙Tecpatepec과 예테코막Yetecomac이었다.[51] 틀라코틀라필코Tlacotlapilco, 칠콰

48 PNE vol. 1, nos. 2, 111, 112, 347, 533, 538, 546, 548, 554, 555, 771, 781, 838. Cook, *Historical Demography*, pp. 38~41; Mendizábal, *Obras*, pp. 42~44.

49 AGNT, vol. 3, exp. 1; vol. 64, exp. 1; vol. 79, exp. 6, fol. 11r; vol. 1486, exp. 8, fol. 17r; vol. 1487, exp. 1, fol. 15r; vol. 1693, exp. 2, fol. 42r. AGNM, vol. 5, fol. 122; AGIJ, leg. 207, no. 2, ramo 3. AGIE, leg. 161-C, fol. 250.

50 Mastache, "Sistemas de riego" Sanders, Parsons, and Santley, *Basin of Mexico*, pp. 260~272.

51 【관개 조직을 갖춘 카베세라】
    남부 평원: 테킥스키악, 아파스코Apasco: PNE vol. 1, nos. 2, 533. AGIE, leg. 161-C, fol. 110v.
    남-북 평원: 아티탈라키아, 아토토닐코Atotonilco, 칠콰우틀라, 미스키아괄라, 테스카테펙, 틀라코틀라필코, 틀라우엘릴파Tlahuelilpa, 틀라마코Tlamaco: PNE vol. 1, nos. 1, 9, 112, 550, 555, 556. PNE vol. 6, pp. 200~201. AGIE. leg. 161-C. AGNM, vol. 2, exp. 622, fols. 246v-248r; vol. 16, fols. 106r-107r. AGNT, vol. 1519, exp. 4, fol. 145r; vol. 1628, exp. 3, fol. 4v; vol. 1640,

exp. 2, fols. 25v, 33r; vol. 2717, exp. 10, fols. 6r-v; vol. 2720, exp. 18, 1r-7v.

중앙 계곡: 악사쿠바Axacuba, 틀릴콰우틀라Tlilcuautla, 토르나쿠스틀라Tornacustla: PNE vol. 1, no. 8, PNE vol. 6, p. 17. AGNT, vol. 64, exp. 1, fols. 1-20.

북부 계곡: 테카시케Tecaxique, 악토판: AGNT, vol. 1693, exp. 2, fol. 42.

익스미킬판: 익스미킬판, 틀라신틀라Tlacintla: PNE vol. 1, no. 293. AGNT, vol. 1487, exp. 1, fol. 7r. AGNM, vol. 7, fols. 192r-193r.

알파사유카: 알파사유카: AGIM, leg. 111, ramo 2, doc. 12.

우이치아판: 우이치아판, 테코사우틀라, 산호세아틀란S. Jose Atlan: AGIM, leg. 111, ramo 2, doc. 12. AGNT, vol. 3, exp. 1, fols. 1-8; vol. 3, exp. 2, fols. 1r-v, 10r; vol. 79, exp. 6, fols. 1-27; vol. 1867, exp. 1, fols. 2v, 4v.

실로테펙: 실로테펙: AGNM, vol. 19, fols. 239r-v. AGIJ, leg. 124, no. 1, fol. 19.

툴라: 아텡고Atengo, 차판통고, 넥스틀랄판Nextlalpan, 오틀라스파Otlazpa, 수치틀란, 테페시, 툴라, 시파코야Xipacoya, 사야나킬파Zayanaquilpa: PNE vol. 1, nos. 10, 106, 110, 417, 498, 538, 771, 781, 838. PNE vol. 6, p. 181. AGNM, vol. 2, exp. 347, fols. 141v-142r; vol. 5, fol. 122r; vol. 9, fols. 132v-133r; AGNT, vol. 45, exp. 1, fol. 10r; vol. 1486, exp. 8; vol. 1527, exp. 2, fol. 53v; vol. 2284, exp. 1, fols. 743r-744r; vol. 2337, exp. 1, fol. 395; vol. 2812, exp. 13, fols 402v-410; vol. 3517, exp. 1, fol. 5r. AGNH, vol. 410, fol. 77r-80r.

치아파데모타: 치아파데모타: PNE vol. 1. no. 111.

【용수로acequias와 수로canales를 언급하기는 하지만 특별히 관개 조직을 거론하지 않은 자료의 출처는 다음과 같다.】

익스미킬판: AGN, 원주민편Indios, vol. 6, pte. 1 exp. 291, fols. 79r-v; vol. 6, pte. 2, exp. 532, fol. 117r. AGNM, vol. 7, fols. 192v-193r.

툴라: 오틀라스파, 툴라, 시파코야, 사야나킬파: AGIJ, leg. 207, no. 2, ramo 3, fol. 55r. AGNT, vol. 45, exp. 1, fol. 10r; vol. 1529, exp. 1, fol. 124. AGNM, vol. 2, exp. 347, fols. 141v-142r; vol. 11, fol. 64r.

남-북 평원: 아티탈라키아, 미스키아괄라, 틀라코틀라필코, 틀라우엘릴파: PNE vol. 1, no. 550. PNE vol. 6, p. 201. AGNT, vol. 1520, exp. 5, fol. 49v; vol. 1628, exp. 3, fol. 14v; vol. 2720, exp. 18, fols. 1r-7v. AGNM, vol. 2, exp. 622, fols. 246v-248r.

건조한 지역들은 '물을 댈 수 있는 모든 것'에 적합하다고 알려졌다. 목화와 고추는 특별히 언급된다(목화는 실로테펙에서도 재배되었다).[52] 관개용수가 없는 지역들에서 생계는 건조 지대를 대표하는 식물 종種에 기반을 두었다. 용설란, 노팔nopal 선인장과 메스키트가 이에 속하며 그 밖에 상당수의 야생 동물, 새, 파충류와 땅벌레 등이 존재한다.[53] 그러나 나중에 나온 문서들에 따르면 용수로용 지표수가 없는 지역의 읍들이 흔히 옥수수, 고추, 호박을 재배하던 습한 강가의 저지대에 의지했다는 점은 분명하다.[54] 용설란은 아마 치아파데모타를 제외하고 지역 전체의 경제에서

우이치아판: 우이치아판, 테코사우틀라: AGNT, vol. 3, exp. 2, fols. 1-10; vol. 3672, exp. 19, fol. 6r. AGNM, vol. 19, fols. 239r-v.

치아파데모타: AGNM, vol. 20, fols. 78r-79r.

52 PNE vol. 1, no. 550. AGIJ, leg. 124 #1.

53 아티탈라키아 보고서의 작성자는 관찰력이 예민하고 사려 깊은 유형인 듯 보이는데, 다음과 같이 적어두었다. "어떤 신사라도 이 모든 것(즉, 두꺼비, 뱀, 쥐, 바닷가재〔?〕도마뱀, 매미, 유충)을 먹어대면서 자신의 권위를 실추시키지 않을 것이다." PNE vol. 6, p. 206.

동물	조류		파충류와 곤충
재규어?(코요테)	흰 거위	갈까마귀	매미
사슴	작은 독수리	꾀꼬리	귀뚜라미
들쥐	외양간올빼미	비둘기	물고기
고양이?	멧새	암컷 매	도마뱀
〔살쾡이(붉은스라소니)〕	까마귀	메추라기	바닷가재
산토끼	오리	(마다가스카르)	메뚜기
사자?(퓨마)	독수리	붉은 올빼미	용설란 유충
두더지	수리부엉이	(무엇인지 잘	뱀
토끼	새매?	드러나지 않음)	두꺼비
스컹크	래너매?	참새	
다람쥐	매	제비	
족제비	긴꼬리올빼미	개똥지빠귀	
늑대		멧비둘기	
		콘도르	

자료: PNE vol. 6, pp. 4, 16, 18, 21, 25, 30~34, 37, 206.

일관되고 중요한 요소를 구성했고 일부 지역에서는 그것 역시 물을 공급받았다.[55]

메스키탈 계곡에서 관개 조직의 규모는 우리에게 이렇게 이른 시기의 지역 환경에 대해 많은 것을 알려준다. 그것은 지역 기후의 근본적인 건조함과 불확실한 강우량뿐 아니라 분수계의 활력을 보여준다. 다시 말해 토양은 비옥했지만 수확량을 보증하려면 관개가 필수적이었다. 결국 관개는 원활하게 돌아가는 집수 구역에 달려 있었는데, 이는 야산에 식생 피복이 잘 유지되는 것을 의미했다. 샘물이 공급하는 관개의 규모와 중요성은 원활한 분수계에 대한 간접적인 증거를 제공한다. 빗물이 토양에 흠뻑 스며들어 지하수를 다시 채우도록 보증하려면, 그리하여 샘을 보충하는 수준으로 지하수면地下水面과 관개 조직을 유지하는 데 나무, 관목, 약초, 풀 형태의 충분한 지표 식물이 필수적이었기 때문이다.

직접적인 증거 또한 조밀한 인구와 광대한 농경지에도 불구하고 1560년대까지 충분한 삼림 지대가 존재했다는 것을 시사한다. 이제는 맨땅을 드러낸 높고 가파른 산비탈이 당시에 나무들로 덮여 있었고 대다수 읍과 촌락들에는 삼림 지대(산monte)와 개울이 있었으며 강바닥 옆쪽에는 수목들이 늘어섰다. 또한 숲에 의존해 사는 야생 동물뿐 아니라 임산물(목재, 가정용 장작, 석회 산업, 초본草本 식물, 식용과 약용 뿌리 등)이 원주민 경제의 중요한 부분이었다는 점은 확실하다.[56] 고지대에서 삼림은 떡갈나무와

54　PNE vol. 1, no. 207, 533. AGNT, vol. 1486, exp. 2, fol. 3v. AGIJ, leg. 207, no. 2, ramo 3, fol. 55r. AGNM, vol. 4, fol. 122r. 문서에서 포착되는 늪과 습지의 존재는 오늘날에 비해 당시 토양 상태가 훨씬 더 눅눅하고 축축했을 가능성을 시사한다.

55　AGNT, vol. 64, exp. 1, fol. 1r.

56　PNE vol. 1, nos. 111, 347. PNE vol. 3, p. 69. PNE vol. 6, pp. 15~16, 25, 33, 37, 206. AGIJ, leg. 124, no. 1, fol. 15; leg. 154, no. 3, 3a pte., fol. 404r.

소나무로 구성된 반면, 떡갈나무만으로 이뤄진 숲은 흔히 더 낮은 곳에 존재했다. 그렇기는 하지만 사야나킬파Zayanaquilpa 근처의 저고도 소나무 숲은 언급된다. 삼림이 가장 울창하게 우거진 지역은 메스키탈 계곡을 에워싸고 있는 산악 지대, 즉 실로테펙과 톨루카를 나누는 산줄기, 시에라데라스크루세스, 중앙 계곡의 남쪽으로 펼쳐진 높은 언덕, 시에라데파추카 기슭의 구릉지, 그리고 시에라데후아레스 등지에 있었다.[57] 다른 지역들에도 흔히 꽤 넓은 숲이 존재했다. 예컨대 이제는 메마른 중앙 계곡의 악사쿠바Axacuba 뒤편의 야산들은 당시 1레구아×2레구아(육지에서 1레구아legua는 5.9~6.4km의 길이 — 옮긴이)의 넓이, 다시 말해 약 35km²의 떡갈나무 숲으로 덮여 있었다.[58]

남부 평원에서 테스카테펙은 삼림이 많은 야산으로 둘러싸인 계곡에 위치해 있었고 틀라파날로야와 아파스코Apasco는 모두 삼림 지대가 충분

AGNM, vol. 7, fol. 87r; vol. 2, fol. 173v. AGNT, vol. 64, exp. 1, fol. 4v; 1525, exp. 1, fols. 55, 72v, 91.

57 실로테펙: AGNT, vol. 1872, exp. 10, fols. 2r-v. AGNM, vol. 1, exp. 37, fol. 20r.
   시에라데라스크루세스: PNE vol. 1, no. 111. AGNM, vol. 11, fol. 173r; vol. 12, fols. 303r-304r; vol. 14, fols. 27r, 77v, 249v-250v; vol. 19, fols. 202r-203r, 206v, 207v-208r, 210v-211r; vol. 20, fols. 66v-69r.
   멕시코 계곡과 중앙 계곡 사이의 언덕: PNE vol. 1, nos. 8, 546. PNE vol. 3, p. 72. PNE vol. 6, pp. 17, 32. AGNM, vol. 2, fols. 95v-96r; vol. 5, fol. 7r; vol. 6, fol. 456r. AGNT, vol. 1525, exp. 1, fol. 91r; vol. 2672, exp. 15, fol. 25v; vol. 2674, exp. 10, fols. 307r-315r, 319r-329r.
   시에라데파추카 기슭의 구릉지: PNE vol. 6, p. 24, AGNM, vol. 5, fol. 70r; vol. 12, fols. 409v-410v, 443r; vol. 19, fols. 217v-218r. AGNT, vol. 64, exp. 1, fol. 7r.
   시에라데후아레스/익스미킬판: PNE vol. 1, no. 293. PNE vol.3, p. 99. PNE vol. 6, p. 4. AGNT, vol. 2756. exp. 7, fols. 1r-16r.
58 PNE vol. 1, no. 8.

했다.[59] 툴라 하위 지역의 남쪽 절반을 이루는 언덕과 계곡 들은 특히 오틀라스파Otlazpa 주위에 삼림이 울창하게 덮여 있었던 것처럼 보인다. 그러나 하위 지역의 중심인 툴라읍은 숲이 있었지만, 바로 남쪽에 있던 테페시에는 숲이 없었고 인구가 조밀하고 물이 공급된 툴라강 유역(남-북 평원)에도 삼림 지대가 거의 없었다.[60] 익스미킬판은 1540년대에 외관상으로 메스키트 때문에 수목들이 적지 않았는데, 그것은 광부들이 채광창採光窓과 짐마차의 바퀴로 사용할 때 선호하는 목재였다.[61] 실로테펙 프로빈시아는 1548년의 지리 보고서에 포함되지 않았으나 1550년대 초의 자료들은 이 하위 지역에 숲이 풍부하고 중요했다는 사실을 보여준다.[62]

---

59 PNE vol. 1, nos. 2, 546. PNE vol. 6, p. 33. AGNM, vol. 2, fols., 95v-96r; vol. 6, fols. 455v-456r; vol. 8, fols. 227v-228r; vol. 12, fols. 409v-410v; vol. 21, fols. 79v-80r. AGNT, vol. 1525, exp. 1, fols. 43r, 91r; vol. 2697, exp. 10, fols. 308r-315r; vol. 2697, exp. 11, fols. 319r-329r. AGNI, vol. 5, exp. 762, fols. 203r-v; exp. 940, fols. 241v-242r.

60 툴라: PNE vol. 1, nos. 106, 498, 538. AGNM, vol. 3, fols. 169r-v; vol. 5, fols. 258v-259r, 260r-v; vol. 13, fols. 182r-v. AGNT, vol. 45, exp. 1, fol. 7v; vol. 2735, 2a pte,. exp. 8, fol. 1r; vol. 3670, exp. 19, fols. 1r-7v. AGI, Justicia, leg. 207, no. 2, ramo 3, fol. 67.
    남-북 평원: AGNM, vol. 6, fols. 455v-456r. AGNT, vol. 2354, exp. 1, fol. 27.

61 PNE vol. 1, no. 293. PNE vol. 3, p. 99. PNE vol. 6, p. 4.

62 AGNT, vol. 1872, exp. 10, fols. 2r-v; vol. 2764, exp. 5, fol. 4v. AGNM, vol. 1, fol. 20r; vol. 3, fols. 283v-284r, 766; vol. 4, fol. 291v. 더 나중에도 실로테펙 프로빈시아에는 여전히 숲이 적지 않았다.
    실로테펙: AGNM, vol. 11, fols. 64r, 122v-123r; vol. 13, fols. 13r-14r, 61r, 210r-211r; vol. 14, fols. 84r-85r, 142v, 233v-234r; vol. 15, fols. 286r-v; vol. 16, fols. 129r-130r; vol. 17, fols. 38r-v, 39r-40r, 63r-64r, 103v-104r, 119r-120r; vol. 18, fols. 41r-42r, 81v-82r, 227r-v, 236r-v, 266r-v, 281r; vol. 19, fols. 85v-86v, 239v-240r; vol. 22, fols. 298v-299r. AGNT, vol. 2764, exp. 26, fol. 335; vol. 2742, exp. 10, fol. 3r. AGNI, vol. 2, exp. 46,

그 지역 곳곳에서 삼나무 임분林分(나무의 종류, 나이, 생육 상황 등이 비슷해 하나의 단위로서 주위의 나무들과 구분할 수 있는 숲의 범위 — 옮긴이)은 강둑을 따라 자라났고 버드나무들은 샘과 물웅덩이를 표시했으며 메스키트와 자생 벚나무들은 촌락들의 생업 경제의 일부분을 구성했다.[63] 북부 계곡의 동쪽에 있는 산맥은 숲이 울창했지만, 삼림 지대가 충분하지 않은 일부 읍들은 인구 밀도가 높은 남-북 평원과 건조한 북부 계곡에 존재했다.[64] (환경 변화의 기록과 산이나 숲monte이라는 단어의 사용에 관한 논의는 4장을 참조하라.)

오토미족이 강수량이 부족하고 서리가 자주 내리는 이 고지대에서 생활하는 데 매우 성공적인 접근 방식을 이끌어냈다는 것은 확실하다. 숲

---

fol. 11r; vol. 3, exp. 150, fol. 35r.

알파사유카: AGNM, vol. 8, fol. 8r. AGNT, vol. 2092, exp. 2, fol. 19v; vol. 2718, exp. 15, fol. 1r-v.

우이치아판: AGNM, vol. 3, exp. 819, fol, 323; vol. 5, fols. 257v-258r; vol. 8, fols. 177v-178r; vol. 13, fols. 38r-v, 61r, 144v-145r; vol. 14, fol. 230v; vol. 15, fols. 221v-222r, 256v; vol. 16, fols. 5r-v, 25r-26r; vol. 17, fols. 39r-40r; vol. 18, fol. 264; vol. 22, fols. 268v, 447r-448v. AGNT, vol. 1791, exp. 1, fols. 135r-v; vol. 2092, exp. 2, fol. 2r; vol. 2105, exp. 1, fol. 2r; vol. 2683, exp. 2, fol. 1r; vol. 2703, exp. 2, fol. 1r; vol. 2762, exp. 11, fol. 125; vol. 2764, exp. 5, fol. 4v; vol. 3568, fols. 22r, 35r, 40, 42r.

63   PNE vol. 1, nos. 112, 548, 549, 550, 556. PNE vol. 6, p. 18, AGNM, vol. 5, fols. 257v-258r; vol. 9, fols. 271v-272r; vol. 13, fols. 61r, 210v-211r; vol. 14, fols. 230v-231r; vol. 16, fols. 25r-26r; vol. 17, fols. 38r-v. 103r-v, 119v-120r, 218r-v, 224r-v; vol. 18, fols. 81v-82r, 278v-279r; vol. 19, fols. 85v-86r; vol. 20, fols. 67v-68r, 98r-v. AGIJ, leg. 207, no. 2, ramo 3, fol. 67. AGNT, vol. 1529, exp. 1, fols. 138r-v; vol. 1640, exp. 2, fols. 32r-33r; vol. 2177, exp. 1, fol. 2r; vol. 2742, exp. 12, fol. 1r; vol. 2762, exp. 11, fol. 125.

64   PNE vol. 1, no. 9. AGNM, vol 13, fols. 176r-v.

과 삼림 지대에서 얻은 야생 사냥감과 초본 식물이 식사의 중요한 요소였지만, 이는 오늘날과 마찬가지로 에스파냐인들의 정복 이전뿐 아니라 식민 시대에 멕시코의 모든 작은 지방의 읍들에도 해당되었다. 그리고 용설란과 노팔 선인장이 생계와 교역에서 중요했지만, 이 지역의 주민들은 그럼에도 많은 곡물을 생산하고 수확하는 정착 농경민이었다. 또한 그들은 16세기 중엽까지 그 지역의 대부분에서 삼림을 희생시키지 않으면서 높은 수준의 곡물 생산을 유지해 왔던 것처럼 보인다. 1949년에 수행된 현지 관찰에 근거해 우리는 일부 지역에서 산기슭 토양의 A층위(토양 단면의 최상층—옮긴이)가 에스파냐인들의 정복 이전에 (아마 파종할 준비를 마친 뒤 풍식에 의해) 침식되었다는 증거를 갖고 있지만,[65] 문서 기록은 원주민 인구가 감소한 16세기 말까지 광범위한 표층 침식이나 구곡 침식이 발생했다는 증거를 제공하지 않는다(이 점에 관해서는 이 장에서 더 깊이 논의할 것이다). 사실 16세기 초의 조밀한 인구, 높은 수준의 곡물 생산, 드넓은 삼림은 이런 반건조 지역 생태계의 약점, 따라서 원주민 인구와 그들이 속한 환경 사이의 관계의 본질을 가렸고 에스파냐인들이 결국 이런 생활 방식의 파괴로 이어지는 선택을 하도록 이끌었다. 에스파냐인들이 도래한 지 80년밖에 지나지 않은 16세기 말에 이르러 그 지역 전체의 정경情景은 바뀌었다. 원주민 인구는 격감했고 그들의 들판은 축소되었다. 한때 비옥했던 평지에는 메스키트가 우세한 사막의 관목이 촘촘하게 자랐고, 높고 가파른 산비탈에는 나무들이 없어졌으며 산기슭은 침식되어 도랑이 생겨났다. 농업이 아니라 양 방목이 지역의 생산에서 우위를 차지했다. 인간이 아니라 양이 메스키탈 계곡의 생태계를 지배했고 그 경관을 만들어냈다.

---

65 Cook, *Historical Demography*, pp. 41~47.

정복의 경관

그것이 최종적인 결과이기는 하지만, 양은 단순히 인간을 대체하지 않았다. 오히려 양은 인간을 쫓아내고 속담에서 말하듯이 인간을 먹어 치웠다. 양 방목이 농업을 밀어내고 양이 인간을 쫓아낸 과정은 새롭고 훨씬 덜 수용적인 경관의 형성으로 귀결되었다. 그 속에서 원주민들은 밀려나고 따돌림을 당했으며 전통적인 자원들은 훼손되거나 상실되었고 생산 수단에 대한 그들의 접근은 제한되었다. 이런 경관의 형성과 시간의 제약을 받는 관계의 기반을 이루는 주요 과정, 다시 말해 원주민 인구의 붕괴, 목축의 확대, 그리고 환경의 변형을 검토해 보자.

16세기 말에 이르러 메스키탈 계곡의 원주민 인구는 에스파냐인들과의 첫 접촉 당시 규모의 1/10에 지나지 않았다. 질병은 이런 인구 붕괴의 유일한 원인이 아니었지만 주된 이유였다. 1521년부터 1600년까지 높은 사망률을 초래한 일련의 전염병들은 메스키탈 계곡의 원주민 인구를 당시까지 가장 낮은 수준으로 감소시켰다.[66] 1560년대에는 전염병의 유행이 끝났다는 희망이 있었던 것처럼 보이고 인구가 증가하는 조짐이 나타났을지도 모른다. 하지만 1576년부터 1581년까지 누에바 에스파냐 곳곳에서 맹위를 떨친 '대역병(또는 코코리츨리cocoliztli)'이라는 무시무시한 질병이 발생했고 마지막으로 1620년대에 원주민들이 유입된 질병에 적응하는 단계에 이르러 하락세가 멈추고 인구가 천천히 증가하기 시작했

---

66 깁슨은 식민 시대 전체에 걸쳐 멕시코 계곡에서 발생한 전염병들을 열거한다. Gibson, *Aztecs*, 부록 4, pp. 448~451. 에스파냐 세비야에 있는 인디아스(아메리카를 의미함 — 옮긴이) 문서보관소의 회계국Contaduría과 『정기 시찰 전집』의 기록들은 메스키탈 계곡이 같은 시기에 전염병들에 시달렸다는 사실을 분명히 밝힌다. 메스키탈 계곡의 인구 감소의 증거에 관해서는 〈부록 B〉를 참조하라.

을 때까지 10년마다 전염병이 이어졌다.

질병으로 약화된 주민 가운데 작업반work gangs의 수요는 전염병의 영향을 더 심각하게 만들었다. 작업 조건은 흔히 끔찍했고 사람들이 갖고 다니는 음식은 오래가지 않았거나 얼마 지나지 않아 먹을 수 없었다. 주민들이 자신의 작은 농토를 가장 많이 건사해야 할 때에 보통 촌락을 떠나 광산과 에스파냐인들의 농장에서 일하고 배수desagüe(멕시코 계곡의 호수들의 배수 작업) 같은 정부 차원의 사업에 투입되었기 때문에 생계를 위한 생산은 줄어들었다.[67] 도주와 이주 역시 특정 지역에서 인구를 감소

---

67   정부가 통제한 원주민 노동력의 할당제, 즉 레파르티미엔토repartimiento의 역사에 관한 논의는 Gibson, 같은 책, pp. 224~236을 참조하라. 각 읍이 제공해야 하는 작업반의 규모를 추산하려는 의도에서 1587~1588년에 우이치아판과 알파사유카 계곡의 공물 납부자들을 대상으로 수행된 호구 조사는 시마판, 셀라야 Celaya, 테포소틀란Tepozotlan, 그리고 지방의 양 목장과 농업 보유지에서 매주 작업에 필요한 남성의 수를 기재한다.

계곡과 읍(소도시)	공물 납부자의 수	파견지와 인원수	현지에서 활용된 인원수
우이치아판 계곡			
산 마테오 게이치아파	468	시마판, 18	17
산티아고 테쿠사우틀라	660	셀라야, 16	17
산 호세페 아틀란	248	셀라야, 9	12
산타 마리아 막달레나 노팔라	252	셀라야, 6	15
산 헤로니모 아카괄싱코	142	테포소틀란, 7	12
산 로렌소 틀라코틀랄리스틀라	63	셀라야, 2	7
산타 마리아 텍시사파	88	셀라야, 3	7
산 프란시스코 데 솔리틀리카	126	셀라야, 6	7
산 미겔 칼테판틀라	74	셀라야, 3	11
산 부에나벤투라 소나카파	174	시마판, 7	16
산티아고 아쿠실라파	38	시마판, 6	6
산타 마리아 아메얄코	125	테포소틀란, 9	9
산 마르코스 틀라틀라페통코	20	시마판, 1	2

시켰다. 에스파냐인들은 호전적인 유랑민인 치치메카족을 본보기로 삼아 진압하려는 시도에서 북부 지역을 식민지로 만드는 데 실로테펙 프로빈시아 출신의 원주민 집단들을 활용했다. 다른 이들은 소 떼가 그들의 농경지를 휩쓰는 파괴를 피해 달아났다.[68]

계곡과 읍(소도시)	공물 납부자의 수	파견지와 인원수	현지에서 활용된 인원수
산 세바스티안 마카틀로올라야	20	셀라야, 1	1
산 세바스티안 손테페케	15	셀라야, 1	1
산 바르톨로메 틀라스칼리야	81	셀라야, 3	7
산 루카스 테카사판통코	33	시마판, 1	3
산 안토니오 비스파츠콰우틀라	13	셀라야, 1	1
산 호안 틀라미밀롤파	10	셀라야, 2	1
알파사유카 계곡			
산 마르틴 알파사유카	346	시마판, 12	5
산 아우구스틴 틀랄리스티카파	119	시마판, 4	4
산 로렌소 테펙틀라코콜코	70	시마판, 2	3
산 후안 소치틀란	30	시마판, 2	2
산타 마리아 아틀라우체오	18	시마판, 1	2
산 파블로 토포산틀라	13	시마판, 5	5
산 페드로 테오포르콜코	96	시마판, 2	4
산타 크루스 키아우악	28	시마판, 8	1
산 베르나디노 틀라스코	252	시마판, 1	0
산 페드로 테넥스틀라코스틀라	30	시마판, 5	0
산 후안 칼티망카	104	시마판, 5	0
산 프란시스코 코카치칠코	165	0	0
산 안토니오 테코시카파	145	시마판, 5	4

자료: AGIM, leg. 111, ramo 2, doc. 12.

68 AGNT, vol. 79, exp. 6, fol. 8v. AGNI, vol. 5, fols. 2v-3v. AGNM, vol. 3, fols. 283v-284v. 하지만 그들이 어디로 도주했는지는 확실하지 않다. 이 점에 관해서는 휘트모어의 논의를 참조하라. Whitmore, "Sixteenth-Century Population Declines", p. 13.

이 지역에서 인구 감소의 증거는 1520년대에 시작해 식민 시대 내내 지속된 회계국의 기록, 즉 왕실 출납관tesorero의 일일 계정 보고서에서 찾을 수 있다.[69] (16세기 전체에 걸쳐 이런 기록들과 각 카베세라의 인구에 대한 논의는 〈부록 B〉를 참조하라.) 회계국 자료의 활용은 많은 문제들을 제기한다. 예컨대 왕실 출납관은 전체 인구라기보다 공물 납부의 의무가 있는 이들을 집계했다.[70] 또한 공물 산정과 납부에 관한 회계국의 기록은

---

69 특히 흥미로운 것은 1553년부터 1569년까지 출납관의 기록에 대한 1576년의 조사인데, 거기에는 1564~1566년 전염병이 유행한 때 사망한 공물 납부자들의 수가 적혀 있다. AGIC, legs. 665, 787, A & B. 특정 코레히미엔토(코레히도르의 관할 구역)가 부과된 연간 공물을 납부할 수 없었던 이유들이 열거되어 있다. 예컨대 "푸에블로(소도시/읍)의 토착민들은 1558년의 사정에 대해 해명했다. 앞서 언급한 유지有志, principales들과 헤로니모 메르카도Geronimo Mercado 〔코레히도르〕는 원주민들이 씨앗을 뿌렸지만 땅이 엄청나게 건조했기 때문에 전술한 푸에블로에서 1558년에 옥수수를 결코 수확하지 못했다고 언급한 것에 대해 서약하고 서명함으로써 보증한다". AGIC leg. 665, *Relación de Izquin-quitlapilco*. 납부 금액이 지불 능력이나 인구 변화에 맞게 신속하게 조정된 것은 도처에서 일반적이다. "전술한 푸에블로의 흉작 때문에 앞서 언급한 해(1566년)에는 그들에게 공물을 징수하지 않고 (1567년의 수확물에서) 오직 324파네가fanages/hanegas(곡물 용량의 단위로서 1파네가는 카스티야Castilla에서 약 55.5리터에 해당함 — 옮긴이)를 회수한다." AGIC leg. 786-B(Atengo, 1567). 1538~1553년의 유사한 회계 보고는 AGIC leg. 662-A에서, 1544~1549년의 보고는 AGIC leg. 664에서 찾아볼 수 있다. 과세액의 변화(과세 평가tasaciones의 이력)가 제시된 1553~1569년의 보고는 AGIC leg. 670, 1531~1564년의 보고는 AGIC leg. 785, 1573~1584년의 보고는 leg. 692, 1581~1591년의 보고는 leg. 668에서 입수할 수 있다.

70 왕실 출납관은 흔히 성직자들이 수행한 계산에 근거해 과세액을 산정했다. 필자는 회계국 자료로부터 총계를 입수할 수 없었던 몇 가지 사례에서, 그리고 의심스러운 총계를 점검하기 위해 교회의 기록들을 활용해 왔다. 그렇게 취합한 공물 납부자들의 총계는 셔번 쿡과 보라, 그리고 거하드가 이 지역을 연구하면서 추산한 수치들과 곧잘 일치한다. Cook and Borah, *The Indian Population*, Appendix; Gerhard, *Guide*, pp. 45, 155, 298, 333, 384.

1560년대 이전에 군주의 관할 구역 아래 있었던 읍들에서조차 공물 납부자들의 수를 산출하는 데 전혀 도움이 되지 않는다. 초기에 군주의 공물 산정은 어느 정도 간소화되고 에스파냐인 공동체의 필요에 맞게 조정되었지만, 개별적인 인원수 조사에 근거하지 않았다. 공물은 1550년대와 1560년대까지 인원수 조사에 근거해 평가되지 않았다. 동시에 마세구알(원주민 평민) 아래sub-macegual(원주민 귀족 구성원에게 공물과 노역勞役을 빚지고 있는 하층민) 계급과 경우에 따라서는 카시케caciques(원주민 부족 통치자)를 위한 공납 면제가 중단됨으로써 인구의 대다수를 공물 납부자의 총계에 포함시키게 되었다.[71] 쿡Sherburne F. Cook과 보라Woodrow Borah는 1548

---

71   16세기 공물 납부의 역사에 대한 논의는 Gibson, *Aztecs*, pp. 194~205를 참조하라. 공물 납부 인구의 산출과 관련된 이런 역사적 양상은 깁슨의 논고에서 발췌되었다.

   1550년 무렵까지 "보통 수준의 공동체에서 …… 납부 의무가 있는 원주민의 기준은 계속 효력이 있었다. 이는 다양하게 카시케와 유지, 또는 사적인 원주민 수혜자, 즉 고령자와 병약자 또는 여전히 가족과 함께 사는 어린이와 청년에게 대가를 지불한 이들, 그리고 어떤 경우에는 상인과 수공업자들의 면제를 의미했다. 아스테카의 신전에서 시중들던 마세구알(원주민 평민)들이 정복 이전 시대에 공물을 납부하지 않았듯이 그리스도교 수도원과 교회에서 시중드는 이들 — 가인歌人과 악기 연주자 들을 포함해 — 도 흔히 식민 시대 초기에 공납에서 면제되었다"(p. 197).

   1550년대와 1560년대에 공동의 파종과 식재植栽는 더 이상 지속되지 않았고 각각의 공물 납부자가 직접 산정되었다. "읍들이 과세 평가 형태로 여전히 납부액 대부분에 대해 책임을 유지하고 이런 양상은 식민 시대가 끝날 때까지 지속될 터였지만, 그 액수는 이제 인원수 조사에 의해 결정되었고 각각의 공물 납부자는 동등한 액수를 납입할 것으로 예상되었다"(p. 199). 다양한 물품物品 납부는 정해진 액수의 현금과 옥수수 납입으로 바뀌었다. 공납자당 은화 9.5레알reales de plata과 옥수수 0.5파네가, 절반의 공납자에게는 이 액수의 절반이 산정되었다. 1560년대에 발데라마(톨레도Toledo주 탈라베라데라레이나Talavera de la Reina 출신의 헤로니모 데 발데라마Jeronimo de Valderrama는 1563~1565년에 누에바 에스파냐 부왕령의 총괄 정기 시찰관으로 파견되어 서신과 보고서를 남겼다 —

년부터 1569/1570년까지 분명한 인구 상승이 인구 기반의 증가라기보다 공물 납부 대상이 된 개인들의 인원수 증가를 보여준다고 언급한다.[72] 그러므로 우리가 신뢰할 수 있는 공납 인구 총계 중 가장 이른 자료는 1570년의 총계이고 정복 시기의 인구 추산은 결국 이 총계에 근거한다.

1570년 메스키탈 계곡의 공물 납부자 수는 7만 6946명이었다. 무시무시한 전염병이 연쇄적으로 휩쓴 뒤 1600년에 계곡의 공납자 수는 2만 447.5명으로 줄어들어 단지 30년 만에 감소율은 73.4%에 이르렀다. 당대인들은 누에바 에스파냐 전역의 원주민 인구가 16세기 중엽까지 절반에서 2/3쯤 줄어들었고 1565년까지는 2/3에서 5/6쯤 감소했다고 추정했다.[73] 우리가 1570년의 총계와 결부시켜 1521년부터 1570년까지 인구의 66%가 하락했을 것이라고 추정한다면, 1519년 메스키탈 계곡에 존재한 공물 납부자의 수는 22만 6311명이었을 것이다. 감소율을 83%로 추정할 경우 그 수는 45만 2623명이었을 것이다. 만일 우리가 당대의 추산을 받아들인다면, 공납자의 수가 1519년부터 1600년까지 22만 6311명과 45만 2623명 사이에서 2만 447.5명으로 줄어들어 전반적인 감소율은 90.9~95.4%에 이를 것이다. 고지대의 인구 하락률 95.4%가 지나친 데 비해, 90.9%는 16세기 말까지 전체 인구의 감소에 대한 당대인들의 추산과 일치한다.[74]

옮긴이)의 정기 시찰visita의 결과로 마세구알 아래 계급과 경우에 따라서는 카시케의 공납 면제는 중단되었다. 완전한 면제는 "이제 노인, 어린이, 시각 장애인, 신체 장애인, 병자, 부모와 함께 사는 비혼 남녀solteros에게 한정되었다. 비혼 남녀들의 면제에 자주 붙는 구절 '비록 그들이 토지를 갖고 있다고 할지라도 aunque tengan tierras'는 원주민의 토지 보유로부터 새로운 체제를 완전히 떼어놓고자 시도했다"(p. 200).

72 Cook and Borah, *Indian Population*, p. 6.

73 Motolinia, *History*, p. 302; Gibson, *Aztecs*, p. 138.

74 최근(1990년대 초)의 논문에서 토머스 휘트모어는 16세기 멕시코 계곡 인구

총인구를 산출하기 위해 공물 납부자 총계에 얼마를 곱해야 하는지 그 비율에 대해서는 수십 년 동안 토론이 전개되어 왔다. 총인구의 추정치는 부정확하고 인구학적 재앙의 자릿수에 대해 단지 근사치를 얻을 수 있을 따름이다. 공물 납부자 총계로부터 같은 발상을 얻을 수 있기 때문에 여기에서 어느 시기든 총인구를 추산하고자 시도하지는 않았다.[75] 하지만 메스키탈 계곡에 대한 16세기의 서술은 그 지역에 주민들이 꽤 많이 있었고 16세기의 마지막 25년 동안에 그랬던 것보다 16세기 중엽까지 경작이 더 집약적으로 이뤄졌다는 것을 분명히 밝힌다. 예컨대 『정기 시찰 전집』은 그 지역에 인구가 매우 조밀했고 생계, 교역, 공납을 위한 농작물이 충분하게 생산되었다는 정경을 보여준다. 툴라 하위 지역의 촌락들에 대한 나중의 서술(1561년)은 정착지의 인구 밀도가 여전히 높고 농경지가 넓다는 인상을 제공한다. 그리고 1579~1581년의 한 지리 보고서에 수집된 기록의 작성자들은 예전에 그 지역이 집약적으로 경작되어 왔고 인구가 조밀했다고 언급한다. 이 보고서들은 16세기 중엽까지 툴라 강 유역과 수원 근처에서 인구 밀도가 매우 높았음을 입증하는 고고학적 측량에 의해 확증되어 왔다. 16세기 말부터 시작된 기록들은 마찬가지로 정착이 이뤄진 지 첫 80년 동안 메스키탈 계곡에서 심각한 인구 감소가 발생했다는 것을 분명히 보여준다.[76]

하락의 모의실험 결과를 제시하고 하락률이 약 90%였다고 결론짓는다. Whitmore, "Population Decline," p. 11.

75 예컨대 에스파냐인들과의 접촉 당시 원주민 인구의 추산과 관련된 문제들에 대한 휘트모어의 최근 논의와 펠드먼의 응답을 참조하라. Whitmore, "Population Decline"; Feldman, "Comment"(1992); Henige, "Native American Population" 도 참조하라.

76 PNE vol. 1, nos. 1, 2, 8-10, 106, 110-112, 235, 258, 293, 347, 397, 417, 498, 533, 534, 538, 546-550, 554-556, 771, 781, 838. 또한 note 47을 참조

원주민 인구의 붕괴는 식민 사회에서 원주민 공동체들의 구조적 위치를 바꿔 놓은 주요 변수들의 하나였다. 16세기 말에 누에바 에스파냐 인구의 대부분은 여전히 원주민이었다. 그러나 정복 이후 첫 세대 동안에 토지를 보유했던 원주민들은 그 뒤 더 이상 그러지 못했다. 정복 이후 얼마 지나지 않은 시기에 아주 적은 무리의 에스파냐인들이 압도적으로 원주민적인 문화와 문명 속에서 새로운 정치 질서를 대표했을 때부터 식민 사회는 바뀌었다. 16세기 말에 이르러 원주민 인구는 새로운 정치 경제 내에서 빈곤한 소작농일 뿐이었다.

메스키탈 계곡에 처음으로 발을 디딘 에스파냐인들은 엔코멘데로, 선교사, 국왕의 관리, 즉 에스파냐인들의 정복과 정착의 전형적인 삼두마차였다. 이런 에스파냐 체제의 대표자들은 읍과 촌락 들의 위계 서열을 재정립하고 자연적 질서에 대한 새로운 시각에 따라 그들의 경계를 고정시켰다.[77] 1520년대 초에 모두 35개의 엔코미엔다가 수여되었는데, 그중 23개는 17세기까지 전부 또는 일부가 존속했다.[78] 1531년부터 코레히미엔토(카베세라를 기반으로 한 에스파냐의 행정 구역)는 엔코멘데로의 사망 시에 개인 재산의 국왕 귀속을 통해, 또는 툴라의 엔코미엔다를 포기해야 했던 왕실 회계사 디에고 데 알보르노스Diego de Albornoz의 사례같이 '신법新法'의 결과로서 엔코미엔다들의 일부를 대체했다.[79] 에스파냐인 관리

하라. AGNT, vol. 1529, exp. 1. PNE vol. 6, pp. 15, 20, 24, 28, 35, 178, 181, 200, 202. Mastache and Crespo, "La ocupación prehispánica," p. 76; Sanders, Parsons, and Santley, *Basin*, pp. 179, 213.

77 Licate, *Creation of a Mexican Landscape*(1981) 중 특히 3장을 참조하라.
78 카베세라들의 변화하는 지위와 통치 체제를 열거하는 일람표는 Melville, "Pastoral Economy," 부록 D를 참조하라.
79 AGIC, leg. 665.

들은 코레히도르(코레히미엔토를 담당하는 관리), 부관副官, 치안관으로, 그리고 분쟁을 조사하고 경계들을 점검하며 레파르티미엔토(정부 통제의 작업반)를 감독하거나 (분산된) 원주민 공동체들의 집결集結(congregaciones: 원주민 공동체들을 하나의 읍으로 변형하는 조치)을 지휘하는 재판관으로 메스키탈 계곡에 들어갔다. 정보나 어떤 종류의 법정 판결이 필요할 때마다 불평을 조사하거나 타협을 주선하기 위해 '정의의 지팡이vara de justicia'와 함께 누군가가 파견될 터였다. 프란치스코회는 메스키탈 계곡에 들어간 최초의 종교 교단이었다. 1550년대에 아우구스티노회가 그 뒤를 이어 들어가 수도원, 교구, 개종한 원주민 들을 위한 교구 관할 구역doctrina을 설립했고 1560년대에 재속 사제(교구 사제)들은 일부 읍들에 상주했다.[80]

다른 에스파냐인들은 엔코멘데로, 성직자와 국왕의 관리 들을 신속하게 뒤따랐다. 상인들은 숯, 양모, 밧줄을 사고 광산 지역의 선술집들에 포도주를 운반하며 그들의 수레를 수리하고자 나무를 베고 사카테카스로 실어 나를 밀을 구매하기 위해 메스키탈 계곡을 찾아왔다. 여관 주인들은 여관과 선술집을 열기 위해 면허증을 신청했다.[81] 멀리 북쪽의 사

---

[80] 1529년에 프란치스코회는 산페드로San Pedro와 산파블로실로테펙San Pablo Xilotepec에 개종한 원주민들을 위한 교구 관할 구역 하나, 산호세툴라San José Tula에 교구 하나를 설립하고 산호세툴라로부터 테테팡고-우에이포스틀라를 방문하기도 했다. 1531년에는 산마테오우이치아판San Mateo Huichiapan에 원주민들을 위한 교구 관할 구역 하나를 세웠다. 나중에 그들은 테페시(1552년), 알파사유카(1559년), 테페티틀란(1571년)에 원주민들을 위한 교구 관할 구역을 조성했다. 아우구스티노회는 악토판에 수도원을 건립하고 그곳에서 수도원 밖의 테테팡고-우에이포스틀라, 익스미킬판(1550년)을 방문했고 차판통고(1566년)를 찾아갔으며 1569년에는 소수도원小修道院을 세웠다. 재속 사제들은 우에이포스틀라, 아티탈라키아, 미스키아괄라(테페이틱Tepeitic 포함), 악사쿠바(나중에 아우구스티노회), 테스카테펙, 틀라코틀라필코, 치아파, 테킥스키악 등지에 상주했다. Gerhard, *Guide*, pp. 45, 155, 298, 333, 384.

카테카스에서 은광들이 개장하면서 식량을 실어 나르는 노새의 짐수레 행렬은 늘어났고 멕시코 계곡부터 산후안델리오까지 길을 따라 자리 잡은 원주민 공동체들에 거의 견딜 수 없는 압력을 가하면서 메스키탈 계곡을 거쳐 갔다. 수백 마리의 노새들은 꼴을 먹어야 했고 여행자들은 음식과 숙소가 필요했다. 여행자들은 흔히 원주민 공동체들과 격렬한 갈등을 빚었는데, 원주민 공동체들은 비축 물자를 판매하고 여관을 개업하기 위해 면허증을 신청함으로써 비축품의 절도와 주민들에 대한 습격을 멈추게 하고자 노력했다. 이를 위해서는 (매트리스, 베개, 시트가 완비된) 침대, 짐 나르는 동물들을 가두는 우리와 음식이 제공되어야 했다.[82]

처음에는 에스파냐인들이 메스키탈 계곡에 정착하지 않았다. 에스파냐 정부의 이상은 원주민 공동체들을 "에스파냐인, 흑인, 물라토 또는 메스티소"의 달갑지 않은 영향에 의한 오염 없이 유지하는 것이었다. 그러나 이 명령을 공포하는 칙령cédula과 다른 후속 조치 들은 거의 효과가 없었고,[83] 보유지에서 계속 사는 지주들의 수가 증가하면서 그 지역의 종

---

81   AGNC, vol. 77, exp. 11, fol. 81v. AGNG, vol. 5, exp. 667, fol. 145v; exp. 1000, fol. 209. AGNT, vol. 2337, exp. 1, fol. 390v; vol. 2813, exp. 4, fols. 1r-v. AGNI, vol. 2, exp. 46, fol. 11r; vol. 4, exp. 293, fol. 88r; vol. 5, exp. 601, fol. 166v. AGNM, vol. 3, fol. 323r; vol. 8, fol. 191r, 208r; vol. 9, fols. 151r-v, 155v; vol. 11, fols. 206v-207r; vol. 17, fols. 63v-64r. AGIM, leg. 111, ramo 2, doc. 12, fol. 67v. AGIE, leg. 161-C, fol. 208r. Mendizábal, *Obras*, pp. 119~120.

82   AGNI, vol. 5, exp. 601, fol. 166. AGNM, vol. 4, fols. 291, 292; vol. 5, fols. 3r-v; vol. 8, fols. 191r, 255r-v; vol. 9, fols. 155v-156r; vol. 11, fols. 206v-207r; vol. 13, fols. 1r-v; vol. 19, fols. 171v, 186v. AGNT, vol. 2729, exp. 10, fols. 152r-156.

83   깁슨은 다음과 같이 서술한다. "에스파냐 정부는 세 가지 공식적인 방법으로 원주민 사회에 대한 공격을 …… 없애거나 통제하고자 노력했다. 첫째는 에스파냐의 법률에 따라 범죄자들을 처벌하는 것이었다. 두 번째 방법은 원주민 공동체

족적 구성은 점차 바뀌었다. 우이치아판과 알파사유카 계곡에서 1588년에 시행된 에스파냐인들의 토지 보유 현황 관련 조사는 전체 101개의 보유지 중 한곳에 계속 거주한 에스파냐인 목장 관리자 한 명과 함께 에스파냐인 소유주 22명과 그들의 가족을 열거한다.[84] 법정 소송 사건에서 에스파냐인 증인들은 시종일관 원주민 공동체의 읍들을 거주지로 제시한다. 혼혈mestizaje, 즉 혼합된 혈통(원주민과 백인) 집단의 성장은 의심할 여지 없이 지속적인 과정이었으나 그것에 대한 언급은 거의 없다.

흥미롭게도 식민 시대 초기의 최대 외국인 집단은 아프리카 출신 노예들로 구성되었다. 아프리카인들은 처음에 지방의 양 목장에서 일하는 노예로 왔고, 익스미킬판과 파추카에 광산이 개장되면서 그 지역에는 에스파냐인 광산업자들과 흑인 노예들의 수가 증가했다. 1555년에는 탈출한 노예들이 토르나쿠스틀라Tornacustla 광산 주위의 숲속에 살았고, 1590년대에 틀라코틀라필코의 엔코멘데로는 방목지 조성을 위한 울창한 이차 생장의 개벌皆伐이 그 지역에서 양 도둑과 산적을 없애는 유일한 방법이었기 때문에 카베세라 근처에서 양 목장의 인가를 받아들인 이들이 마땅히 상을 받을 만하다고 진술했다.[85] 1580년 이후 아티탈라키아Atitalaquia, 툴라, 미스키아괄라, 아텡고Atengo, 실로테펙, 차판통고 등지의 코레히미엔토에서 얼마 안 되는 이들이 보이기 시작하지만, 자유민 신분의 흑인과 물라토 들이 주로 토르나쿠스틀라와 익스미킬판의 광산 지역에서 16

들이 난입자들을 체포해 에스파냐 식민 당국에 넘겨주도록 허가하는 것이었다. 세 번째이자 가장 과감한 기법은 원주민 공동체들에서 비원주민들의 거주를 금지하는 것이었다. …… 그러나 분리를 위한 모든 노력은 실패했고 …… 결국 에스파냐인들의 압력으로부터 공동체들을 격리시키려는 어떤 효과적인 조치도 결코 고안되지 않았다." Gibson, *Aztecs*, p. 147.

84 AGIM, leg. 111, ramo 2, doc. 12.
85 AGNM, vol. 5, fol. 70r. AGNT, vol. 2717, exp. 9, fol. 7r.

세기 말에 공물 납부자 명부에 나타난다. 소수의 물라토는 에스파냐인 또는 원주민으로 구분한 에스파냐 정부의 인구 분류에서 메스티소와 더불어 예외적인 존재였다. 하지만 그들은 분명히 토지를 보유할 수 있었고 미겔 에르난데스Miguel Hernández라는 물라토는 1590년에 실로테펙에서 양 목장을 소유하기도 했다.[86]

식민 시대 초기에 조밀한 원주민 인구와 그들의 농경지 규모가 정착의 걸림돌로 작용했음에도 불구하고 에스파냐인들은 경제적 잠재력을 지닌 토지에 대한 그들의 관념에 들어맞은 지역으로 유럽식 농업의 기본 요소들을 수입하기 시작했다. 1530년대부터(아마 일찍이 1520년대에) 그들은 구세계의 동식물들을 원주민들이 재배한 농산물에 추가해 일종의 혼합 농업을 만들어냈다. 밀은 국왕의 관리들과 엔코멘데로들의 명령에 따라 더 습한 남쪽에서 공물용으로 경작되었고 보리는 건조한 동북쪽에서 재배되었다. 장미와 포도뿐 아니라 배, 복숭아, 천도복숭아, 사과, 마르멜루, 석류, 오렌지, 라임, 대추야자, 무화과, 호두 같은 구세계의 과실수들이 기후와 수자원이 허락하는 곳은 어디라도 재배되었다.[87] 방목 동물들은 원주민들의 농경지 내에서 풀을 뜯었고 그렇게 함으로써 초식 동물과 식물 군락이 서로에게 적응하는 과정들이 개시되었다.

유제류 급증의 연구자들은 식물 군락과 동물 군취의 상호 적응 과정을 네 단계로 구분해 왔다.

---

86 AGIC, legs. 661-669, 671, 675, 677-691, 693-701: 물라토와 자유민 신분의 흑인들의 공납 담당자; 물라토와 자유민 신분의 흑인들의 왕실 고용 담당자. AGNM, vol. 16, fol. 129r. AGNI, vol. 3, exp. 150, fol. 35r.

87 PNE vol. 1, nos. 112, 235, 293, 498, 538, 547, 548, 550, 554, 771, 781. PNE vol. 6, pp. 30, 33. AGNT, vol. 154, no. 3, fol. 269; vol. 154, no. 3, 4 pte., fol. 161; vol. 1525, exp. 1, fol. 63; vol. 1640, exp. 2, fol. 25v. AGNM, vol. 1, exp. 37, fol. 20r.

1단계에서는 서식지의 수용력과 그곳에 존재하는 유제류의 개체수 사이의 차이에 대응해서 개체 수가 점진적으로 증가한다. 사망률이 낮고 새로운 세대들이 번식하면서 개체군의 곡선은 급속한 상승세를 띤다. 결국 식물 군락에서 선호 종은 지나치게 많이 이용된다. 2단계에서는 더 넓은 식생지植生地가 과용過用되면서 개체군은 수용력의 한도를 초과한다. 중대한 시기에 자연의 상태가 뚜렷하게 나빠진다. 다 자라지 않은 동물들의 사망률이 증가하면서 개체 수는 안정되기 시작한다. 3단계에서 기후 같은 환경의 요소가 대단히 중요해질 때 특히 개체 수는 줄어들기 시작한다. 3단계의 말기에 동물들이 새싹을 뜯어 먹는 상황이나 방목 압력에 덜 취약한 일부 식물 종은 동물의 밀도가 서식지의 현행 수용력과 거의 양립할 수 있는 수준으로 더 줄어들면서 회복하기 시작할지도 모른다. 4단계는 유제류의 수와 서식지의 새로운 수용력 사이에 어느 정도 안정성이 나타날 때 시작된다. 식물 군락은 개체군이 처음 유입되었을 때보다 선호 종의 초목을 더 적게 갖고 있기 때문에 이 단계에서 개체군 밀도는 최고 밀도보다 여전히 더 낮다. 일단 이렇게 완전히 적응하면, 유입된 종의 개체군은 확실하게 안정된 개체군과 생태학적으로 동일하다. …… 약화된 유형의 추가적인 교란은 수용력과 존재하는 개체 수 사이에 또 다른 차이가 발생한 뒤에야 일어날 수 있다(〈그림 2-2〉 참조).[88]

유입된 동물 개체군과 토착종 식물 군락 사이의 이런 상호 적응 과정은 메스키탈 계곡의 경우에 어떻게 종결되었는가? 그것이 근본적인 변화를 겪은 원주민들에게 초래한 결과는 무엇이었는가? 아마 이런 과정들을 따라가는 최선의 방법은 방금 전에 개요를 서술한 네 단계에 따라 사건

---

88   Leader-Williams, *Reindeer*, p. 20.

그림 2-2 유제류가 새로운 지역에 유입된 뒤 개체군의 급증에서 비롯되는 파괴적인 진동의 단계들. 본문에 설명된 진동의 1~4단계

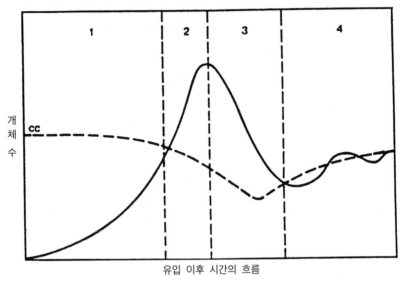

주: CC(Carrying Capacity)는 수용력(포화 밀도)
자료: N. Leader-Williams, *Reindeer on South Georgia*.

들을 정리하는 것이라고 할 수 있다.

1단계: 증가increase는 "다음 세대에서 그들을 대신할 존재를 확보하기 위해 필요한 것보다 더 많은 식량을 얻은 개체군의 예측할 수 있는 반응이다".[89]

---

89   Caughley, "Overpopulation," p. 10. 새로운 생태계와 맞닥뜨리자마자 양의 개체 수가 늘어난 속도는 놀랄 만하다. 16세기의 목격자들은 "양 떼가 1년 내에 또는 더 짧은 기간에 두 배로 늘었다"라고 전했다. Gibson, *Aztecs*, p. 280. 1901년과 1902년에 뉴질랜드의 캠벨Campbell섬에 유입된 양 3000두는 1907년까지 8000두를 약간 상회할 정도로 증가했다. Wilson and Orwin, "The Sheep Population of Campbell Island," pp. 462~464. 그런 증가의 기초가 된 구조는 번식력이다. 식량이 남아돌 만큼 풍부할 때 동물들의 정상 출산 횟수는 증가한다. 개체군 붕괴에 뒤이어 스코틀랜드의 세인트킬다St. Kilda섬에서 소이 양Soay

메스키탈 계곡에서 구세계 방목 동물들이 급증하는 1단계는 소, 말, 돼지, 염소, 그리고 양의 유입과 함께 시작되었다.[90] 처음 25년에서 30년 동안 유입된 동물들의 수는 적었다. 약 1000두를 한 무리(떼)로 볼 때 1530년대에 세른네 무리, 1540년대에 마흔하나의 무리, 1550년대에 세른세 무리가 유입되었다.[91] 하지만 이 시점에 동물 개체군의 밀도가 비교적 낮았지만 원주민들이 밀집해 있고 집약적인 경작이 이뤄지는 농경지 내에서 유지되었다는 것은 적은 숫자가 암시하는 것보다 동물들이 더 큰 피해를 입혔음을 의미했다. 공유지 무단 점유자들의 권리의 합법화, 경계의 설명과 분쟁, 촌락의 토지들에 침입하는 양 목장에 대해 원주민들이 제출한 소장訴狀, 농작물에 입힌 피해, 그리고 양치기들의 난폭한 행동 등은 유입된 동물들이 16세기 중엽에 위협적인 존재였다는 점을 분명히 밝힌다.[92] 자신의 뜰에서 돼지들을 상대해야만 하는 이들은 단지 돼지

---

sheep(다리가 길고 뿔이 작으며 짙은 갈색 털을 지닌 양 품종으로 주로 세인트 킬다섬에 서식하는데 바이킹족이 그곳으로 들여왔다고 알려져 있다 ― 옮긴이) 의 급속한 증가는 어린양들이 생후 첫 해에 번식력을 갖추게 되는지 여부에 좌우된다. Grenfell, Price, Albon, and Clutton-Brock, "Overcompensation and population cycles in an ungulate,", pp. 825~826.

90 양은 16세기에 이 지역에서 선호 종이었던 것처럼 보인다. 17세기에는 이용과 착취의 대상이 양에서 소와 염소로 바뀌었다. 이 책 4장의 주 127을 참조하라.

91 목축업의 발전에 대한 자세한 논의는 이 책 5장을, 관련 사료에 관해서는 〈부록 C〉를 참조하라. 무리 규모의 변화, 그리고 나중의 단위 면적당 방목률stocking rates(특정 보유지 내에서 유지되는 가축의 마릿수)에 대한 증거는 법정 소송 사건, 유언장, 원주민들이 제출한 소장訴狀, 인구 조사 등의 문서 기록으로부터 입수했다. 처음 25년 동안 약 1000두로 이뤄진 한 무리의 규모에 대한 증거는 원주민들이 제출한 소장에 근거한다. 원주민들은 소장에서 1551년에 목축업자 31명이 실로테펙 프로빈시아에서 양 2~3만 마리를 방목하고 있었다고 말했다. AGIM, leg. 1841, fols. 1r-8r. 또한 PNE vol. 1, p. 219를 참조하라.

92 이 사료들은 또한 우리에게 양 목장들이 어디에 조성되어 있었는지를 알려준다. 양 목장들의 배치에 관해서는 이 책 5장의 〈표 5-4〉를 참조하라. 동물 관련 문

제 때문에 원주민들이 소장을 제출한 사례들은 다음과 같다. 〈표 5-12〉 참조.

연도	지역	자료 출처
1542	실로테펙	AGNM, vol. 1, exp. 488, fol. 210.
	알파사유카	AGNM, vol. 1, fols. 209r-210r.
1543	실로테펙	AGNM, vol. 2, fol. 29r.
	틀라파날로야	AGNM, vol. 2, fols. 86r, 95v-96r.
	테스카테펙	AGNM, vol. 2, fols. 111v-112r.
1550	악토판	AGNM, vol. 3, fols. 81r-v.
	알파사유카	AGNM, vol. 3, fols. 112r-114v.
	실로테펙	AGNM, vol. 3, fols. 283v-284v.
1551	실로테펙	AGIM, leg. 96, ramo 1.
		AGNM, vol. 3, fols. 283v-284r.
1555	실로테펙	AGNM, vol. 4, fols. 330v-332r.
1556	아텡고	AGNM, vol. 4, fol. 354r.
	차판통고	AGNM, vol. 4, fols. 370r-v.
1557	실로테펙	AGIM, leg. 1841, fols. 1r-8r.
1561	알파사유카	AGNM, vol. 5, fols. 208r-v.
	오틀라스파	AGNM, vol. 5, fols. 262r-v.
	악사쿠바	AGNM, vol. 5, fols. 254v-255r.
1563	틀라코틀라필코	AGNM, vol. 6, fols. 391v-392r.
	틀라파날로야	AGNM, vol. 7, fol. 87r.
	틀라파날로야	AGNT, vol. 1525, exp. 1, fols. 55r, 74v.
	테페시	AGNT, vol. 1697, exp. 1, 2 a pte., fols. 1r-2r.
	테페시	AGNM, vol. 6, fol. 515r.
1564	툴라	AGNM, vol. 7, fol. 349r.
	악사쿠바	AGNM, vol. 7, fols. 295v-296r.
1565	테킥스키악	AGNM, vol. 8, fol. 185r.
	이스킨키틀라필코	AGNM, vol. 8, fol. 42r.
	익스미킬판	AGNM, vol. 8, fol. 64v.
1576	투산틀랄파	AGNG, vol. 1, exp. 970, fol. 181r.
	익스미킬판	AGNG, vol. 1, exp. 964, fols. 179r-v.
1578	치아파/오틀라스파	AGNT, vol. 2686, exp. 14, fols. 1r-8r.
1580	테페티틀란	AGNG, vol. 2, exp. 1228, fol. 264v.

한 마리가 매우 짧은 기간에 얼마나 큰 피해를 입히는지 잘 알 테지만, 소와 말은 순전히 그 크기만으로 농작물의 파괴에 대한 원주민들의 더 분명한 불평거리가 되면서 더 큰 위협으로 간주되었다.

당시 정부의 정책은 여전히 원주민들의 땅에 대한 권리와 그 이용권의 유지에 관심을 두었고 1550년대에는 원주민들의 농경지에 대한 압박을 줄이고자 노력을 기울였다. 앞서 언급했듯이, 인구가 조밀한 중심부에서 소와 말의 사육은 불법화되었다. 부분적으로는 덜 위협적이라고 여겨졌을 뿐 아니라 원주민들에게 유리하도록 에스파냐인들의 이해관계를 완전히 무시할 수 없었기 때문에 크기가 더 작은 동물(양, 염소, 돼지)들은 쫓겨나지 않았다.[93] 일부 가축 주인들은 짐승들을 옮기라는 명령에 반발

연도	지역	자료 출처
	오틀라스파	AGNT, vol. 45, exp. 1, fols. 10r-11r.
1587	악사쿠바/틀락스코아판	AGNT, vol. 2672, exp. 15, fol. 22.
1589	아텡고	AGNI, vol. 4, exp. 62, fols. 18v-19r.
1590	아티탈라키아	AGNI, vol. 4, exp. 868, fol. 224.
	실로테펙	AGNI, vol. 5, exp. 9, fols. 2v-3v.
1591	테킥스키악	AGNT, vol. 1521, exp. 3, fol. 9.
	실로테펙	AGNI, vol. 5, exp. 9, fols. 2v-3v.
	오틀라스파	AGNT, vol. 3517, exp. 1, fol. 8r.
	테킥스키악	AGNI, vol. 5, exp. 762, fols. 203r-v.
	테킥스키악	AGNI, vol. 5, exp. 940, fols. 241v-242r.
	틀라우엘릴파	AGNI, vol. 6, pte. 2, exp. 192, fol. 44r.
	아티탈라키아	AGNI, vol. 6, pte. 2, exp. 231, fols. 51r-v.
1592	익스미킬판	AGNI, vol. 6, pte. 2, exp. 532, fol. 117r.
	테킥스키악	AGNT, vol. 1748, exp. 1, fols. 19r-22r.
1594	실로테펙	AGNI, vol. 6, pte. 1, exp. 863, fol. 268r.
1597	우에이포스틀라	AGNI, vol. 6, pte. 2, exp. 998, fols. 260r-v.
1599	틀릴콰우틀라	AGNT, vol. 64, exp. 1, fols. 5r-9r.

93 원주민들의 토지를 보호하고자 시도하면서 부왕이 직면했던 문제들에 관한 논

했으나 정리 작업은 적어도 메스키탈 계곡에서 대체로 성공적이었던 것처럼 보인다.[94] 소와 말 들이 메스키탈 계곡에서 쫓겨났을 때, 사료를 구하려는 경쟁은 줄어들었고 양의 개체 수가 급증했다. 양 떼의 규모는 1550년대에 약 3900두로 네 배가 늘었고,[95] 1560년대 초에는 7500두쯤으로 추정되었다.[96] 1560년부터 1565년까지, 이 5년의 기간에만 168개의 양 목장이 자리를 잡으면서 메스키탈 계곡에서 양 떼의 수 역시 극적으로 증가했다. 그리하여 동물 전체의 수는 1550년대 말의 추정치 42만 1200두에서 1565년에 약 200만 두로 급등했다(〈표 4-4〉, 〈표 5-3〉, 〈표 5-6〉 참조).

원주민들에게 1560년대 중반은 하나의 전환점이었다. 이 시기 전에 그 지역에는 원주민의 토지 권리를 보호하려는 정부의 징책이 필요하고도 타당하게 보일 만큼 여전히 충분한 수의 원주민들이 살고 있었다. 하지만 1565년 이후에는 원주민 농경민들이 전에 누리던 이점 — 더 많은 인원수, 경작한 토지의 규모 — 이 사라졌다. 결정적인 시점이 지나면서 그때

의는 Chevalier, *La formación*, pp. 133, 135를 참조하라.

94 AGIM. leg. 1841, fols. 1r-8r, 1557년 로드리고 데 카스타녜다Rodrigo de Castañeda를 상대로 제기된 소송 사건.

95 AGIJ, leg. 143, no. 2; leg. 154, no. 3, 3a pte., fol. 460v. AGIM, leg. 1841, fols. 3r, 7v. AGIC, leg. 671. AGNM, fols. 77r-v. AGNT, vol. 1527, exp. 1, fol. 3r; vol. 71, exp. 6, fol. 523v; vol. 1640, exp. 2, fol. 25r.

96 1560년부터 1565년까지 기록된 단위 면적당 방목률은 각기 다르기 때문에 양 목장당 7500두의 비율이 이 기간의 피식률grazing rates〔가축이 자라나는 목초(사료)를 소비하는 비율로서 방목률과 크게 다르지 않은 의미를 지닌다 — 옮긴이〕을 산출하는 데 사용되곤 했다. 이는 1550년대의 평균율인 양 목장당 3900두와 1566년부터 1579년까지 시기의 평균율인 양 목장당 1만 마리의 중간값이다. AGIC, leg. 671-B(1만 마리); AGNT, vol. 1525, exp. 1, fols. 50r-v(8000 마리에서 1만 마리까지 방목할 수 있었음); vol. 1792, exp. 1, fol. 64r(2000두); vol. 1640, exp. 2, fol. 25r(원주민 소유의 양 목장 두 곳에서 8200두).

부터 이용하는 땅의 규모와 수효 면에서 모두 양 떼가 우위를 차지했다. 메스키탈 계곡에 거주해 온 원주민들의 관심사에서 이런 결정적인 시점의 확인은 단지 사후적 판단으로만 명확할 뿐이다. 16세기에 대역병(코코리츨리)으로 알려진 1576~1581년의 전염병은 건강하고 생산적인 농민에게 희망의 종말로 여겨졌다. 그렇지만 만일 1560년대 중반부터 1570년대 중반까지 발생한 지역 생산의 변화 양상을 살펴본다면, 우리는 1560년대 중반에 양의 방목이 지역 생산을 접수하기 시작했고 1576~1581년의 전염병이 지역의 인구 밀도와 생산 모두에서 원주민들의 우위에 대한 결정타였음을 확인하게 된다.

2단계: 초과overshoot는 "**앞선** 세대의 방목과 섭식攝食에 의해 동물의 먹이 공급이 줄어드는 상황에서 비롯된다".[97]

메스키탈 계곡에서는 1560년대 중반부터 1570년대 말까지 동물 개체군의 고밀도 — 이는 고밀도의 인위적 유지, 새로운 가축 떼의 지역 유입과 결합된 자연 증가의 산물이었다 — 와 식생 피복의 높이와 밀도의 급속한 감소가 눈에 띄는 특징이었다. 초과는 어느 한 장소에서든 약 5년쯤 지속되었는데 그 시점과 기간은 초목의 원래 상태와 엄청난 방목을 견뎌낼 수 있는 수용력에 달려 있었다.

이 기간에 목축은 지역 생산을 접수했고 양 떼가 인간을 쫓아냈다. 1560년대 중반에 지역의 생산은 여전히 농업이 압도적이었다. 양 떼가 풀밭, 야산, 휴경지에서 풀을 뜯어 먹었지만, 경작지를 보유한 많은 촌락

---

97 Caughley, "Overpopulation," p. 10. 암양은 수태 기간에 입수할 수 있는 먹이에 따라 번식할 것이다. 만일 수태 기간에 양의 개체 수가 최적 밀도에 이르렀다면, 그다음에 어린양들로 표현되는 번식이 개체 수를 식물의 기부基部(예컨대 잎의 기부, 즉 엽저葉底는 잎몸의 밑부분을 뜻한다 — 옮긴이)의 수용력 이상으로 밀어 올리고 초과가 발생한다.

들이 계속 지역의 경관을 대표하고 있었다. 하지만 1570년대 중반에 이르러 원주민 인구의 극적인 감소에 앞서 작은 보유지(예컨대 7.8km²의 목장estancia)로 대표되는 소규모 집약적 목축, 매우 높은 방목률, 공동 방목 등이 지역의 생산과 경관을 지배했다.

지역의 단위 면적당 방목률은 누구에게 들어도 대단히 높았다. 1570년대에 우이치아판과 알파사유카 계곡에서 양 떼의 규모는 양 목장당 1만 5000두까지 이르렀다. 메스키탈 계곡의 다른 곳에 대해 기록된 방목률 역시 높았다. 극단적인 사례는 남부 평원의 테손틀랄파Tezontlalpa에 관한 기록이었다. 원주민 고소인들에 따르면, 한 에스파냐인은 그곳의 한 목장에서 2만 마리가 넘는 양들을 우리에 몰아넣었다.[98] 지역 전체에 대한 약간 보수적인 추정으로 1566~1579년에 양 떼의 규모를 표시하기 위해 양 목장당 1만 마리의 방목률이 선택되었다.[99]

메스키탈 계곡에 동물 떼가 마치 홍수처럼 쏟아져 들어오면서 동물들은 식생 피복을 변형시켰고 1570년대 말에 지역의 초목은 높이와 밀도가 모두 감소했다. 일부 장소에서는 초목이 완전히 제거되어 그저 맨땅만 남았다. 예전의 농지는 풀밭으로 전환되었고 야산의 삼림은 벌채되었으며 수천수만 마리의 양 떼가 방목되었다. 목초지는 계절 초에 고갈되었고 일부 양 떼는 건기의 목초지를 찾아 매년 서쪽의 미초아칸Michoacan으로 이동했다.[100] 원주민 촌락들과 주위의 경작지들의 규모는 축소되었

---

98 AGNC, vol. 1, fol. 181r.

99 이 비율은 1570년대 중반에 우이치아판과 알파사유카 계곡에서 에스파냐인들이 보유한 목장의 평균 방목률 양 목장당 1만 마리에 근거한 것이다. 양 목장당 1만 5000두를 언급한 기록들도 존재한다. AGIM, leg. 111, ramo 2, doc. 12. 이 맥락에서 '방목률'은 양 목장 한곳에서 우리에 몰아넣은 동물들의 수를 의미하는 것으로 이해된다.

100 AGIM, leg. 111, ramo 2, doc. 12. Chevalier, *La formación*, p. 139; Simpson,

다. 그럼에도 그것들은 여전히 농민들의 생계뿐 아니라 공물과 교역을 위한 농산물의 대부분을 제공했다. 1576~1581년에 전염병이 창궐하고 원주민 공동체들의 인구가 극적으로 감소하게 됨으로써 그렇게 하도록 강요받을 때까지 에스파냐인들은 농업의 발전에 거의 관심을 갖지 않았다.

3단계: 붕괴crash는 "어떤 [유제류] 개체군이 먹을 수 있는 초목의 현존량現存量이 이제 크게 줄어든 상태에 직면해 고밀도에서 꼼짝 못 하게 발이 묶인 결과이다".[101]

16세기의 마지막 25년 동안 메스키탈 계곡의 식생 피복을 구성하는 식물들은 레추기야 용설란lechuguilla maguey(용설란속屬의 관상용 식물, 멕시코 중앙 고원의 아亞사막 지대가 원산지 — 옮긴이), 노팔 선인장, 유카, 가시나무 덤불, 메스키트, 멕시코산産 대형 기둥선인장cardón 같은 건조 지대의 종으로 바뀌었다. 주민들이 많이 사망하고 한데 모인 원주민 촌락들의 광대한 휴경지와 목축업자들의 방목지는 모두 메스키트(이제 각각의 큰 나무라기보다 덤불matorral로 자라난), 가시나무 관목, 야생 용설란, 엉겅퀴 등의 이차 생장으로 덮였다. (각 하위 지역의 환경 변화에 대한 상세한 서술은 4장을 참조하라.)

1570년대에 목초지가 질적으로나 양적으로 하락함에 따라 메스키탈 계곡에서 양 떼의 규모는 급격히 감소했다.[102] 우이치아판과 알파사유카

Exploitation of Land, p. 3. 가축의 이동 방목은 이 책의 6장에서 다룬다.

101 Caughley, "Introduction," p. 5. 먹이 공급이 부족한 상태에서 사망률은 증가하는데, "양의 개체군 밀도가 높아서 현존량을 고갈시킬 때 주로 굶주림 때문에 초래된다". 사망률은 매우 높고 붕괴 기간은 짧을 수 있다. 예컨대 세인트킬다 섬에서는 전체 소이 양 가운데 70%까지 개체군이 붕괴하는 1년 내에 죽는다. Grenfell, Price, Albon, and Clutton-Brock, "Overcompensation and population cycles in an ungulate," p. 824.

102 AGNT, vol. 1106, quad. 2, fols. 1-9; vol. 1697, exp. 1, fol. 3r; vol. 1521,

의 양 목장 소유주들에 따르면, 1580년대 말에 양 떼의 규모는 절반으로 줄었다. 그렇지만 다른 사료들에서 매우 급격한 하락이 있었다는 증거를 찾을 수 있지만,[103] 이 두 하위 지역의 인구 조사에 기록된 실제 수치들은 방목률이 에스파냐인 지주들이 주장한 것만큼 떨어지지 않았고 약 7500두에 머물렀다는 것을 보여준다. 양 떼는 1590년대에 접어들어 수적으로나 질적으로 한층 더 떨어졌다. 암양들은 너무 중량이 부족해서 생식 주기를 더 늦게 시작하고 있었고 고기를 얻기 위해 도축되는 동물들은 몸집이 더 작고 무게가 덜 나갔다.[104] 양 떼의 규모가 더 큰 사례에 관한 기록들이 있지만,[105] 16세기의 마지막 10년 동안 방목률은 양 목장당 3700두쯤으로 추정된다. 이 추정치는 엔코멘데로 헤로니모 로페스 Gerónimo López가 소유한 한사限嗣 상속 토지(장자 상속 새산mayorazgo) 세 곳의 방목률을 반영한다. 로페스가 1603년에 유언장을 작성했을 때, 그는 남부 평원, 남-북 평원의 남단, 그리고 중앙 계곡에 보유하고 있던 양 목장 27개 중에서 장자 상속 재산을 구성했다. 이 양 목장들에서는 암양 7만 마리가 사육되고 있었다. 멘디사발은 개체 수 총계를 10만 마리(암

---

exp. 2, fol. 124; vol. 1527, exp. 1, fol. 3r; vol. 2762, exp. 13, fol. 5r. AGNG, vol. 1, fols. 115r, 206r; vol. 2, fol. 43.

103 AGIM, leg. 111, ramo 2, doc. 12; AGNT, exp. 1, fols. 1r-12r. 에스파냐인들은 노동자들의 부족이 양 떼의 규모가 줄어든 원인이었다고 주장했기 때문에 그 규모의 하락을 과장했다. 즉, 하락이 더 극적일수록 레파르티미엔토 노동자들에 대한 그들의 주장은 더 많았다. 양 떼 규모의 하락에 관한 증거는 다른 사료들에서 찾을 수 있다. AGNT, vol. 1103, exp. 1, fol. sn(번호 없음) (2000두); vol. 1791, exp. 1, fol. 135r (2000두); vol. 1748, exp. 1, fol. 1 (2000두); vol. 1728, exp. 2, fol. 15v (2000두).

104 Chevalier, *La formación*, pp. 138~141.

105 예컨대 1592년 테킥스키악의 한 양 목장에는 1만 마리가 있었다. AGNT, vol. 1748, exp. 1, fol. sn(번호 없음).

양과 어린양)로 추산했는데, 그럴 경우 평균 방목률은 양 목장당 3703두였다.[106]

4단계: 균형equilibrium은 "유입된 포유동물들이 줄어든 다음에 먹이 공급과 균형에 이르기 때문에 발생한다".[107]

동물 개체 수의 하락은 17세기 초에 둔화되었고, 크게 줄어들고 변형된 식생 피복과 양 떼들이 조화를 이뤄낸 것처럼 보였다.

개체군의 급증에서 비롯되는 파괴적인 진동의 기본 모델은 큰 섬이나 대륙에 유입된 유제류가 방출(방목)되는 지역에서 사방으로 흩어지는 것을 감안하고자 수정되어 왔다. 여기에서 서술된 것과 동일한 연속적인 사건들은 새로운 지역이 점령될 때마다 발생하고 다음에 기술하는 결과가 뒤따른다.

가장 최근에 확산된 영역에서, 그리고 방출 지점으로부터 가장 멀리 떨어진 곳에서 개체군 밀도가 증가하기 시작한다(1단계). 분포 범위의 더 멀리 뒤쪽에서 밀도는 절정에 달한다(2단계). 방출 지점으로부터 가장 가까운 곳에서 개체군은 더 낮은 밀도로 상대적인 안정을 이룬다(4단계). 따라서 방출 다음의 연속적인 단계들은 공간적으로나 시간적으로 일정한 기간에 어느 한 장소에서, 또는 다양한 범위에 걸쳐 동시에 목격될 수 있었다.[108]

---

106 Mendizábal, *Obras*, vol. 6, pp. 114~118.

107 Leader-Williams, *Reindeer*, p. 258. 초식 동물과 식물 사이의 평형은 다년간의 군집群集 상태에서조차 안정적이지 않다. 예컨대 많이 연구된 세인트킬다섬의 소이 양들은 "1959년부터 1968년까지, 그리고 1985년부터 현재(1992년)까지 상세하게 추적 관찰이 이뤄져왔다. 이 기간 내내 소이 양의 개체군은 반복적인 붕괴 양식을 보여주었다." Grenfell, Price, Albon, and Clutton-Brock, "Overcompensation and population cycles in an ungulate," p. 824.

108 Leader-Williams, *Reindeer*, p. 21.

시간적으로나 공간적으로 연속 발생하는 단계들은 메스키탈 계곡에서 판별될 수 있다. 16세기에 에스파냐인들은 메스키탈 계곡의 모든 곳에 동시에 정착하지 않았고 그 지역 전체가 동일한 강도의 착취를 겪은 것도 아니었다. 목축업자들은 자원이 부족한 지역들을 기피했고 최상의 자원(물과 초원)을 갖춘 곳, 다시 말해 멕시코 계곡의 북쪽 경계에 면해 있는 인구 밀도가 높고 대단히 생산적인 농업 지역으로 가축 떼를 들여왔다. 가축 떼의 밀도가 증가하면서 목축업자들은 수자원이 더 적고 강수량이 더 낮으며 목초지가 부족해 덜 매력적인 지역들로 사업을 확대했다. 앞서 더 습한 남쪽 지역에서 그랬던 것보다 더 짧은 기간 동안 집중적인 방목이 이뤄진 뒤에 건조한 하위 지역들에서 동일한 환경 변화의 과정이 반복되었다. 그 결과 16세기 말에 그곳이 메스키트가 우세한 균질적인 사막으로 변모될 때까지 거의 동시에 지역 전체에 걸쳐 비슷한 수준의 변화를 초래했다.

그렇지만 목축의 도입과 식생 피복의 변모는 16세기에 메스키탈 계곡에서 기록된 유일한 환경 변화가 아니었다. 에스파냐인들은 또한 익스미킬판, 파추카와의 동쪽 경계, 시마판과의 북쪽 경계에서 광산들을 개장했고 테노치티틀란의 재건을 위해 석회 생산을 가속했다.[109] 이 두 가지 활동은 모두 벌목을 수반했고 1570년대 말에는 많은 곳에서 숲들이 사라졌다. 에스파냐인들과 원주민들은 30년 전만 해도 숲이 울창하던 지역

109 에스파냐인들의 석회 제조에 관해서는 AGNM, vol. 6, fols. 455-456; vol. 7, fol. 87r; vol. 8, fols. 227-228; vol. 13, fols. 41r-v, 71, 176; vol. 14, fol. 292v; vol. 16, fols. 201-202. AGNI, vol. 6, pte 2, exp. 998. AGNT, vol. 1519, exp. 4; vol. 2692, exp. 12; vol. 2697, exp. 10-11; vol. 2713, exp. 18, fol. 1r. AGIJ, leg. 154, no. 3, fol. 257v. AGNG, vol. 3, exp. 495 등을 참조하라.

에서 이제 협곡에 국한된 나무들을 놓고 맞서 싸웠다.[110] 1600년에 표층 침식은 산비탈에 자국을 남겼고 평지와 경사지 들을 비탈 침식의 잔해들로 덮었다. 구곡 침식이 만들어낸 도랑들은 모든 지층을 절단하고 있었다.[111] 지역의 많은 곳에서 샘물들이 완전히 마르고 있었는데 이는 관개

---

110 AGN, 토지Tierras, vol. 2674, exp. 18, fol. 307r.

111 이 책 4장의 각주 18~20, 23, 28, 41, 44, 49, 71~73, 75, 78, 79, 89, 96, 106, 123, 125 등을 참조하라. 서번 F. 쿡은 1949년에 중앙 고지대의 침식 관련 연구서들을 출판했는데, 메스키탈 계곡의 동남부에 관한 검토를 포함해 많이 인용되는 두 권의 연구서들에서 쿡은 에스파냐인들이 도착했을 때 이미 표층 침식이 진행되고 있었다는 논제를 제안한다(Cook, *Historical Demography*; *Soil Erosion*). 그의 견해에 따르면, 에스파냐인들은 이미 진행되어 온 과정들을 악화시켰을 뿐이다. 다시 말해 "피부색이 붉은 사람(아메리카 원주민)들이 이미 시작한 것을 끝마쳤을 뿐이다". Cook, *Soil Erosion*, p. 86.
나중에 출판한 다른 저서에서 쿡은 "정복 시기 이래〔산타마리아익스카틀란 Santa María Ixcatlán의〕 환경이 확실하게 바뀌었다고 단정할 수 있다"라고 서술하면서 그가 앞서 제시한 견해를 수정한 것처럼 보인다. Cook, *Santa María Ixcatlán*, p. 17. 쿡은 16세기 중엽까지 이 읍 주위에 농경민들이 밀집해 있었다는 점을 입증하고 그들이 굶주림과 물의 부족 — "당시 벌어지고 있었던 토지 고갈과 침식을 고려할 때 전적으로 타당한 이유들"(p. 22) — 탓에 16세기 후반기에 그 지역을 떠났다고 기록했다. 하지만 곧이어 그는 (책을 출판한) 1950년대에 존재한 광범위한 침식이 에스파냐인들의 침입 이전 원주민들에 의해 유발되었다고 주장한다(p. 25). 만일 그렇다면, 독자들은 왜 원주민들이 급속히 인구가 줄어들고 짐작건대 토지에 대한 압박이 완화되고 있었던 16세기 말까지 기다리다가 이주했는지 의아스럽게 여길 것이다.
필자는 쿡의 앞선 저작에 두 가지 문제점이 있다고 생각한다. 첫 번째 문제점은 이런 종류의 자료가 도움이 되는 수준을 넘어 지질학적 증거를 미세 조정하려는 그의 시도와 관련되어 있다. 두 번째 문제점은 가축 도입의 시점에 대한 그의 이해와 더불어 문서에 의해 충분히 입증된 가축 증가에 대한 그의 분명한 무시와 관련되어 있다. 쿡은 도로 절단, 도랑, 강바닥의 단층에서 명백히 드러난 광범위한 표층 침식과 비탈 침식의 퇴적물이 에스파냐인들과 접촉하기 전에 조밀한 인구의 압력에서 비롯되었다고 주장했다. Cook, *Historical Demography*, pp. 58~59. 이는 완벽하게 도출된 논리적인 결론이다. 그러나 필자는 쿡이 정복

농업에 대한 결정타였다. 16세기 말에 이르러 지역의 경관은 침식되었고

시기에 테오틀랄판에서 존재해 왔다고 상정하는 심각한 표층 침식에 대해 어떤 문서상의 증거도 찾지 못했다. 반면에 필자는 1570년대와 1580년대에 양의 높은 개체군 밀도와 연관된 이런 유형의 침식만을 언급한 보고서들을 찾아냈다(4장 참조). 다시 말해 지질학적 증거는 에스파냐인들이 도래한 뒤 약 50년의 기간, 즉 인구가 급속히 하락하고 있었지만 동물 개체 수의 증가에 따른 충격이 예상될 수 있었던 시기에 적용되는 듯 보였을 것이다. 쿡 자신이 1548년부터 1580년까지, 다시 말해 정확하게 인구가 줄어들고 있었을 때, 대단히 가속된 환경 변화의 증거에 대해 설명하는 데 어려움을 겪었다는 점을 상기할 필요가 있다. Cook, *Historical Demography*, pp. 33~41, 52~54. 쿡이 표층 침식과 비탈 침식 퇴적의 주기로 설정한 시점들은 일관되지 않았다. 예컨대 50, 53, 54, 57쪽에서 그 주기의 끝은 1519년이나 1519년쯤으로 설정되지만, 51쪽에서는 1600년으로 추정된다. 쿡은 테오틀랄판의 운명에 대해 꽤 어색하게 진술함으로써 이런 문제점들을 해결하고자 시도했다. 예컨대 그는 다음과 같이 서술했다. 1519년에 테오틀랄판은 **"어쨌든 생태적으로 파괴될 수밖에 없는 운명에 처해"**(강조는 쿡의 원문) 있었고, "부분적으로 이미 인용된 바 있는 에스파냐인들의 설명은 테오틀랄판에서 농업이 16세기에(즉, 1548년부터 1580년까지) 급격하게 쇠퇴했다는 추정으로 이어진다. **만일 그런 하락이 이미 아스테카의 마지막 통치자들의 집권기에 시작되었거나 적어도 명백해지는 시점에 있었다고 가정한다면,** 에스파냐인들의 영향은 단지 그 과정의 가속화를 유발했을 뿐이었다고 할 수 있다." Cook, *Historical Demography*, p. 54(강조는 필자가 추가한 것).
에스파냐인들이 도착했을 때 아마 표층 침식이 발생했을지도 모르지만, 그것에 대해서는 보고되지 않았다. 표층 침식의 지질학적 증거와 16세기의 마지막 20년 이전에 표층 침식과 비탈 침식 퇴적의 주기가 시작되지 않았음을 보여주는 문서 기록을 조화시키려면 필자는 침식의 발생에 관한 쿡의 시간표가 수정되어야 한다고 제안해 왔다(Melville, "Environmental and Social," p. 50). 이런 변화에 따르면, 1548년부터 1580년까지 가속된 악화의 과정은 정복 이후 광산 채굴, 석회 제조와 방목을 위해 삼림 벌채가 촉진되면서 개시되었다. 1560년대와 1570년대의 과도 방목은 환경에 대한 압박을 심화시키고 표층 침식과 비탈 침식 퇴적으로 뚜렷해진 16세기 마지막 20년 동안의 신속한 훼손 과정을 초래했다. 이런 변형은 인간의 존재 탓에 복잡해진 유제류 급증의 모델에 따라 예측된 사건들과 아주 잘 어울린다는 추가 선물을 제공한다. 쿡의 원래 모델을 유지하려는 최근의 시도들은 쿡의 주장과 동일한 결함 탓에 손상된다. 그런 시도들은 유입된 방목 동물들의 영향이라는 문서에 의해 충분히 입증된 문제점에

전통적으로 메스키탈 계곡과 연관된 메스키트 사막에 작은 협곡이 생겼

대해 실제로 고심하지 않는다. 그리고 그 시도들은 지질학적 귀결에 대한 과도한 미세 조정뿐 아니라 에스파냐인들의 침입 이전 원주민 인구의 영향에 대한 논제를 보강하려는 부정적인 증거에 심하게 의존한다(예컨대 Butzer, "Ethno-Agriculture"를 참조하라).

쿡은 테오틀랄판의 훼손에서 가축의 충격을 "부수적인 문제"로 취급한다(Cook, *Historical Demography*, p. 55). 이 추정은 16세기보다 17세기가 그 지역의 가축 착취의 시대였다는 쿡의 이해에 근거를 둔다. 멘디사발의 선례를 따르면서, 그리고 16세기 말 지역 환경의 상태에 대한 자신의 지식에 근거해 쿡은 가축에 의한 착취가 천연자원 부족의 결과였다고 주장했다(Cook, 같은 책, p. 56). 그는 목축업자들이 자연스럽고도 불가피하게 최상의 자원들을 농경민들에게 남기면서 자원들이 가장 부족한 곳으로 그들의 가축들을 이동시킨다는 통념에 의미를 부여하는 것처럼 보인다. 이는 농경민들과의 관계에서 목축업자들이 일종의 이타심을 발휘했을 것이라고 가정하는 것인데, 그런 추정은 역사에 의해 입증되지 않는다. 메스키탈 계곡에서 입수할 수 있는 증거는 실제로 목축업자들이 가축들을 자원이 가장 풍부하고 가장 비옥하며 인구 밀도가 가장 높은 농업 지역에서 우선 방목하고 다른 선택지가 없었을 때 가장 나쁜 곳으로 이동시켰을 뿐임을 보여준다(이 책의 4장 참조).

정복 당시 지역 환경의 상태와 표층 침식의 출현에 유입된 가축이 미친 영향이나 역할에 대한 이 두 가지 상당히 다른 해석들은 쿡과 이 지역에 주목한 다른 연구자들이 입수할 수 있었던 문서 기록을 살펴봄으로써 해명될 수 있다. 예컨대 1580년경에 분명한 환경 악화(주로 삼림 벌채)가 지리 보고서Relaciones Geográficas에 기록된 데 반해 삼림 벌채에 뒤이어 1580년대와 1590년대에 발생한 표층 침식은 본래 국립문서보관소 토지 편AGN Tierras의 문서들에 기록되어 있다. 쿡은 16세기의 환경 변화를 조사하면서 토지 편의 문서들을 이용하지 않았기 때문에 16세기의 마지막 20년 동안에 표층 침식이 폭넓게 기록되었으나 그 전에는 그렇지 않았다는 점을 알아차리지 못했다. (쿡은 17세기와 18세기를 검토할 때에만 거의 전적으로 토지 편의 자료들을 활용했다. Cook, 같은 책, p. 18.) 그 지역에는 17세기에 인간과 방목 가축들이 모두 조금밖에 없었기 때문에 쿡은 자신의 가설에 부합되게 비탈 침식 퇴적물에 대한 그의 증거와 에스파냐인들의 정복 이전 시대 높은 인구 밀도 사이의 연관성을 강조했다. 같은 방식으로 쿡은 토지 편에 역시 많이 기록된 16세기 마지막 25년 동안 반‡사막 지대 종의 밀도와 면적 규모의 증가를 간과했다. 게다가 그는 이 식물들의 개체군 밀도와 규모가 증가하지 않았다고 제안했다(Cook, 같은 책, p. 56). 아울러 쿡은

다. (메스키탈 계곡의 각 하위 지역에서 발생한 환경 변화의 양상에 대한 서술은 4장을 참조하라.)

이 경관은 1519년에 오염되지 않은 원래 그대로의 환경이 아니었다. 원주민들은 인간의 활동이 어떤 흔적도 남기지 않은 '자연 그대로의' 세계 속에서 살지 않았다. 그와 반대로 인간은 수천 년에 걸쳐 그들의 자연환경에 어설프게 손을 댔고 반드시 다행스러운 결과를 낸 것이 아니라는 점은 확실하다. 삼림 벌채, 수자원 체제의 조종操縱, 지형의 변경, 식물의 재배를 포함한 농경에 따른 식생 피복의 변형 등은 에스파냐인들이 도래했을 때 모두 진행 중이었다. 그뿐 아니라 이런 종류의 환경 조작이 어떤 경우에는 침식과 다른 환경적 재난을 초래했다는 충분한 증거가 존재한다.[112] 이는 끊임없이 변화하는 역동적인 세계였다. 하지만 그렇기는

국립문서보관소 국왕의 하사下賜 편Merced을 이용하지 않음으로써 16세기 가축 사육의 놀랄 만한 증가를 파악하지 못했다. 이는 그가 침입자들과 원주민 사이의 경쟁에 분명히 관심이 있었지만 왜 방목 가축들의 침입이 미친 영향에 대해 실제로 고심하지 않았는지를 설명해 줄 것이다. 그가 토지 편에서 산타마리아익스카틀란에 관련된 어떤 문서도 찾을 수 없었다는 점은 주목할 만하다(Cook, *Santa María Ixcatlán*, p. 14). 그것은 또한 그 지역에서 발생한 침식에 대해 설명하기 위해 그가 왜 에스파냐인들의 침입 이전 원주민 인구에 지속적으로 의존하는지를 설명해 줄지도 모른다.

112 예컨대 에스파냐인들의 침입 이전에 발생한 침식의 증거에 관해서는 Joyce and Mueller, "The Social Impact of Anthropogenic Landscape Modification in the Río Verde Drainage Basin, Oaxaca, Mexico," *Geoarchaeology*, 7, pp. 503~526를 참조하라. 그렇지만 찰스 프레더릭은 "심각한 환경적 충격을 가져왔을 것이라고 널리 여겨지는 에스파냐인들의 침입 이전 정주定住 원주민들의 점령이 메소아메리카의 북쪽 주변부에 있는 리오라하Río Laja 유역〔과나후아토Guanajuato의 산미겔데아옌다San Miguel de Allenda의 서북쪽〕에서 거의 영향을 미치지 않았던 것처럼 보인다"라고 생각한다. 아마 이 지역에 원주민들이 그리 많이 거주하지 않았을 가능성이 있다. 하지만 역사적으로 중요한 정착 과정이 "기존의 범람원汎濫原(수위가 높을 때 물에 잠기는 강가의 평지 — 옮긴이)과 4m 이상의 강

해도 에스파냐인들이 진행 중인 과정들을 단지 확대한 것만은 아니었다. 오히려 그들은 인간과 자연환경 사이의 관계를 바꿨다. 생태적이고 사회적인 변화의 원동력에 완전히 새로운 요소를 첨가함으로써 에스파냐인들은 일종의 생태 혁명을 촉발시켰다.[113] 이 혁명의 본질이 무엇인지 서술하는 ― 목축이 이 신세계 지역으로 확대된 생태적·사회적 상호 작용과 과정들을 추적하고 그 과정들이 에스파냐인 목축업자들과 원주민 공동체 모두에게 어떤 결과를 초래했는지 보여주는 ― 작업이 남아 있다.

바닥 절개부의 광범위한 유기遺棄를 동반했다"라는 점을 프레더릭이 찾아낸 것은 흥미롭다.

113 구세계의 방목 동물들과 인간 관리인들의 유입이 멕시코에서 일종의 생태 혁명을 촉발시켰다는 견해는 심프슨에 의해 처음으로 제기되었다. Simpson, *Exploitation of Land*, p. 2.

3장 호주의 경험

길들인 방목 동물, 즉 방목 가축이, 그리고 목축 특유의 자원 이용 체계도 알지 못하는 세계에 목축이 도입될 때 무슨 일이 생길까? 1장과 2장에서 우리는 유제류가 새로운 생태계에 유입된 결과에 대해 논의했다. 그리고 이제 인간이 이 동물들과 동행하며 자신의 이익을 위해 환경을 조작할 때 무슨 일이 벌어지는지를 더 면밀히 살펴보고자 한다.

목축과 환경 변화 사이의 관계를 다루는 연구는 상당할 뿐 아니라 증가하고 있지만, 그것들은 우리에게 방목 초기의 맹공격에 대해 거의 알려주지 않으며 최근까지 되돌릴 수 없는 변화를 감안하지 않았다. 이 연구들의 대다수는 19세기 미국 서남부에 관한 연구를 포함해 과거 구세계에서 가축들을 방목한 지역들과 관련이 있다.[1]

방목 동물과 자연환경 사이의 관계는 상주인구와 그 생계 기반의 관계이다. 방목 동물의 현재 개체 수는 자원 활용 주기 중에서 한 단계를 표현한다.[2] 이런 연구들은 균형이라는 이상에 따라 변화의 증거를 정리하

---

1 중요한 예외는 멕시코 소노라Sonora주 사막 강변 오아시스의 사막화에 관한 헨리 도빈스Henry Dobyns의 연구이다. 그는 아메리카 원주민, 멕시코인, 앵글로색슨계 미국인들의 목축 관행의 다양한 생태학적 영향에 대해 논의하는데, 특히 그것을 시간의 흐름에 따라 토지 이용 양식을 바꾸는 하나의 양상으로 검토한다. Dobyns, *From Fire to Flood*를 참조하라.

기 위해 생태계 개념을 이용한다. 생태계는 기후 변화(점진적·파멸적·순환적 변화), 경관의 물리적 구조(바위, 토양, 초목), 그리고 상주 개체군(인간과 동식물)의 활동 사이 상호 작용의 결과로 인식된다. 외래종이 생태계에 침입할 때 변화의 가능성은 배가된다. 예컨대 방목 동물의 침입은 초목, 토양, 서식하는 동물 군집에 영향을 미치고, 그에 따른 환경의 변형은 침입하는 개체군의 변화(예컨대 증가, 감소, 멸종)를 자극한다. 하지만 각 생태계에 내재된 거의 무한한 복잡성의 가능성과 이 요소들 사이의 바뀌는 접점이 제공하는 거의 무한한 변화 가능성에도 불구하고 변화는 항상성homeostasis(생명체가 여러 가지 환경 변화에 대응해 내부 상태를 일정하게 유지하는 성질 또는 그런 현상 — 옮긴이)을 향해 움직이는 운동으로 해석된다.[3] 하지만 여기서 우리는 분명하게 그런 방향으로 움직이고 있지 않으며 오히려 외래종으로 심각하게 교란된 환경에 관심을 두고 있다. 새로운 생태계에 유제류가 유입되면 결국 생물학적 체제가 근본적으로 변화하고, 방목 가축들이 유입되는 곳에서 새로운 환경에 초식 동물들이 급증하는 것과 연관된 환경 변화의 과정은 토지 개간 방법, 방목장 관리 체계, 방목률, 토지 보유 양식과 토지 이용을 포함하는 다른 변수들 때문에 복잡해진다. 환경과 새로운 종 사이에 결국 적응이 이뤄지지만, 심프슨의 표현에 따르면, 초기의 맹공격은 "진정으로 방대한 규모의 생태학적 혁명"을 초래한다.[4]

호주에서 식민화의 경험과 구세계 방목 동물에 의한 천연자원 착취의

---

2   예컨대 온두라스 사바나 지역의 가축 방목과 풀밭에 관한 요하네센의 연구를 참조하라.

3   「질서와 혼돈의 생태학Ecology of Order and Chaos」이라는 논문에서 워스터 Donald Worster가 논의한 생태계 모델을 참조하라.

4   Simpson, *Exploitation of Land*, p. 2.

시작은 비교적 최근에 발생했다. 원주민들의 자연환경에 방목 가축들을 유입시키는 것과 연관된 환경 변화는 최근에 발생해 일부 지역에서는 현존하는 사람들의 기억 속에 남아 있다.[5] 이 과정의 시작이 최근의 일이고 연관된 환경 변화에 대한 문서 기록이 16세기 멕시코보다 더 풍부하고 얼마간 더 과학적이기 때문에 호주에 집약적인 목축이 도입되면서 발생한 생태학적 결과에 대한 연구는 멕시코의 사례를 명확하게 이해할 수 있도록 만든다. 호주를 비교 사례 연구로 활용한다면 다른 이점들을 누릴 수 있다. 우선 한 가지는 멕시코의 경관과 기후와 유사하기 때문에 특정한 연구 지역으로 선정된 뉴사우스웨일스의 고지대와 고원에서 양 방목이 초기의 토지 이용 양식일 뿐 아니라 정착의 주된 이유였기 때문이다. 다른 하나는 특히 제2차 세계대전 이후 해외 시장에 공급하고자 생산량을 늘리도록 지정된 지역에서 토양 보전, 홍수 조절, 그리고 집수 가치의 유지 또는 개선이 방목, 침식, 그리고 수계의 악화 사이의 관계를 분명히 밝혀온 연구의 기반을 형성했다는 점이다.[6]

---

5   또는 적어도 1940년대 말과 1950년대에 면담을 진행한 사람들의 기억에 남아 있다.

6   1981년에 제프리 볼턴Geoffrey Bolton은 영국인들의 호주 정착이 초래한 생태학적 결과를 개괄하는 매력적인 저작을 출판했다. 이 저서는 J. M. 파월J. M. Powell 이 제기한 요구, 즉 "영국인들의 정착이 1850년대 목축 확대와 채굴 활동의 혼란기에 호주의 환경에 끼친 손익損益에 대한 철저한 평가"에 부응하는 예비 답변서라고 할 수 있다. 파월은 "생물지리학자, 지형학자, 역사지리학자 들이 연합해 '목장 공유지 임차인 시대Squatting Age'[squatting 또는 squatter는 흔히 무단 점유 행위나 무단 점유자로 번역되지만, 호주의 경우 토지 소유권을 얻고자 합법적으로 개척지에 정착하는 이들 또는 목장 공유지 임차인으로 간주되어야 한다. 1964년에 출판된 다음 책의 제목을 상기할 필요가 있다. Stephen H. Roberts, *The Squatting Age in Australia, 1835~1847*(Melbourne University, 1970) — 옮긴이)와 '황금시대'의 생태학적 영향을 해석하고 이야기 나누는 날을 앞당길 것"을 요청한다. Powell, "Conservation and Resource Management,"

호주의 토양학자들은 이런 관련 문제들을 연구하면서 통제된 실험과 관찰을 활용해 왔고, 침식의 이력履歷을 탐색하면서 역사 기록들도 검토해 왔다. 대다수 연구자들이 19세기 말의 경관을 '자연'환경 또는 유럽인들과의 접촉 이전 환경을 대표하는 것으로 받아들이는 듯 보이는 반면에, 1840년대에 수행된 한 조사에 대해 가끔씩 언급하는 것은 오래지 않아 환경 훼손이 분명해질 것이고 아마 그것은 구세계의 방목 동물들의 유입과 관련되어 있으리라는 점을 보여준다.[7]

이 장에서 우리는 그들의 조사와 탐색 과정을 추적하고자 한다. 뉴사우스웨일스의 고지대와 고원에 양이 유입된 시기, 단위 면적당 방목률과 피식률, 1803~1854년에 이 지역들에서 관찰되는 환경 변화, 그리고 양들의 유입과 식생, 토양, 수자원 악화의 시작 사이의 시간적 경과 등에 관한 정보를 얻고자 방목 첫 50년간의 주요 문서들을 탐색해 왔다. 목축의 첫 도입과 연관된 변화의 비교 모델을 제공하는 데 일조하는 이런 역사적 조사 결과는 방목과 환경 변화 사이의 관계에 대해 호주 토양학자들이 도달한 결론과 연결된다.[8] 19세기 전반기에 뉴사우스웨일스에서 실행된 양 사육에 대한 간략한 예비적 서술은 생태 변화에 대한 다음 논의의

---

p. 41; Bolton, *Spoils and Spoilers* 참조.

7   Whalley, Robinson, and Taylor, "General Effects," p. 174.

8   역사적 자료와 과학적 자료에 대한 동시 연구는 학습 과정으로서 매우 유용하다고 밝혀졌다. 필자는 결국 비교에 도움이 되는 역사적 경로와 방목 확대와 연관된(또는 적어도 매우 유사한) 생태학적 변화 유형에 대한 착상을 얻었을 뿐 아니라 방목 생태학 연구에도 입문하게 되었다. 멕시코에 관한 자료로 되돌아왔을 때, 그 자료에 놀랄 만한 양의 생태학적 정보가 포함되어 있고 이 정보에 대한 분석이 (조심스럽게 숨겨진 학습 과정과 함께) 나름대로 유효할 수 있다는 것을 알아냈다. 그러나 필자가 호주에 관한 연구를 먼저 시도하지 않았다면, 수집한 자료들을 어떻게 해석할지 깨닫기는커녕 멕시코의 문서들에서 무엇을 찾아야 하는지를 알았을지 의심스럽다.

배경을 제공한다. 그 속에서 멕시코와의 유사점들이 드러난다.

첫 50년

초창기에 뉴사우스웨일스와 퀸즐랜드Queensland 남단에 양 목장들이 설치된 지역은 여러모로 메스키탈 계곡과 유사하다. 대분수大分水 산맥 Great Dividing Range(대분수 산맥은 호주에서 가장 큰 산맥으로 3500km 이상 뻗어 있고 높이는 2228m에 달한다. 동부 해안과 내륙을 나누고 호주 동부의 기후에 큰 영향을 미치며 많은 토착 동식물의 서식지이다. 호주인들에게 가장 중요한 물 공급원 중 하나이다 ― 옮긴이)과 더불어 연안 지역과 서쪽 경사면 사이의 기복이 있는 고원은 대부분 얇은 토양으로 덮인 오래된 화산 노두(주로 화강암)와 더 풍부한 충적토로 뒤덮인 사이에 낀 계곡으로 구성되어 있다. 역암들은 충적 분지 토양의 기반을 이루고 산맥과 야산의 화산암과 인접해 있다.[9] 뉴사우스웨일스 고원의 강수량은 동쪽에서 서쪽으로 1000mm에서 600mm로 하락하는데, 이는 메스키탈 계곡에서 포착되는 것과 비슷한 범위이다. 항상 존재하는 가뭄의 위험과 함께 기후 변동성 역시 멕시코 지역에서 포착되는 것과 유사하다.

멕시코와 마찬가지로 호주에서 양 사육은 법적으로 정의된 토지 범위와 배타적 접근과 곧 연관되기에 이르렀다. 두 지역에서 모두 오두막과 울타리로 구성된 사업체에 고정된 핵심이 존재했다. 멕시코에서 목장이나 농장은 에스탄시아estancia로, 호주에서는 스테이션station으로 불렸고, 이

---

9 Strzelecki, *Physical Description*, p. 359; Australian Capital Territory, *Soil Conservation Council*, pp. 7~10. 하지만 지형에는 뚜렷한 차이가 존재하는데, 이는 호주 대륙의 오랜 역사와 멕시코 고원의 상대적으로 짧은 역사까지 더듬어 올라갈 수 있다.

그림 3-1 호주 뉴사우스웨일스

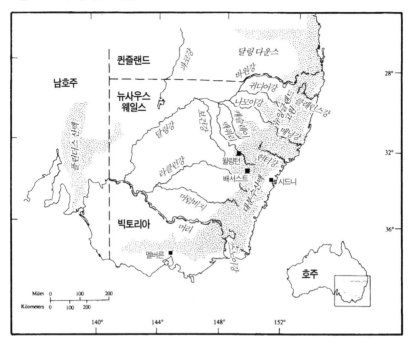

용어들은 이 연구에서 호환해 사용된다. 호주에서 큰 목장의 주요 건물 head station은 해당 구역의 모든 지점에 지소支所들을 갖춘 넓은 목양장의 중앙에 설치되었다. 동시대의 관찰자에 따르면, 이 목장들에 일주일치 배급량을 공급하는 작업은 "놀랍도록 귀찮은 일"이었다.[10] 1880년대에 접어들어 목양장들에 울타리가 설치되기 전까지 호주의 가축 떼 관리 체계 역시 16세기 멕시코와 매우 비슷했다. 양치기들은 약 600마리의 양을 맡아 돌보았고 밤에는 목장 구역의 조잡한 오두막 옆에 있는 우리 안으로 양 떼를 몰아넣었다. 양 떼는 해가 뜨기 한 시간 전에 풀밭으로 이끌려

---

10   Gardner, *Production and Resources,* vol. 1, p. 50.

나갔고 늦어도 해가 지기 전까지 다시 우리 안으로 되돌아갔다. 파수꾼들은 밤에 초소에서 양 떼를 지켜보고 날마다 우리를 옮겼다. 양치기 한 명이 개들과 함께 걸으면서 통제할 수 있었던 양의 수는 멕시코의 사례와 동일한 것처럼 보인다. 멕시코에서는 원주민 평민들에게 500~600마리의 양 떼를 야산으로 데려가 방목할 수 있도록 면허가 부여되었다.[11] 잠시 머문 뒤에 이동하곤 하는 호주 양치기들의 고질적인 방랑을 통제하기 위해 근무 시간과 양치기들이 돌보게 될 양의 수를 명시한 계약서들이 작성되었다. 양치기는 이 양 떼에 대해 책임을 졌고 목장 공유지 임차인과 그의 감독자가 함께 매주 양들의 수를 헤아렸으며 손실액이 발생할 경우 양치기의 임금에서 차감되곤 했다.[12] 호주에서 양치기가 된 이들

---

11 Strzelecki, *Physical Description,* p. 365; Gardner, 같은 책, vol. 1, pp. 48, 72, 80. 개들은 문서의 본문에 언급되지 않지만 삽화에는 등장한다. 메스키탈 계곡에서 양 500~600두를 방목할 수 있는 면허를 언급한 문서 자료는 다음을 참조하라. AGN, General de Parte, vol. 1, exp. 74, fol. 141r; exp. 1087, fol. 206r; vol. 2, exp. 214, fol. 43r. AGN, Indios, vol. 6, pte. 1, exp. 1001, fol. 269r; vol. 6, pte. 2, exp. 207, fol. 46v; exp. 469, fol. 104v. AGN, Tierras, vol. 1697, exp. 1, fol. 3r. 콘래드는 사람과 양의 비율이 상당히 달랐다는 점을 찾아냈다(양 600두당 양치기 1명, 400두당 양치기 1명 또는 200두당 양치기 1명). 목초지가 아주 좋고 경쟁이 치열한 곳에서는 감시원이 더 많이 필요했다. 양들은 한 장소에서 다른 장소로 이동할 때에도 면밀하게 보호되었다. 콘래드는 또한 양을 지키는 개들이 16세기에만 보고되었다고 언급한다(Konrad, *Jesuit Hacienda,* p. 182). 필자는 양을 지키는 개들에 대한 언급을 찾지 못했다.

12 Gardner, 같은 책, vol. 1, p. 72; Strzelecki, 같은 책, pp. 365~366. 호주국립대학교 자원환경연구센터Centre for Resource and Environment Studies의 존 다거벨 John Dargavel은 임금이 무료와는 거리가 멀었고 흔히 가출옥 허가를 조건으로 하는 징역 제도에 묶여 있었다고 지적했다. 그에 따르면, 전과자들은 많은 규정들에 의해 토지 소유자가 되지 못하도록 봉쇄되었다. 그리고 여성의 비율이 낮았기 때문에 전과자들은 흔히 독신으로 지냈고, 떠돌아다니며 고립된 가축 사육자들의 공급은 전과자들의 지속적인 채용으로 유지되었다(개인 서신, 1984년 12월).

은 흔히 가축 관리나 사육에 대한 사전 지식이 없었고 목초지 관리에 대해서도 전혀 아는 바가 없었다. 그 점에 대해서는 대부분 전직 군인, 선원, 사업자들이었던 목장 주인들도 마찬가지였다.[13] 이 점에서 호주의 목장 주인들은 멕시코의 목장주들과 달랐다. 멕시코에서 아프리카 출신 노예들은 대개 아프리카나 에스파냐에서 양치기로 활동한 경험을 갖고 있었고 에스파냐인들은 가축 소유자였다.

목초지들은 토지 수여 또는 공유지 임차를 통해 획득되었다. 1820년대에 영국에서 호주산 양모 시장이 열렸을 때, 목축업자가 되려고 하는 이들은 물밀듯이 밀려들었고 대분수 산맥의 장벽이 뚫리자마자 대지를 가로질러 시드니Sydney에서 서쪽으로, 그다음에 북쪽으로 널리 퍼졌다.[14]

두 식민지 사이의 가장 분명한 차이점은 원주민 인구에서 포착된다. 적어도 토지 소유권에 관한 유럽인의 이해에 따르면, 호주의 원주민들은 확인할 수 있는 영토권이 없는 유랑민이었다.[15] 반면에 에스파냐인들은 집약적 농업을 실행하는 대규모 원주민 인구 집단을 발견했다. 대규모 농경민의 존재는 침입하는 동물들의 극적인 증가와 궁극적으로 원주민의 토지들이 방목지로 전환되는 것을 막는 데 거의 도움이 되지 않았다.

또 다른 차이점은 토종의 방목 동물에서 포착된다. 호주에서 양들이 침입한 땅에는 이미 풀을 뜯어 먹는 동물, 즉 캥거루가 있었다. 멕시코에서 처음으로 방목이 실행된 땅은 사슴들이 풀을 뜯어 먹던 삼림 지대보

---

13 Strzelecki, 같은 책, p. 368; King, "Outline of Closer Settlement," p. 12.

14 King, 같은 논문, pp. 15~16. "목장 공유지 임차인들이 10년이라는 짧은 기간 내에 대륙의 절반을 차지함에 따라 공식적인 제한은 사실상 파기되었다." Strzelecki, 같은 책, p. 366.

15 가드너의 언급에 따르면, 부족 집단마다 고유한 사냥과 어업 구역이 있었지만 유럽계 이주민들의 토지 수요가 급증하면서 부족의 권리들은 무시되었다. Gardner, *Production and Resources*, vol. 1, p. 257.

다는 오히려 농경지였다. 호주에서는 예전에 부드러운 발을 지닌 캥거루가 풀을 뜯어 먹던 생태계로 단단한 발굽이 있는 동물들이 유입되면서 결과적으로 토양이 뚜렷하게 악화되었다. 캥거루는 수천 년 동안 생태학적 균형 속에 서식해 왔던 동부 해안 지역에서 서쪽으로 빠르게 밀려났고, 그들을 근절하기 위해 엄청난 노력이 뒤따랐다. 실제로 캥거루는 해로운 야생 동물로 분류되었고 이른바 유해한 동물로 수렵의 대상이 되었다. 비교적 최근에 캥거루 사냥이 금지되기 전에 캥거루는 멸종 위기에 처했고 실제 일부 아종亞種은 사라지기도 했다. 호주의 초원을 한층 더 파괴한 토끼는 이 연구가 다루는 시기 이후인 1859년까지 유입되지 않았다.[16]

호주 환경의 악화

유입된 방목 동물들의 개체 수 증가는 아메리카 대륙에서 기록된 것만큼이나 극적이었다. 양들이 처음으로 유입된 1792년부터 개체수의 규모가 증가하기 시작한 1803년 무렵까지 호주의 환경에 익숙해지는 데 약 11년이 걸렸다. 1803년부터 1845년까지 뉴사우스웨일스의 양 개체 수는 900만 마리로 늘어났고, 1854년에는 1200만 마리를 넘어섰다.[17] 양 떼의 팽창은 정착지의 급속한 확산과 연관되었다. 1813년 동부 해안 지역에 가뭄이 닥친 뒤 정착민들은 새로운 목초지를 찾아 서쪽으로, 그리고 조금 뒤에는 북쪽으로 이동했다. 초창기에 북쪽으로 확대된 지역 중 하나는 헌터밸리Hunter Valley였는데, 첫 정착민들은 1820년에 약간의 양 떼를

---

16   *The Australian Encyclopedia,* Vol. 7, p. 341.
17   Strzelecki, *Physical Description,* p. 366; Gardner, *Production and Resources,* vol. 1, pp. 1, 95.

데려갔다. 헌터리버밸리Hunter River Valley의 북-서북쪽 리버풀Liverpool 평원에는 1826년에 정착하기 시작했다. 여기서부터 정착민들은 1832년에 뉴잉글랜드New England 고원으로 이동한 뒤 1840년에 북쪽에 있는 달링 다운스Darling Downs의 더 건조한 지역으로 이동했다. 그리하여 1842년부터 1847년까지 바원Barwon강 지역을 목장들로 완전히 채웠다. 1830년부터 1840년까지 대륙의 절반에 목장 공유지 임차인들이 정착했다.[18] 정착민들은 어디로 가든지 동일한 과정을 반복했다. 그들은 새로운 지역으로 이동하고 목장 공유지 임차 면허를 취득하며 가축들을 방목하기 시작했다. 몇 년 내에 계곡이나 평원은 주로 양들의 방목지로 바뀔 터였고 소 역시 방목될 것이었다.[19] 그러나 침입하는 가축 개체 수의 급속한 증가는 풀밭이 고갈되고 그 수가 감소하는 속도에 필적했다. 1847년, 즉 정착이 시작된 지 불과 7년 만에 달링 다운스는 악화의 조짐을 보여주고 있었다. 1854년에 목초지는 양호했지만, 소문에 따르면 또 다른 새로운 정착지인 북쪽의 버넷Burnett과 와이드베이Wide Bay에서 "빠르게 나빠지고" 있었다. 양 한 마리당 양모와 수지獸脂의 산출량은 수용력의 감소로 악화되었다.[20]

뉴사우스웨일스에서 방목이 시작된 지 첫 30년 동안 호주의 토착 환경에 어떤 영향을 미쳤는지에 대한 당대의 보고는 영국의 지질학자 폴 에드먼드 스트르젤레키 경Sir. Paul Edmund Strzelecki이 제출했다. 1840년대

---

18 Gardner, 같은 책, vol. 1, pp. 1, 10, 11, 15, 18c, 48, 112; King, "Outline," pp. 15~16.

19 Gardner, 같은 책, vol. 1, pp. 1~2, 6, 11, 15, 95, 112. 1850년 이전에 사람들이 정착한 대분수 산맥의 고원과 서쪽 경사면은 주로 양들의 방목지로 활용되었다. Donald, "The Progress of Australian Agriculture," p. 188.

20 Gardner, 같은 책, vol. 1, p. 18c, 23.

에 뉴사우스웨일스와 반디멘스랜드Van Diemen's Land(태즈메이니아의 옛 칭호)에서 지질학과 식물학 연구를 수행한 바 있는 스트르젤레키 경은 다음과 같이 기술했다.

카르페 디엠Carpe Diem('현재를 즐기라')은 목축업자들이 일반적으로 따랐던 좌우명인 것처럼 보인다. 따라서 양들에게 유별나게 적응된 목초가 양 개체 수의 증가를 촉진하는 동안 체계의 유해한 작동 또는 오히려 모든 체계의 부재와 그 결과는 그런 증가가 실현한 즉각적으로 수익성 있는 성과에서 더 이상 보이지 않게 되었다. 그러나 그 증가가 풀밭에 영향을 주기 시작했을 때, 달리 말해 수여된 토지의 풀이 사라지기 시작하고 맨땅이 노출되기에 이르렀을 때, 신선한 풀밭이 있는 새로운 토양이 가까이에 없었다면 양 떼의 주인은 목축지를 이렇게 잘못 관리한 탓에 큰 대가를 치렀을 것이다. 하지만 다행스럽게도 공간은 부족하지 않았다. 식민화 초창기에 방목 활동을 제한했던 분수 산맥은 곧 문제시되지 않았다. 그리고 마치 최초의 풀밭이 그랬던 것처럼 무성한 새로운 목초지가 발견되었다. 배서스트 Bathurst, 리버풀 평원, 매닝Manning, 모네이로Moneiro, 머럼비지Murrumbidgee는 곧 곳곳에 퍼진 양 떼로 뒤덮였고 목축 활동은 다시 활기와 밝은 전망으로 충만하게 되었다. 하지만 여기에서 목초지는 식민지의 전경前景에서처럼 줄어들기 시작했다. 목초지를 개선하거나 풀의 뿌리에서 새로운 성장을 도모하기 위해 가끔씩 활용되는 방화는 단지 느리지만 분명히 다가오는 폐해를 가속화할 뿐이었다. 이슬은 부족해지기 시작했고 비는 더욱더 부족해졌다. 몇 해 동안 가뭄이 이어졌다. 1838년 여름에 시드니와 웰링턴Wellington 사이의 뉴사우스웨일스 전역, 헌터강의 상류와 하류, 리버풀 평원, 아가일셔Argyllshire 등은 거의 예외 없이 굶어 죽기 직전의 수많은 양 떼와 더불어 눈에 띄는 목초지가 전혀 없는 맨땅을 드러내고 있었다.[21]

1854년에 윌리엄 가드너William Gardner는 1842~1852년의 뉴사우스웨일스 북부와 서부에 대한 조사 보고서를 작성했다. 그는 방목으로 야초지野草地가 나빠진 속도와 새로운 풀밭을 찾아 정착민들이 재빠르게 이동하는 모습에도 주목했다. 20년 동안 엄청난 방목이 이뤄지고 나서 헌터밸리가 첫 번째 정착민들의 대규모 이동에 의해 버려진 지 10년 뒤에 가드너는 정착 과정을 서술하고, 정착민들이 왜 그 지역을 버리고 떠났는지 그 원인에 대해 다음과 같이 숙고했다.

광대한 헌터밸리의 초창기 정착민들은 그 지역에 대한 찬양을 그치지 않았고 목초는 많은 수준을 넘어 풍성하기까지 했으며 곡물도 결코 부족하지 않았다. 〔하지만〕 15년 미만의 짧은 기간 동안 점령한 뒤 정착민들은 목축지로서 그 지역이 지니는 특성을 알아차렸다. 그곳은 방목 지역으로서 수익을 내지 못했기 오래전에 버려진 바 있었다.[22] 헌터 지역의 산맥 아래에 있는 지방은 오랫동안 방목지로 활용되지 않았고 토지 소유자들이나 정부 부문의 임차인들이 기르던 몇 마리의 양이나 소는 제한된 수만 방목할 수 있었기 때문이다. 지난 몇 년 동안 이 지역은 가축들이 너무 많이 사육되었고 점차 쇠락했다. 사람들이 처음 거주했을 때 풍부하다고 여겨진 자연 그대로의 목초는 오래전에 사라졌다. 이는 몇 군데 목장을 제외하고 조금씩 물어뜯는 동물nibblers에 의해 정기적인 농작물 경작이 이뤄지지 못했음을 예증하는 것이었다. 달리 말해 양 사육에 관한 한 이 지역의 과잉 사육과 오래 지속된 방목이 종결되자 목양업자들은 이 지역을 버리고 떠났다. 이 지역에 남은 얼마 안 되는 소들은 내륙 산지의 목장에서 보내는 소들과 어

---

21   Strzelecki, *Physical Description*, pp. 366~377.
22   Gardner, *Production and Resources*, vol. 1, p. 111.

떤 시장에서든 경쟁할 수 없을 정도의 상태에 이르렀다.[23]

가드너는 식민지의 초기 정착 지역과 나중에 북쪽과 서쪽으로 확대된 지역에서 야초지가 사라진 것이 직접적으로 과잉 사육과 과도 방목 탓이라고 생각했다.[24] 그는 1847년 11월 13일 ≪시드니 아틀라스Sydney Atlas≫에 실린 기사를 인용하면서 다소 윤색되고 과장된 문체의 산문에서 목초지 종류의 개량뿐 아니라 목초지 보호의 필요성에 대한 정착민들의 무관심에 아쉬운 느낌을 표현했다.

호주는 목축업이 대단히 성행하는 나라이기 때문에 주민들은 당연히 작지 않은 몫의 관심이 가축을 위한 호주의 목초지 개량에 쏠리고 있음에 틀림없다고 생각해야만 한다. 그런 일은 없었다. …… 원주민 부족들은 그 다사다난한 시기〔방목의 도입〕이전과 비교해 계절들이 "건조한 방향"으로 바뀐다는 의견에 만장일치로 동의를 표한다. 이런 변화에 대해 묻기를 멈추지 않고, 식민지 경험은 양 목장들이 어머니인 대지의 표면 위에 발생한 변화에 영향을 미쳐왔고 20년이라는 기간 동안에 여러 풍성하고 멋진 장소에서 풀밭을 완전히 보이지 않게 거의 쓸어버렸다는 것을 인정해야만 한다. 자연은 조금씩 물어뜯는 동물들의 무리에게 압도당하기 전까지 전력을 다하고자 분투했다. 자연 그대로의 풀들은 번식하기 위해 물어뜯기고 파괴된 바로 그 뿌리들이 꽃대 속으로 피어오르는 것을 결코 허락하지 않았고 마침내 자연은 정복에 지쳐 물러났다. 나는 더 이상 할 수 없다고 울면서 이제 인간은 자신의 탐욕과 무관심 탓에 고통을 겪어야만 한다.[25]

---

23 Gardner, 같은 책, vol. 1, p. 2.
24 Gardner, 같은 책, vol. 1, pp. 1, 2, 3, 7, 18c, 114, 115.

가드너는 보고서에서 야초지의 개량에 사용될 수 있는 몇 가지 종의 풀들을 열거했고, 잉글랜드의 베드퍼드 공작Duke of Bedford의 소유지에서 수행된 모의실험에 따라 호주인들의 요구에 가장 알맞은 종류를 결정하기 위해 실험들이 실시되어야 한다고 계속 주장했다.[26] 이런 유형의 실험은 1880년대에 이르러서야 실시되었다.

19세기 초에 이르러 유럽에서 목축은 상대적으로 과학적인 지위를 획득했지만, 겉보기에 무한한 듯한 목초지의 신기루는 새로 유입된 종의 놀랄 만한 증가와 결합되어 무분별한 방목과 과잉 사육을 초래했다.[27] 초목은 대량으로 고려되었고 나뭇잎의 총량은 묵축업자가 연간 생장량生長量이 아니라 방목률을 계산하는 데 사용하는 요소였다.[28] 그 결과 방목률은 매우 높았고 목초지는 악화되었다. 예컨대 뉴잉글랜드 고원에서는 km²당 205두의 방목률이 심각한 피해를 초래했다. 목초지가 악화되면서 방목률은 떨어졌는데, 1850년대 달링 다운스에서는 km²당 77.2두의 훨씬 더 낮은 비율이 이상적이라고 여겨졌다.[29] 연속적인 사건들과 과거의 과도 방목을 뒷받침하는 근거는 핸머Hanmer에 의해 다음과 요약된다.

자연초自然草, native grass는 봄에 매우 풍성하게 자라는 식물일 수 있고 그때에 더 많은 가축을 끌어들이는 경향이 있었다. 유감스럽게도 이렇게 빨리 성숙하는 풀들이 최대치를 지났을 때, 모든 이들은 자신의 가축을 없

25   Gardner, 같은 책, vol. 1, p. 7.

26   Gardner, 같은 책, vol. 1, p. 7.

27   Strzelecki, *Physical Description,* p. 368; Butler, "Agriculture in Southern New South Wales," p. 281; King, "Outline of Closer Settlement," p. 13.

28   Donald, "Progress of Australian Agriculture," p. 188.

29   Gardner, 같은 책, pp. 27, 50, 118. 양 떼의 규모는 1839년부터 1849년까지 25%가 줄어들었다.

애려고 시도하고 있었다. 그 결과에 따른 시장 가치의 저하는 흔히 토지 소유자들로 하여금 늘어난 가축의 수를 다음번까지 계속 유지하도록 애쓰게 만들었다. 결국 최종적으로 식생 피복의 파괴가 발생했다.[30]

가드너가 명명한 대로 "조금씩 물어뜯는 동물"들이 자연초들과 입맛에 맞는 관목들을 먹어치우고 방화가 더 이상 재성장을 자극하지 못하게 되었을 때, 가축 주인은 대개 맨땅이 드러나고 불에 탄 토양을 남긴 채 자신의 임대차 계약을 포기하고 이동했을 터였다. 물론 일부는 재생되었지만 본래의 식물 종 다양성은 줄어들었고 식물 군락들의 균형은 더 건조한 지대의 유형 쪽으로 바뀌었다. 그다음에 그 땅에서 다시 방목이 이뤄졌으나 줄기가 더 짧은 풀 위에 양의 밀도가 더 낮아졌음에도 식생 피복은 전반적으로 줄어들었다.[31] 비료를 주어 목초지를 개량하고 방목에 더 잘 견디는 풀들을 들여오거나 심지어 방목의 강도나 기간을 규제하려는 어떤 조치도 이뤄지지 않았다. 실제로 목축업자들이 목초지를 개량하기 위해 취한 사실상 유일한 조치는 풀밭을 불태우는 것이었다. 목축업자들이 당장의 유용성을 파괴할 정도로 어떤 한 지역을 방목지로 이용하는 데 걸린 시간은 7~20년이었다.[32]

정착 초기에 건조한 상태가 늘어났다고 보고되었다. 예컨대 리버풀 평

30   Hanmer, "Land Use and Erosion," p. 281.

31   Beadle, *Vegetation and Pastures,* pp. 11~16; Bryant, "Grazing and Burning," p. 29; Butler, "Agriculture," pp. 281~282; Costin, Wimbush, Kerr and Gray, "Catchment Hydrology," pp. 12~14; Donald, "Australian Agriculture," p. 188; Moore, "Effects of the Sheep Industry," p. 170; Moore and Biddis-combe, "Effects of Grazing," pp. 223~225; Whalley, Robinson and Taylor, "General Effects," p. 174.

32   Gardner, *Production and Resources,* vol. 1, pp. 1, 7, 18, 62, 114, 115.

원은 햇볕에 말라 단단해진 토양으로 메마르고 건조한 상태를 드러냈다. "긴 풀들과 목초는 예전에 지면에 습기를 보호했지만, 이제는 소와 양이 맨땅을 고스란히 드러내고 습기는 대기와 뜨거운 바람에 의해 증발될 가능성이 있다."[33] 그리고 헌터밸리에서는 다음과 같은 현상이 발생했다.

이 구역의 계절은 뒤바뀌었고 건조하고 메마른 계절은 축 늘어진〔풍부한〕계절의 뒤를 이어 뉴잉글랜드의 고원과 같이 먼 곳까지 내륙으로 확대되었다. …… 헌터강 유역의 최초 정착민들은 초창기 정착지에서 밤에 내린 묵직한 이슬을 감지했다. 그때에 지면을 보호할 뿐 아니라 시원하고 촉촉한 상태로 유지해 준 목초와 풀들은 이제 낮 동안 예리한 태양 광선에 데워져 너무 많이 남아돌게 되었고, 예전처럼 수분을 머금은 매력적인 요소이기는커녕 충분히 가득 쌓인 것일 뿐이다.[34]

스트르젤레키와 가드너가 조사를 마친 지 100년 뒤에 토양 침식과 토양·목초지의 보전은 본격적으로 연구되기 시작했다. 양의 과도 방목의 영향에 관해 앞서 제기된 의구심은 입증되었다. 약간의 방목이 반드시 식생 피복의 성장과 대체를 지연시키는 효과가 있는 것은 아니지만, 양 떼에게 매력적이거나 방목이 통제되지 않기 때문에 방목이 아주 많이 이뤄지는 지역들은 악화되는 모습을 보여준다.[35] 초목의 미소微小 서식 환경은 다음과 같은 방식으로 과도 방목과 식생 피복의 광범위한 제거에 의해 영향을 받는다.

---

33 Gardner, 같은 책, vol. 1, p. 3.
34 Gardner, 같은 책, vol. 1, pp. 1~2.
35 Hilder, "Rate of Turn-over," pp. 11, 15; Bryant, "Grazing and Burning," pp. 41~42; Moore and Biddiscombe, "Effects of Grazing," p. 225.

촘촘한 방목은 초목의 단열 효과와 지표면의 온도 변화에 대한 초목의 완충 효과를 감소시키고 그렇게 함으로써 줄기와 잎의 분열 조직meristems (세포의 증식과 분화에 의해 특정한 조직들이 생기게 되는 식물 배아胚芽의 조직. 줄기나 뿌리의 생장점 부근에 있다 ― 옮긴이)이 극단적인 온도에 노출될 가능성을 증가시킨다. 이 점에 관해서 일반적으로 사용되는 목초지 종이 넓은 범위의 풍토적 내성耐性을 지니고 있다는 점에 유의하면 흥미로울 듯 하다. 방목 동물들이 목초를 완전히 또는 거의 완전히 소비함으로써 뿌리 덮개 또는 지표면의 부엽토를 감소시키는 것은 토양 온도의 진폭을 넓히고 토양으로의 물 침투를 줄일지도 모른다. 또한 방목으로부터 보호되는 쇠풀 속屬Andropogon 초원에서 수분 침투가 증가하고 지표면 부엽토의 존재에 의해 증발이 감소하는 현상이 나타났다. 방목에 의한 식물 피복plant cover 감소의 다른 결과들은 강우降雨의 표면 유출과 침식 경향의 증가이다.[36]

과도 방목으로 반건조 지역의 지표면이 완전히 또는 거의 전적으로 침식되어 노출된 곳에서, 토양은 심한 기온의 변동 폭에 노출되었고 가축들의 입맛에 맞지 않는 관목들의 밀도가 방목을 방해할 때까지 더 건조한 지역에 특유한 종이 풀밭에 침입했다. 강우량이 더 많은 지역에서는 방목의 결과로 식물 종의 집중과 근사 현상近似現象이 발생했고, 다소 긴 자생의 남방형南方型 다년생초(특히 캥거루 풀, 테메다 아우스트랄리스Themeda australis)는 빠르게 더 짧은 한지형寒地型 다년생초로 대체되었다.[37] 높은 산지에서는 덤불 같은 자연초들이 특히 양 떼가 풀을 뜯어 먹고 약초와 풀의 다양성이 줄어들거나 상실된 곳에서 뜯어 먹기 어려운 잔디로 대체

---

36 Moore and Biddiscombe, 같은 논문, pp. 222~223.
37 Moore and Biddiscombe, 같은 논문, pp. 223~225.

되었다.[38] 고유 식생은 양의 개체 수를 인위적으로 높은 수준에서 유지한 목축업자들의 간섭에 의해 늘어난 양 떼가 새로운 생태계로 난입해 온 결과를 드러내 보였다. 이 결과는 모든 환경의 지역에서 종 다양성이 줄어든 것, 더 건조한 환경이 예전의 더 습한 상태를 대체하면서 건조지대 종의 경쟁 우위가 강화된 것, 그리고 지표 식물의 밀도와 높이가 줄어든 것 등이었다.[39]

남아 있는 습지와 소택지沼澤地의 존재, 그리고 가드너를 비롯해 초기 탐험가들과 관찰자들의 서술로 판단하건대 1800년대 초에 고원과 높은 산지의 환경은, 심지어 19세기 말까지 일부 외딴 곳에서는 오늘날에 비해 훨씬 더 습했다.[40] 가드너는 최초의 정착민들이 도착했을 때 뉴잉글랜드 지역의 고원이 습하고 늪지 같았지만, 단지 16년 뒤에 그가 조사를 진행할 때 늪은 대단히 메말라서 이 과정이 끝나는 데 6~7년이 더 걸렸다고 적어두었다. 그는 늪이 메말라버린 까닭이 자연 발생적인 배수로로 물을 흘려보낸 소들의 이동로의 형성 때문이라고 여겼다. 게다가 양치기들은 양들의 방목을 위해 늪지의 물을 빼내 자연 발생적인 유출선 아래로 물을 흘려보내고자 단순한 수로들을 끊어내는 버릇이 있었다. 소와 양 들은 뜯어 먹기 어려운 잔디에 이르기까지 그런 지역의 초목을 물어뜯으면서 건조 과정을 가속화했다.[41]

---

38 Costin, "The Grazing Factor," p. 7; Costin, Wimbush, Kerr, and Gray, "Studies in Catchment Hydrology," pp. 6~7, 10, 14.

39 Moore, "Effects of the Sheep Industry." pp. 180~182; Moore and Biddis-combe, "Effects of Grazing," pp. 223~224.

40 Costin, 같은 논문 pp. 5~6; Gardner, *Production and Resources,* vol. 1, p. 23; Costin, Wimbush, Kerr, and Gray, 같은 논문, p. 12.

41 Gardner, 같은 책, vol. 1, p. 23; Tewkesbury, "Soil Erosion," p. 25; Costin, 같은 논문, p. 9.

길고 덤불 같은 풀들에서 줄기가 짧은 목초지로의 전환은 맨땅과 더불어 지상류地上流의 증가를 유발하고, 지표 식물이 여전히 목초지의 형태로 존재할지도 모르지만 침투를 허용할 만큼 충분한 시간 동안 강우降雨를 붙들어두지 않는다.[42] 그리하여 지하수는 보충되지 않고 집수 가치가 떨어진다. 집수 가치는 배수로 개방, 이탄泥炭 습지 소각, 나무 베기, 쟁기질과 도로 절단(두 가지 모두 초목을 제거하고 물의 흐름을 다른 데로 돌린다), 그리고 다육 식물의 새로운 성장을 자극하려는 불태우기 등을 통해 더욱 저하된다. 이 모든 일은 방목업자들에 의해 수행되었다.[43]

위의 인용문에서 언급된 대로 지표 식물의 감소는 물의 흡수를 줄임으로써 전체 집수 구역(즉, 일반적으로 말하면, 하천 유역의 배수 체계[44])의 수자원에 영향을 미칠 수 있다. 집수 구역의 상태가 양호할 때 강우 중 많은 부분이 토양에 흡수되면, 총유출량은 줄어들고 물이 간천幹川에 도달하는 시간이 늘어나며 샘과 영구적인 하천 유량을 유지하는 지하의 저장수가 보충된다.[45] 침투율은 지표 잔류수, 즉 표면 거칠기의 함수와 직접적인 연관성이 있다. 이는 지표 식물이 제거되거나 그 밀도가 현저하게 감소될 때, 지하수 함양과 일관된 하천 유량도 감소된다는 것을 의미하며 집수 가치의 저하에 해당한다. 스노이Snowy강 댐 후보지의 집수 구역을 대상으로 1940년대와 1950년대에 수행된 현장 연구에 따르면, 방목

---

42   Costin, 같은 논문, p. 10.

43   Tewkesbury, 같은 논문, p. 25; Costin, 같은 논문, pp. 5~6; Costin, Wimbush, Kerr, and Gray, 같은 논문, pp. 5, 19~20; Hanmer, "Land Use and Erosion," pp. 280~281; Kaleski, "Erosion and Soil Conservation," p. 2; Australian Capital Territory, *Soil Conservation*, pp. 10~13, 18~19.

44   Costin, 같은 논문, p. 11.

45   Kaleski, 같은 논문, p. 2.

은 표면 거칠기와 아울러 물의 흡수를 감소시킴으로써 집수 가치를 상당히 떨어뜨렸다.[46]

물의 침투율이 감소하면서 물의 지상류는 증가하고 홍수의 심각성이 커진다. 이런 현상은 19세기의 관찰자들에 의해 기록되었다. 사실 토양의 건조한 상태가 늘어나는 것을 목격한 이들은 홍수의 심각성이 커지는 것에도 주목했다. 예컨대 가드너는 유럽인들의 정착 이전보다 정착 후에 강이 더 많이 범람했다고 말하는 고원의 원주민들의 목격담을 인용했다. 이는 초목의 신속한 제거와 개간이 물의 지상류를 늘리고 결국 범람으로 물이 더 빠르게 불어났으며 홍수가 더 빈번하게 발생했음을 시사한다. 그러나 홍수의 빈도가 늘었지만, 정착 초창기에 범람하는 물의 양은 줄어들었다. 가드너는 이를 식생 피복이 제거됨으로써 초래된 더 건조한 기후 상태와 낮아진 강우량의 결과라고 간주했다.[47] 반면에 최근의 한 연구는 나무들이 토양으로부터 훨씬 더 많은 물을 흡수하기 때문에, 나무들이 제거되면 더 많은 양의 물이 남게 된다고 시사한다. 따라서 삼림 벌채는 지하수면이 상승함에 따라 떨어지는 지표수의 양을 감소시켜 토양의 침수浸水와 염류화 문제를 일으킨다.[48] 하지만 이는 벌채와 토양 개간 후에 침식이 토양을 제거하고 물 흡수와 지하수면 함양을 감소시키는 산비탈보다 저지대에서 더 두드러진 특징인 듯 보인다.

침식은 아마 지표 식물의 감소가 유발하는 가장 분명한 결과일 것이

---

46 Costin, "Grazing Factor," p. 11.

47 Costin, 같은 논문, vol. 1, p. 3.

48 그에 관한 연구는 다음 문헌에서 언급된다. Heathcote, *Australia,* p. 122. 또한 D. I. Smith and B. Finlayson, "Water in Australia: Its role in environmental degradation," in *Land, Water and People*, edited by Heathcote and Mabutt, pp. 25~26을 참조하라.

다. 식생 피복이 제거되는 곳에서는 밑에 있는 토양이 노출되고 더 심한 기온의 변동 폭과 가축들의 짓밟힘에 시달리게 되면서 불안정해진다. 또한 토양은 바람과 물에 의해 더 쉽게 침식된다. 수인성 침식은 경사면에서 표토를 벗겨내고 잠재적으로 유용한 더 아래쪽 내리막의 표토에 돌무더기를 퇴적시키며 자연 발생적인 이동로를 따라 도랑을 만드는 데 집중점을 제공한다.[49] 풍식은 심한 방목이나 쟁기질에 이어 건조 지역과 반건조 지역에서 흔히 발생하며, 다음과 같이 이 지역들에서 고유 식생의 재생에 영향을 미친다.

> 양 방목에 이어 다년생초가 사라지고 그 결과로 바람에 의한 토양 표면의 침식이 발생해서 발아에 불리한 조건이 펼쳐진다. 표토의 손실은 질소와 같은 식물 영양분의 수준을 뚜렷하게 감소시키고, 이런 이유 때문에 침식은 더 이상 방목이 없는 경우조차 과도하게 방목이 이뤄진 건조 지역과 반건조 지역의 공동체들에서 다년생초의 더딘 회복에 중요한 요인으로 작용한다.[50]

노출된 토양이 단단한 발굽을 가진 방목 동물들에게 짓밟히는 곳에서 침식의 확률은 크게 증가한다. 유럽인과 그들의 방목 동물이 등장하기 전에 호주의 토양이 발굽이 단단한 동물들에게 짓밟힌 적은 결코 없었고 방목과 짓밟힘의 결합이 자연 침식을 악화시켰다는 점이 흔히 지적되어 왔다. 오스트레일리아 알프스Australian Alps의 수문학水文學(지표와 지하의 물의 상태, 분포, 이동 등을 연구하는 학문 분야—옮긴이) 연구에서 코스틴

---

49   Hanmer, "Land Use and Erosion," p. 282.
50   Moore and Biddiscombe, "Effects of Grazing," p. 223.

Costin과 동료들은 1800년대 중엽에 지속적인 심한 방목으로 맨땅이 노출되었다고 묘사된 모든 지역에서 침식이 심각한 문제가 되어왔다는 것을 알아챘다.[51] 이 연구자들은 또한 토양(침식)과 식생 추세 사이의 유사하지 않은 상태를 보고했다. 이는 왜 목축업자들이 활발히 침식되는 지역에서 가축들을 계속 방목할 것인지, 그렇게 함으로써 그들 자신의 땅의 파괴를 가속화할지 그 이유를 설명하는 데 도움이 된다. 연구자들은 다음과 같이 썼다.

대부분의 생태학자와 환경 보전 활동가 들은 토양과 식생이 위든 아래든 동일한 방향으로 변화한다는 견해에 찬성한다. 대개 이는 사실이며 시간 간격이 충분히 길면 항상 그렇다. 하지만 토양과 식생 추세가 상당한 기간 동안 서로 다른 방향으로 움직일 수도 있는 사례들이 존재한다. 적합하지 않은 환경에서 처음에 토양의 심각한 교란은 하향 추세가 진행되도록 만든다. 그러나 토양체土壤體, solum(토양이 각 단계를 거쳐 저절로 형성된 층層으로 A층, B층으로 이루어짐 ― 옮긴이)의 깊이 때문에 생존한 식물 중에서 일부는 남은 수명 동안 계속 자랄 수 있는데, 관목의 경우에 길게는 20~30년에 이를지도 모른다. 특히 토양 침식이 대체로 1년 중 짧은 기간에 국한된다면, 잘 자라는 일년초와 수명이 짧은 다년생초(예컨대 수영sorrel[학명은 *Rumex acetosa*, 마디풀과의 다년생초로 어린잎과 줄기는 식용하고 뿌리는 약용하기도 한다 ― 옮긴이]) 역시 번식할 수 있고 이는 토양 맨틀이 기반암基盤岩에 거의 닿을 정도로 줄어들 때까지 계속될지 모른다. 동일한 지역에서 이렇게 토양과 식생 추세가 유사하지 않은 상태를 보이는 것

---

51   Costin, Wimbush, Kerr, and Gray, "Studies in Catchment Hydrology," pp. 12~15.

의 중요한 함의는 〔집수 가치의 평가를 위해〕 토양과 초목의 상태에 부여되어야 하는 상대적 가중치이다.[52]

선행 연구에서 코스틴은 묘목齒木 재생으로 번식하는 자연초들이 풀숲의 가장자리에서 새로운 묘목을 제거한 양과 소 들의 선택적 방목에 의해 영향을 받은 반면, 자유로운 씨뿌리기와 신속한 번식이 특징인 작은 약초들은 동물의 입맛에 맞았기 때문에 침식이 계속 진행되어 취약한 기반암에 이르렀을 때까지 목초지를 제공할 수 있었다고 언급했다.[53] 달리 말해 뚜렷한 토양 악화가 발생한 지역들에서도 방목은 계속될 수 있었다. 다른 방식으로 악화된 지역들에서 초목의 존재는 토양 변화의 심각성을 감추고 목축업자들이 가축의 방목을 지속하도록 부추긴다. 침식이 계속 진행 중인 지역들에서 지속적인 방목은 피해가 회복할 수 없는 상태에 이를 때까지 그 과정을 엄청나게 가속화한다.[54]

불과 가뭄은 우리가 아직 숙고하지 못한 호주의 생태학적 평형 상태의 두 가지 요소이다. 호주의 환경은 인류가 그 대륙에 거주해 왔던 것보다 훨씬 더 오랫동안 분명하게 불에 의해 영향을 받아왔다. 많은 식물 종의 재생은 산불의 강렬한 열기에 의해 유발된다. 인류는 또한 자신의 목적을 이루기 위해 환경을 변경하는 데 불을 사용해 왔다. 많은 신세계 주민들과 마찬가지로, 호주의 원주민들은 불을 도구로 사용했다. 그들은 사냥한 동물들에게 알맞은 초목의 성장을 촉진하기 위해 리스 존스Rhys Jones가 부지깽이 농업(사냥을 용이하게 하고 해당 지역의 동식물 종의 구성을

---

52   Costin, Wimbush, Kerr, and Gray, 같은 논문, p. 30.

53   Costin, "Grazing Factor," p. 9.

54   Costin, Wimbush, Kerr, and Gray, 같은 논문, p. 31.

바꾸며 잡초 방제와 생물 다양성 유지를 위해 막대기를 써서 불을 지피는 농업 전통—옮긴이)이라고 부른 과정을 거쳤다. 그들은 때로는 재미 삼아, 또는 신호를 보내고 이동하고자 땅을 정리하기 위해 덤불에 불을 붙였다.[55] 그들은 잦고 가벼운 불태우기를 통해 유럽인들이 도착한 시기의 경관을 대표하는 개방된 삼림 지대를 개발하고 유지해 왔다고 여겨진다.[56]

원주민들은 일반적으로 유럽인들이 이룬 것보다 자연 환경과 더 나은 생태학적 균형을 유지해 왔다고 간주된다. 그럼에도 제프리 볼턴Geoffrey Bolton은 "원주민들을 호주 백인들보다 자연 환경의 필요와 분위기에 더 적절히 대응하는 고결한 야만인으로 이해하려는 이들은 원주민들이 그들 뒤에 빈약해지고 저하된 생태계를 남겨놓았을 가능성을 감안해야만 한다"라고 경고한다.[57] 실제로 그들의 불태우기가 중부 호주 사막의 확산을 가속화하고 그들의 수렵 관행이 일부 종의 소멸을 초래해 그 후손들이 손에 넣을 수 있는 동물들을 제한했을 가능성이 있다. 하지만 볼턴은 계속해서 다음과 같이 언급한다.

원주민들의 성취는 상당했다. 그들은 곡물 수확이 없고 대부분의 다른 문화권들이 접근할 수 있는 것보다 식물의 다양성이 더 열악한 환경 속에서 가용 자원을 최대한 활용하는 법을 습득해 온 훌륭한 식물학자였다. 호주 전체가 그들의 농장이었다. 그들은 후속 세대의 필요를 위해 그 농장을 주의 깊게 활용했다. 아마 땅이 점점 더 건조해지면서 그들은 자원을 무한

---

55   Jones, "Fire Stick Farming," p. 226.
56   호주의 개방된 초원의 개발 또는 유지 과정에서 원주민들이 맡았던 역할에 대한 찬성과 반대 주장들의 검토는 Nicholson, "Fire and the Australian Aborigines - an enigma"를 참조하라.
57   Bolton, *Spoils and Spoilers,* p. 8.

하다고 여길 수 없었고, 절제된 유랑민의 습관, 인원수의 제한, 수자원과 식량의 보전 등을 실천해야 한다는 것을 강제적으로라도 깨달았기 때문일 것이다. 게다가 그들의 생활 양식에는 사람들을 땅과 풍토와 동일시하는 깊은 종교적 전통 의식이 배어 있었다. 개인은 공동체의 선善에 종속되었고, 공동체는 자연환경에 매여 있었다. 모험을 좋아하는 이들을 개선이나 개발에 나서도록 부추길 수 있는 개인적 이득 추구의 동기를 위한 기회는 없었다. 경작하고 소유하며 상속하고 변형될 수 있는 사유 재산으로서의 토지라는 개념은 호주의 원주민들에게 알려지지 않았다.[58]

유럽인들이 도래하면서 원주민들의 불 사용은 생명과 재산에 대한 위협으로 인식되어 불법화되었다. 가볍고 정기적인 불태우기의 억제는 초원의 관목 침입과 개방된 삼림 지대에서 덤불 밀도의 증가를 가속화했다. 하지만 방목 동물들의 개체 수가 증가함에 따라 더 많은 땅이 필요했고, 불은 이차 생장 초원 지대를 개간하고 풀의 재생을 촉진하기 위해 다시 사용되었다. 불은 또한 방목지를 확대하기 위해 숲을 개간하는 데 사용되었고 목축업자들이 시도한 삼림 벌채와 불태우기는 벌목꾼과 금 채굴업자 들이 호주의 환경에 미친 영향에 필적할 만한 규모로 활용되었다.[59] 원주민들의 관행을 따르고 있었지만, 유럽인들의 불태우기 양식은 훨씬 더 맹렬해서 토양 속 유기물과 토양 비옥도를 파괴하고 궁극적으로 토양 구조의 퇴화를 초래했다.[60]

가뭄은 불과 함께 호주 기후 특유의 환경적 '잡음'에 합류한다. 더 정

---

58 Bolton, 같은 책, pp. 8~9.
59 Bolton, 같은 책, p. 42.
60 Bolton, 같은 책, p. 84; Hanmer, "Land Use and Erosion," p. 282.

확히 말하면, 가뭄은 우리가 겨우 인지하기 시작했고 그토록 오랫동안 고집스럽게 그저 무질서한 것으로 여겨왔던 호주 환경의 양식 중 한 가지 요소로서 등장한다. 가뭄과 불이 삼림 벌채와 과도 방목의 생태학적 영향을 악화시켰고, 반대로 삼림 벌채와 과도 방목이 가뭄과 불의 영향을 악화시켰다는 것은 분명하다. 호주의 화재 생태학에 대한 연구에서 스티븐 J. 파인Stephen J. Pyne은 다음과 같이 기술한다.

> 불이 없었다면 유럽인들은 실제 시행한 규모로 탐사하기 위해 호주의 생물상生物相을 결코 열어젖힐 수 없었을 것이다. 그러나 불이 도끼와 발굽과 연관되지 않았더라면 아마 호주의 경관이 돌이킬 수 없는 결과 없이 불태우기 관행의 변화를 흡수할 수 있었을 것이라는 예측도 동시에 들어맞을 듯하다. 예컨대 호주의 풀들은 불에 대한 회복력이 좋았지만, 방목의 영향으로부터 회복하지 못했다. 호주의 토양은 불과 가뭄을 감내할 수 있었으나 가축 발굽에서 비롯된 압축을 감당할 수 없었다.[61]

유럽인들의 등장에 이어 발생한 생태학적 재앙이 호주의 기후에 미친 장기적인 결과는 한동안 논란거리였다. 19세기의 일부 관찰자들은 백인들과 그들이 데려온 양과 소 떼의 출현 뒤에 원주민들이 알아챈 "건조한 방향으로의" 변화를 초목 제거, 토양의 햇빛 노출과 연관시켰다. 다른 이들은 그런 기후 변화가 발생했다는 데 동의하지 않거나 심지어 발생할 수 있었다는 데 이의를 제기했다.[62] 가뭄과 산불이 점점 더 심각해지면

---

61   Pyne, *Burning Bush,* pp. 200~201.
62   Gardner, *Production and Resources* vol. 1, pp. 3, 7, 16; Strzelecki, *Physical Description,* p. 367; Bolton, *Spoils and Spoilers,* pp. 34~35.

서 호주의 농부를 괴롭히지만 해답 없이 인간의 행동이 기후 변화에 미친 결과를 둘러싼 토론은 계속되고 있다.

백인들이 호주에 도착한 뒤 첫 50년 동안 뉴사우스웨일스의 산악 지대와 고원은 식생 피복의 높이와 밀도 감소, 토양의 건조 상태 증가, 건조 지대 종의 우세를 포함한 환경 변화의 과정을 겪었다. 이런 변화와 아울러 자생 동식물 종의 다양성 감소, 집수 가치의 저하, 홍수의 심각성 증대와 토양 손실 가속화 등이 진행되었다. 유입된 방목 동물들이 초래한 파괴적인 진동, 그리고 그것과 연관된 생물학적 체제의 변화가 첫 번째 변화 양상을 설명하는 한편, 삼림 벌채, 높은 방목률의 유지와 화재 유형의 변경은 후자의 변화 향상을 해명한다.[63] 이런 과정은 가뭄과 그에 따른 화재와 서로 보완하는 방식으로 작동되어 생산싱이 감소하는 수준에서 더 짧은 기간 동안 안정을 유지하는 환경을 만들어냈다.

---

63 그레이엄 콜리Graeme Caughley는 뉴사우스웨일스의 서부 지역으로 목축이 도입된 것에 대해 다음과 같이 기술한다. "상당히 다른 영향력에 대응하기 위해 구성 요소들이 선택된 어떤 생태계로 관리된 외래종 초식 동물을 도입함으로써 그 생태계는 새롭고 더 단순한 구조로 분해되었다. 방목이 초래한 변화는 가축에게 더 유리하도록 환경을 바꾸기 위해 고안된 관리 방식에 의해 확대되었다. 원래의 숲은 유도된 초원 지대로 전환되었다. 가축을 죽인 야생 동물은 제거되었다. 가축과 경쟁한 토착종은 통제되었다. 확산은 울타리에 의해 제한되었고 인공적인 급수 지점들이 만들어졌다. 생태계는 원형을 찾아볼 수 없을 만큼 바뀌었다." 토착 동물군에 미친 결과는 설치류 5종 가운데 4종과 유대류 20종 가운데 14종의 멸종이었다. "Introduction," p. 4.

4장 멕시코의 사례

인간의 활동은 환경 변화의 실상을 엄청나게 복잡하게 만든다. 심지어 호주의 뉴사우스웨일스같이 인구가 적은 지역으로서 목축업만 도입된 곳에서조차 인간이 가축으로부터 최대의 수익을 달성하기 위해 환경을 조작하는 행위는 생태계 내에 급진적이고 흔히 되돌릴 수 없는 변화를 유발하는 파괴적인 진동과 결합된다. 수용受容하는 생태계가 이미 조밀한 인구 집단을 포함하고 목축업과 함께 폭넓은 활동이 도입된 곳에서는 시동 걸린 과정들이 그에 상응해 더욱 복잡하다. 과연 메스키탈 계곡에서 침식이 발생한 사건을 어느 정도까지 목축업자들의 활동 탓으로 돌릴 수 있을까? 필자가 주장하듯이 만일 그들의 활동이 이 과정에서 주된 변수였다면, 집약적인 목축업의 팽창과 환경 악화 사이의 긴밀한 상관관계를 증명할 수 있어야 한다.

메스키탈 계곡 방목지의 전환 시점과 강도

메스키탈 계곡의 하위 지역들의 목축업 도입 시점과 이용의 정도에서 드러나는 차이들은 두 가지 변수에 의해 입증될 수 있다.

1. 10년마다 목축업으로 공식 전환된 토지의 면적
2. 10년 단위로 추정된 공유 목초지 전체 면적의 방목률, 즉 목초지로

표 4-1 하위 지역 전체 표면적의 백분율로 표시된 목축업으로 전환된 토지의 면적

	10년 단위의 마지막 해							
	1539	1549	1559	1565	1569	1579	1589	1599*
툴라 1,222km²	.6	2.5	9.5	44.0	45.9	61.2	74.0	93.6
남부 평원 483km²	6.4	9.6	11.3	24.2	32.2	47.2	73.0	81.6
중앙 계곡 603km²	2.5	3.8	3.8	29.7	34.9	45.5	54.6	80.3
남-북 평원 753km²	0	1.0	2.0	14.5	16.5	33.1	63.2	76.7
실로테펙 1,898km²	9.4	18.9	22.1	28.7	30.0	34.1	43.9	68.6
알파사유카 634km²	4.9	6.1	12.3	31.9	31.9	45.5	59.0	61.1
치아파데모타 694km²	0	7.8	10.1	25.8	25.8	26.9	33.7	63.3
우이치아판 1,697km²	0	0	1.3	11.0	11.0	21.1	45.5	66.1
북부 계곡 1,017km²	0	.7	.7	1.5	2.3	5.3	16.8	18.4
익스미킬판 1,028km²	0	1.5	3.0	7.5	7.5	7.5	9.8	9.8
메스키탈 계곡 총계 10,029km²	2.6	5.8	8.4	21.4	22.8	31.0	45.3	61.4

주: * 1590년대의 추정치는 증거 자료가 없는 매매를 처리하기 위해 30%를 하향해서 조정한 합계에
　　근거함
자료: 〈표 5-1〉~〈표 5-3〉, 〈표 5-6〉~〈표 5-11〉.

이용 가능한 모든 토지에서 km²당 양의 두수

이 두 가지 변수가 바뀌는 몇 가지 조합들은 1530년부터 1600년까지 메스키탈 계곡의 하위 지역들의 개발(목축업자들에 의한 팽창의 시점과 방목의 강도) 이력을 개략적인 형태로 제시한다(〈표 4-1〉과 〈표 4-2〉 참조).

매우 다른 표면적을 지닌 하위 지역들을 비교할 수 있도록 10년 단위

km2당 방목률	평가
0~130	매우 낮음
131~260	낮음
261~390	중간
391~520	높음
521~650	매우 높음
651~785	포화 상태[1]

의 마지막 해까지 목축업으로 공식 전환된 토지의 면적(km²)은 각 하위 지역이 차지하는 전체 표면적의 백분율로 표시된다. 가축들의 상이한 밀도를 분명하게 표시하기 위해 16세기 메스키탈 계곡의 최고 방목률 추정치, 즉 km²당 785두를 최대치로 상정하고 이를 6으로 나눠 다른 다섯 가지 단계를 정함으로써 방목 강도의 누진적인 비율이 구성된다.

목축업으로 공식 전환된 토지와 아울러 각 하위 지역에서 사육되는 동물들의 밀도에 대한 모든 계산은 10년 단위의 마지막 해를 기준으로 삼았다. 1560년대는 그 예외로서 1560~1565년과 1566~1569년의 두 시기로 나눴다. 그 까닭은 1560~1565년이 미래에 되풀이되지 않은 상황 아래 과거의 토지 수여(하사) 관행에서 벗어난 시기에 해당한다는 점을 깨달았기 때문이다. 또한 1560년대 후반기에는 가축 떼의 규모가 극적으로 늘었기 때문이다.

---

[1] '포화 상태'의 비율은 과도하게 보일지 모르지만, 그렇다고 다른 지역들에서 기록된 비율들과 비교될 정도는 아니다. 예컨대 심프슨은 1542년에 틀락스칼라 Tlaxcala 원주민들이 105km²의 면적에서 양 30만 두 — km²당 2857두의 방목률 산출 — 를 사육할 수 있었다고 추정한 에스파냐인들의 보고서들을 인용한다. Simpson, *Exploitation of Land*, p. 13. 리처드 모리지Richard J. Morrisey가 「누에바 에스파냐의 식민지 농업」에서 제공하는 자료에 근거해서 필자는 1582년 바히오에서 km²당 양 839두에 필적하는 방목률을 추산한 바 있다. Melville, "Environmental and Social Change," 주 42.

표 4-2 방목 강도의 단계로 표시된 하위 지역 전체 표면적의 km²당 양 두수의 추정치

	10년 단위의 마지막 해							
	1539	1549	1559	1565	1569	1579	1589	1599*
툴라	매우 낮음	매우 낮음	매우 낮음	높음	매우 높음	포화 상태	포화 상태	높음
남부 평원	매우 낮음	매우 낮음	매우 낮음	낮음	높음	매우 높음	포화 상태	중간
중앙 계곡	매우 낮음	매우 낮음	매우 낮음	중간	높음	매우 높음	매우 높음	중간
남-북 평원	자료 없음	매우 낮음	매우 낮음	낮음	낮음	높음	매우 높음	중간
실로테펙	매우 낮음	매우 낮음	매우 낮음	중간	중간	높음	높음	중간
알파사유카	매우 낮음	매우 낮음	매우 낮음	중간	높음	매우 높음	매우 높음	중간
치아파데모타	자료 없음	매우 낮음	매우 낮음	낮음	중간	중간	중간	중간
우이치아판	자료 없음	자료 없음	매우 낮음	매우 낮음	낮음	중간	높음	중간
북부 계곡	자료 없음	매우 낮음	매우 낮음	매우 낮음	낮음	매우 낮음	낮음	매우 낮음
익스미킬판	자료 없음	매우 낮음	매우 낮음	매우 낮음	매우 낮음	매우 낮음	매우 낮음	매우 낮음
메스키탈 계곡 전체	매우 낮음	매우 낮음	매우 낮음	낮음	중간	높음	높음	중간

주: * 1590년대의 추정치는 증거 자료가 없는 매매를 설명하기 위해 30%를 하향해서 조정한 합계
에 근거해 산출

목축업으로 공식 전환된 토지의 면적 계산

에스파냐식 토지 보유 체제로 이전된 토지의 면적(km²)은 10년 단위의
마지막 해에 각 하위 지역에 존재한 목장의 수에 7.8km²(양 목장 한 곳에
수여된 면적, 5장 참조)를 곱해 산출되었다. 10년마다 목장의 총계는 누적
되고 따라서 km²로 표시된 그 면적은 (특정 10년 동안에만 전환된 것이 아
니라) 10년 단위의 마지막 해에 이르기까지 이전된 토지의 **총면적**에 해

표 4-3 공유 목초지의 방목률*

	10년 단위의 마지막 해							
	1539	1549	1559	1565	1569	1579	1589	1599
툴라	.8	3	48	423	589	785	712	440
남부 평원	8	12	56	233	414	605	703	384
중앙 계곡	3	5	19	286	448	584	525	378
남-북 평원	0	1	10	139	212	425	607	361
실로테펙	12	24	111	276	385	437	423	322
알파사유카	6	8	61	307	410	583	567	288
치아파데모타	0	10	50	248	331	346	324	298
우이치아판	0	0	7	107	142	273	440	310
북부 계곡	0	.9	4	15	29	69	162	86
익스미킬판	0	2	15	73	97	97	95	47

주: * 각 하위 지역의 전체 표면적 km^2당 양의 두수 추정치

당한다. 이 총계는 하위 지역 토지 총면적의 백분율로 표시된다(〈표 5-1〉~〈표 5-3〉, 〈표 5-6〉~〈표 5-11〉 참조).

방목률(피식률)의 계산

각 하위 지역의 방목률은 10년 단위의 마지막 해에 한 하위 지역 내에 있는 총 두수를 방목지의 km^2의 수로 나눠 계산했다. $G = Sn/a$. G가 km^2당 가축 두수의 방목률이라면, S는 목장당 가축 두수의 방목률, n은 목장의 수, 그리고 a는 하위 지역의 표면적을 km^2로 나타낸 것이다(〈표 4-3〉 참조). 방목률은 세 단계에 걸쳐 계산되었다.

1. 10년 단위의 평균 방목률(목장당 가축 두수)은 지역 전체를 대상으로 산정되었다.
2. 그다음으로 방목률에 10년 단위의 마지막 해에 각 하위 지역에 존재하는 목장의 수(〈표 5-1〉~〈표 5-3〉, 〈표 5-6〉~〈표 5-10〉 참조)를 곱해서

표 4-4 10년 단위로 산출한 양의 두수 추정치 　　　　　　　　　　 (단위: 1000두)

	10년 단위의 마지막 해							
	1539	1549	1559	1565	1569	1579	1589	1599*
툴라	1	4	58.5	517.5	720	960	870	542.7
남부 평원	4	6	27.3	60	200	292.5	339.3	186.8
중앙 계곡	2	3	11.7	172.5	270	352.5	316.8	229.7
남-북 평원	0	1	7.8	105	160	320	457.5	274.1
실로테펙	23	46	210.6	525	730	830	802.5	617.9
알파사유카	4	5	39	195	260	370	360	183.8
치아파데모타	0	7	35.1	172.5	230	240	225	208.6
우이치아판	0	0	11.7	180	240	460	742.5	532.8
북부 계곡	0	1	3.9	15	30	70	165	88.8
익스미킬판	0	2	15.6	75	100	100	97.5	48.1
메스키탈 계곡 전체	34	75	421.2	2,020.5	3,090	3,995	4,376.1	2,913

주: * 보정된 총계에 근거한 추정치

각 하위 지역에서 10년 단위의 마지막 해에 있었다고 추정되는 양의 두수 총계(〈표 4-4〉 참조)를 산정했다.
3. 마지막으로 각 하위 지역에 있는 가축의 두수를 하위 지역의 면적으로 나눠서 10년 단위로 각 하위 지역의 공동 방목지 km²당 가축의 두수를 산정했다.

피식률grazing rate은 궁극적으로 방목률에 좌우된다. 결국 방목률은 목초지의 상태, 인구 밀도와 시장에 달려 있다. 방목률은 이런 변수들의 변화에 따라 16세기 내내 달라진다. 여러 하위 지역들의 방목률 차이를 구별할 수 있다면 더 좋겠지만, 남아 있는 기록 문서들을 고려해 볼 때 그것은 유감스럽게도 가능하지 않다. 이 시기에 10년 단위로 변화 양상을 추적할 수 있다면 이는 실제로 놀랄 만큼 미세한 구별법일 것이다. (1530~1600년의 방목률 변화에 대한 논의는 2장을 참조하라) 10년 단위의 방목률은 아래와 같았다.

방목률	연대
목장당 1,000	1530년대
목장당 1,000	1540년대
목장당 3,900	1550년대
목장당 7,500	1560~1565년
목장당 10,000	1566~1579년
목장당 7,500	1580년대
목장당 3,700	1590년대

당시 널리 퍼져 있었던 공유 목초지 체제에서 가축들의 밀집도를 계산할 때 겪는 큰 어려움은 실제로 방목된 면적을 추정하는 것이다. 읍 부지, 농경지, 숲, 석회 가공 시설 등이 자리 잡은 지역의 면적을 계산에서 제외하려는 시도 ― 단순히 모든 토지가 균등하게 목초지로 사용되지는 않았다는 점을 고려한 것 ― 가 있었지만, 그 결과로 초래된 계산은 매우 복잡해진다. 그런 추정과 관련된 일부 문제점들을 감안해야 할 것이다. 수확이 끝난 들판을 목초지로 만드는 관습은 농경지조차 계절적인 방목지를 제공한다고 간주해야만 한다는 것을 의미한다. 읍 부지들은 16세기의 기록 방식 때문에 쉽게 추정될 수 없다. 원주민 귀족과 평민 들은 양들을 소유하고 의심할 여지 없이 촌락의 토지 내에서 방목했을 것이다. 에스파냐인들에게는 그런 방식이 금지되어 있었다.[2]

인구 하락의 결과로서 직접적인 원주민의 통제로부터 줄어든 지역의 면적을 10년 단위로 추산하려는 시도가 **있었다**. 이는 식민 시대의 초기

---

2   예컨대 AGNT, vol. 1640, exp. 2, fols. 15-34를 참조하라. 원주민 토지 소유의 복잡성과 더불어 그것이 식민 시대에 어떤 양상으로 변화했는지에 관한 논의는 Gibson, *Aztecs*, 10장을 참조하라.

수십 년 동안 원주민들이 토지 이용 과정에서 상당한 영향력을 발휘했다는 점을 설명하려는 것이었다. 그것은 원주민들의 수적 우세와 경작지의 규모, 16세기 원주민 인구의 격감(과 경작지의 축소) 등에서 비롯되었다. 그렇지만 이런 계산에 필요한 추정이 매우 길고 복잡해졌기 때문에 모든 지역에 있는 양들의 밀도에 대한 단순한 추산은 결국 그런 상황의 타당한 표시를 제공하는 것으로 받아들여졌다. 아무튼 해당 연도의 어느 시점에는 모든 토지가 방목지로 제공되었다고 주장할 수 있기 때문에 각 하위 지역을 구성하는 전체 면적은 아마 공유 목초지의 규모에 대한 더 정확한 추산일 것이다.

환경 변화에 관한 기록

환경 변화에 관한 증거로는 두 가지 기본적인 유형이 있다. 첫째, 경관에 대한 의식적인 묘사이고 둘째, '내다 버리는' 자료, 즉 반드시 그런 환경을 서술하거나 설명하기 위해 기록되지는 않았지만, 수많은 다양한 문서에서 주워 모은 환경의 구성 요소에 관한 정보이다. 첫 번째 유형의 증거를 구성하는 원천 문서들은 지리 보고서Relaciones Geográficas(1548년, 1569~1570년, 1579~1581년 무렵에 국왕이나 교회의 명령에 따라 작성된 지역 관련 기록), 촌락들에 대한 서술, 원주민 공동체들이 일종의 읍으로 변형된 사례congregaciones에 관한 자료, 그리고 법원 소송 사건에서 증거로 활용되는 토지 관련 서술 등을 포함한다. 이 자료들은 매우 유용하다. 그것은 특정 시점에 경관에 대한 전반적인 서술을 제공하고 시간의 흐름에 따른 폭넓은 변화를 보여준다. 하지만 그것을 이용하는 과정에 문제점들이 존재하는데 중대한 것으로는 관찰자의 편향을 꼽을 수 있다.[3] 어떤

---

3   윌리엄 크로넌William Cronon은 저서 *Changes in the Land*, p. 20에서 초기 뉴잉

자료들을 활용하는지는 관찰자가 경관을 바라보고 묘사하는 방식에 영향을 미쳤다. 지리 보고서들을 예로 들어보자. 표면적으로 이 문서들은 원주민들의 천연자원 이용 실태를 기록하기 위해 작성되었지만, 실제로는 에스파냐인들의 개발 가능성을 가늠하기 위해 활용되었다. 이런 필요조건은 어떤 천연자원이 언급될 가치가 있었는지에 대한 인식과 흔히 미래의 자원 활용에 영향을 미쳤다(광업이나 목축업 용도로 천연자원에 의존하는 국왕의 토지 또는 공유지로서 토지의 정의에 대해서는 2장의 논의를 참조하라).

두 번째 유형의 자료는 환경 변화 과정의 세부 사항들을 채운다. 주요 출처는 토지 수어와 토지 보유권을 둘러싼 소송 사건에 활용하기 위해 토지 보유의 범위를 명확하게 규정하고자 수행된 설문 조사였다. 보유지로 에워싸인 자원의 지위는 설문 조사원들의 주된 관심사가 아니었지만, 그 환경의 구성 요소들은 끊임없이 언급되었다. 환경의 구성 요소들에 대한 언급은 에컨대 토지 보유와 그 이용과 개발을 위한 호구 조사 같은 다른 문서들뿐 아니라 국왕의 회계 담당관들이 모아놓은 정보에서도 수집되었다. 이런 종류의 자료 중 두 가지 사례는 1601년 남부 평원에 대해 거론한다. "덤불과 나무 들의 성장 밀도로 볼 때, 이 불모의 황무지들이 50년 넘게 활용되지 않았음이 분명하다"(틀라파날로야). "그 〔농경지〕는 촌락을 관통해 흐르는 소금기 있는 개울의 한쪽에서 다른 한쪽으로 이어져 있고, 원주민들의 가옥과 농경지로부터 1500보步, paso쯤 떨어져 있다. 돌이 많은 땅에 있는 원주민들의 가옥과 농경지는 앞서 말한 아티탈라키아 촌락의 원주민들에게 속한 불모지에 둘러싸여 있다."[4] 문자 그대로

글랜드에 대해 서술하면서 정착민들의 "선입견과 예상"이 빚어낸 왜곡된 효과를 검토한다.

4   "덤불matorrales과 나무들의 성장 밀도로 볼 때, 이 불모의 황무지들은 50년 넘게 활용되지 않았다." AGNT 2721, exp. 8, fol. 5v. "그 농경지는 촌락을 관통

이 같은 수백 가지 정보는 지방 자치체별로 수집되고 연대순으로 분류되었다. 그리고 그 정보들은 더 폭넓게 서술하는 자료들이 보여주는 환경 변화에 대한 지식을 늘리는 데 활용되었다. 경관의 변화 과정뿐 아니라 특정 시점의 환경적 특징에 대한 놀랍도록 상세한 증거는 이런 방식으로 입수되었다. 그렇지만 이 방법은 지루하게 긴 관련 정보를 제공한다. 그 것은 또한 글자 그대로 모든 자료들을 인용하기란 거의 불가능하며 단지 약간의 대표적인 인용문들이 활용되었다는 점을 의미한다.

이런 문서들을 활용하는 과정에서 문제점들이 불거졌다. 관찰자들의 편견이라는 문제가 남아 있고, 대부분의 설문 조사가 보유지의 가장자리 주위에 있는 길고 가느다란 땅에 국한되어 있었기 때문에 통계상의 오류에 빠지기 쉽다. 관련 정보를 담은 문서들이 토양과 초목의 상태 또는 생산성과 토지 활용 이력에 대한 설문 조사에 포함된 곳에서 그것들은 전반적인 상황의 완성도를 높이기 위해 활용되었다. 모든 문서에서 포착되는 문제점 한 가지는 에스파냐인들이 초목을 묘사하기 위해 예컨대 떡갈나무, 소나무, 가시나무와 같은 총칭總稱을 사용했다는 사실이었다. 그 럴 경우 구세계의 식물과 닮았다는 이유로 한 가지 종種이 부정확한 속屬에 배치되었을 가능성이 높아진다. 이 문제는 다양한 출처로부터 자료들을 모으고 그 결과를 이곳을 비롯해 멕시코의 다른 반半건조 지역들의 알려진 식물군총植物群叢에 대한 증거와 비교하면서 제기되었다. 식물군총 역시 때때로 문서들로부터 추정될 수 있다. 예컨대 다음과 같은 표현이 등장한다. "풀(잔디), 레추기야(용설란속 관상용 식물), 용설란, 메스키트, 영

해 흐르는 소금기 있는 개울arroyo salado의 한쪽에서 다른 한쪽으로 이어져 있고, 원주민들의 가옥과 농경지로부터 1500보쯤 떨어져 있다. 돌이 많은 땅에 있는 원주민들의 가옥과 농경지는 앞서 말한 아티탈라키아 촌락의 원주민들에게 속한 불모지tierras sylvestres에 둘러싸여 있다." AGNT 2721, exp. 8, fol. 3r.

엉겅퀴", "상록 떡갈나무, 올리노olinos, 소나무, 떡갈나무가 우거진 지역", "소나무와 오리나무처럼 보이는 다른 작은 나무들", "엉겅퀴와 가시덤불로 된 야생 관목지에서 자라는 메스키트 숲", "메스키트와 유카(용설란과科 여러해살이 풀 — 옮긴이), 그리고 야생의 노팔 선인장들이 무성한".[5]

에스파냐인들이 산monte이라는 용어를 사용한 것은 특별한 문제들을 제기한다. 그 단어는 높은 곳, 나무가 덮인 장소 또는 낮은 덤불이 자라나는 곳 등을 의미할 수 있다. 그것은 개방 삼림 지대나 관목 덮인 땅 또는 폐쇄림閉鎖林을 의미할 수 있다.[6] 이 연구를 위해 활용된 문서에서 관찰자들은 매우 흔하게 "떡갈나무 산", "상록 떡갈나무 산", "소나무 산" 또는 "메스키트 산" 등을 언급하면서 산monte의 유형에 주목했지만,[7] 때때로 단순히 산의 존재만을 언급했다. 형용사 '산지의montuossa'는 관목이 자라서 덮인 땅이든 나무들이든 어느 하나를 가리키는 데 사용될 수 있고 맥락에 따라 예컨대 "엉겅퀴와 가시덤불로 구성된 관목지"와 "떡갈나무와 상록 떡갈나무가 우거진 비탈"[8]같이 삼림 지대나 덤불이 우거진 상

---

5 "레추기야 용설란과 멕시코산 대형 기둥선인장 종lechuguilla mesquites y cardones" 〔알파사유카, 1611년〕, AGNT 1872, exp. 10, fol. 3; "올리노olinos, 소나무, 떡갈나무가 우거진 산속의 숲arboledas de montes"〔악사쿠바, 1579년〕 AGII, leg. 1529; "소나무와 오리나무처럼 보이는 다른 작은 나무들"〔실로테펙, 1592년〕 AGNM vol. 18, fols. 41-42; "엉겅퀴와 가시덤불로 된 야생 관목지에서 자라는 메스키트 숲mesquital"〔미스키아괄라, 1595년〕 AGNM, vol. 20, fols. 165r-v; "들쑥날쑥한 메스키트와 종려나무, 야생의 투나 선인장tunales sylvestres"〔이스미킬파Izmiquilpa, 1601년〕 AGNT, vol. 2756, exp. 7, fols. 1-16.

6 원래 1732년에 에스파냐 왕립 아카데미가 출판한 『권력 기관 사전Diccionario de Autoridades』의 복제판(Madrid, 1976).

7 "떡갈나무 산monte de rrobledales, 상록 떡갈나무enzino, encino들이 많은 큰 산, 소나무 산, 메스키트 숲으로 된 산monte de mesquitales." 이런 용어들의 사례들은 다음과 같은 자료에서 찾을 수 있다. PNE vol. 3, p. 20. 57; PNE vol. 6, p. 32; AGNM, vol. 13, fol. 16r; vol. 19, fol. 208r; AGNT, exp. 13, fol. 404v.

태를 의미할 수 있다. 가장 흔하게 관목지는 산이나 산지의 같은 용어를 사용하기보다 초목과 그것의 높이와 밀도에 대한 언급을 통해 표현된다. 단순히 산이 거론된 곳에서조차 사료에 나타난 용도에 의해 그것이 나무들이나 관목지를 언급하는지 아닌지를 결정할 수 있다. 예컨대 건축용 목재(지붕보, 판자)를 치아파데모타의 산과 토르나쿠스틀라 배후의 야산에서 가져왔다는 사실은 여기서 산monte이 숲을 지칭한다는 점을 분명히 밝혀준다. 그렇지만 그런 경우에도 문제가 발생한다. 에스파냐인들이 석회의 생산에 나무 대신에 관목을 사용했는데 그 관목을 틀라코틀tlacotl, 즉 나무라고 불렀기 때문이다.[9] 해당 자료들을 분류할 때 이 모든 사항이 고려되었다. 이런 분류상의 문제들이 존재하지만 그럼에도 과거의 환경에 대한 분명한 서술을 확보할 수 있다.

방목 강도의 비교와 환경 변화

다음에 나오는 환경 변화에 대한 논의에서 자연적 기후 효과나 화재가 유발하는 효과의 분명한 누락은 설명을 필요로 한다. 첫째, 환경 변화 또는 화재에 대한 자료는 거의 없다. 둘째, 기존의 자료는 경관의 변화 과정에서 화재나 기후를 주된 변수로 가리키지 않는다. 오히려 호주의 사례가 드러내듯 기후와 화재는 토지 활용의 변화가 초래한 환경 변화를 악화시켰고 그 역도 마찬가지인 듯 보인다.

---

8   "엉겅퀴와 가시덤불로 구성된 야생의 산지tierras montuossas y sylvestres"; "떡갈나무와 상록 떡갈나무rboles de encinos y de rrobles가 우거진 구릉loma montuossa". 이런 용어들의 사례들은 다음과 같은 자료에서 찾을 수 있다. AGNM, vol. 16, fols. 25r-26r; vol. 20, fols. 165r-v.

9   AGNM, vol. 7, fol. 87r.

이 지역에서 환경 훼손 과정에서 기후 변화를 주된 변수로 파악하는 것에 반대하는 주요 논거는 환경 훼손이 그 지역의 모든 곳에서 같은 정도로 발생하지 않았다는 점이다. 더 엄밀히 말하면 토지 활용의 변화와 환경 변화 사이에 높은 상관관계가 존재한다. 연구가 주목하는 시기는 소빙하기(1550~1700)의 절정기 내에 있는데 그 시기에 더 건조한 기후 조건으로 바뀌었다고 생각할 수 있다. 사실 그런 변화는 이 지역에서 우세하게 된 건조 지대의 생물 종에게 유리할 터였다. 그렇지만 이 시기의 기후 관련 자료의 양이 불충분하기 때문에 어떤 방향으로 변화의 추세가 나타났는지를 알아보기는 어렵다. 그리고 기후는 16세기 내내 지속적으로 종잡을 수 없었던 것처럼 보인다.

스티븐 J. 파인은 "유랑 생활과 팽창은 항상 불의 활용을 촉진해 왔다. 울타리 치기enclosure와 고수확 농업은 항상 불의 활용을 제한해 왔다"라고 기술한다.[10] 사실 자원 관리의 도구로서 불의 지속적인 활용은 에스파냐인들이 팽창과 목축업 발전의 일환으로 중앙 산악 지대에 도입했던 것처럼 보인다. 정복 과정이 끝났을 때부터 곧 목장주 조합Mesta은 목초지의 재생을 촉진하고자 초원을 불태우는 면허장을 발급했다. 그러나 우리는 메스키탈 계곡의 초원을 불태우는 목축업자들에 대해서는 간접적인 증거만 갖고 있을 뿐이다.[11] 메스키탈 계곡의 원주민들이 농지를 개척하기 위해서든지 아니면 덤불을 제거한 임상林床(산림 지표면의 토양과 유기 퇴적물의 층 — 옮긴이)을 유지하기 위해서든지 불을 활용했다는 증거는 없다. 대규모 인구를 유지하기 위해 가정용 연료가 필요했기 때문에 삼림

---

10   Pyne, *Fire in America*, p. 133.

11   AGNM, vol. 3, fols. 95-6, 113. 메스키탈 계곡의 삼림 지대에서 제어할 수 없는 큰 화재가 발생했다는 증거가 존재한다. AGNM, vol. 3, exp. 249, fols. 95-6.

그림 4-1 메스키탈 계곡의 지형도

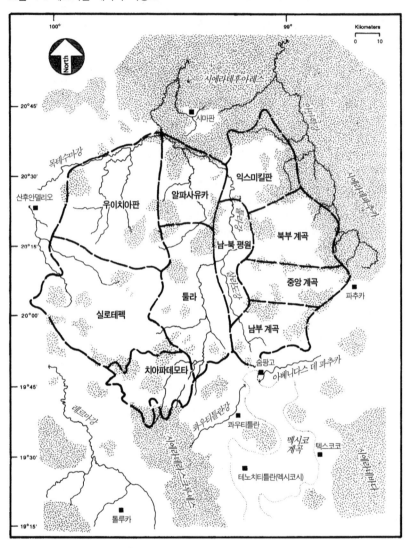

지대의 쓰러진 나무들을 제거해야 했고 그 때문에 방화放火의 필요성도
줄어들었다.[12]

더 분명하게 설명하기 위해 마지막으로 유의할 점은 다음과 같다. 필자는 환경 변화와 환경 훼손을 구별해 왔다. 환경 변화는 주로 유제류 급증과 연관된 생물학적 체제의 변경을 지칭한다. 환경 훼손은 광범위한 표층 침식과 구곡 침식에 의한 표토의 이동, 그리고 그와 연관된 수계의 악화를 가리킨다. '환경 훼손'은 환경의 상태에 대한 분명히 주관적인 인문주의적 평가이다. 그러나 우리가 환경과 사회의 호혜적인 변화를 연구하고 있기 때문에 그것이 인간 사회에 영향을 미침에 따라 환경 변화를 '좋다'라거나 '나쁘다'라고 평가하는 것은 지극히 정당 하다.

툴라와 남부 평원

멕시코 계곡의 북단을 따라 놓여 있는 툴라와 남부 평원은 메스키탈 계곡에서 인구가 가장 조밀하고 비옥한 지역이었다. 툴라와 남부 평원은 방목이 집중적으로 실시된 하위 지역 중 첫 번째 사례였고 16세기 말에 이르러 가장 훼손된 사례였다. 에스파냐인들은 농업과 목축업 모두에 우수한 자원, (석회의 원천인) 석회암 언덕, 테노치티틀란(멕시코시)의 근접성 등 때문에 툴라와 남부 평원에 모여들었다. 토지 활용의 주된 변화는 양

---

12 제프리 파슨스Jeffrey R. Parsons는 정복 이전 시기 말기에 멕시코 계곡에서 주기적인 불태우기가 존재했다는 고고학적인 증거를 찾지 못했다(1983년 3월, 개인적 의견 교환). 용설란과 노팔 선인장의 존재를 감안한다면 메스키탈 계곡에서 불태우기가 널리 활용되었을 가능성은 거의 없을 듯하다. 용설란과 노팔 선인장은 화재로 파괴되는 식물 종이기 때문이다. Ahlstrand, "Response of Chihuahuan Desert Mountain Shrub vegetation to Burning" 참조. 토분±益과 코말(멕시코인들의 주식主食인 옥수수 전병, 즉 어디에서나 볼 수 있는 토르티야를 굽는 데 사용하는 평평한 진흙 판 번철 ─ 옮긴이)을 달굴 때에는 소량의 나무만으로 충분하다. 한 번에 하나씩 나뭇가지들을 넣어주면 된다. 그러므로 한 식구에 필요한 땔감의 양은 유럽식의 덮개 없는 난롯불을 유지하는 데 필요한 땔감의 양을 기준으로 계산해서는 안 된다.

지역에서 목초지로의 토지 전환과 아울러 툴라의 동남쪽 언덕뿐 아니라 남부 평원의 서북쪽 사면에 있는 석회암 채석장의 개발이 가속되었다는 점이었다. 이 풍족한 하위 지역들의 목초지 개발은 특히 강렬했다. 1570 년대의 방목률은 그곳에서 최고 수준에 이르렀다. 16세기의 마지막 20년 동안 목장의 수용력이 급락했지만(1589년부터 1599년까지 툴라에서는 km²당 711.9두에서 440두로, 남부 평원에서는 km²당 703두에서 384두로 방목률이 떨어진 사실이 보여주듯이), 16세기 말에 이 지역들의 총지표면의 81.6%와 93.6% 사이가 공식적으로 목초지로 전환되었을 때까지 토지 인수 비율은 실제로 늘어났다. 에스파냐인들의 농업은 16세기에 비교적 작은 규모의 토지, 즉 툴라 지역의 5.6%(68.4km²)와 남부 평원의 10.8%(52.1km²)를 차지했을 뿐이다. 그렇지만 이 지역들이 토지 전환의 총면적에 추가되면서 16세기 말까지 에스파냐인들의 토지 보유 체제로 이전된 토지의 규모는 압도적이었다. 1600년경에는 하사下賜될 수 있는 토지가 사실상 거의 남아 있지 않았고 토지 수여는 흔히 법정 규모의 분할 방식으로 진행되었다. 하지만 보통 양 목장당 7.8km²의 면적이 목축으로 전환되는 토지와 방목률을 계산하는 데 활용되곤 했다. 그것이 이 지역들이 과도하게 이용되었다는 점을 더 극적으로 보여주기 때문인데, 문서상으로는 분명하지만 항상 쉽게 전달되는 것은 아니다.

이 두 하위 지역들은 인위적으로 동물들의 밀도를 높게 유지할 뿐 아니라 풀밭의 재생을 촉진하고자 방화함으로써 더 복잡해진, 유제류 급증과 연관된 환경 변화를 분명하게 드러냈다. 1550년대와 1560년대의 빠른 팽창기에 농경지와 산비탈은 목초지로 전환되었고 일부 토양은 초목이 없는 상태로 남겨졌다. 따라서 이 풀밭과 맨바닥이 드러난 토양은 주로 보강된 식물 종, 즉 야생 용설란(lechuguilla: 레추기야 용설란), 유카(야생 종려나무palmas sylvestres: 유카 종), 선인장(tunal, 노팔: 가시배선인장prickly

pear cactus: 부채선인장종Opuntia spp.), 가시나무 덤불(espinos: 아마 오코티요
(푸케리아종Fouqueria spp. 멕시코나 미국 서남부의 건조 지대에 야생하는 가시가
많은 낙엽 관목 — 옮긴이)일 듯), 메스키트(프로소피스 메스키트종), 그리고 멕시
코산 대형 기둥선인장종cardones(아마 유입된 엉겅퀴thistle Cynara cardunculus
일 듯)[13] 등으로 구성된 이차 생장에 의해 침입을 당했다. 환경 변화의 과
정은 석회와 숯 제조를 위한 삼림 벌채 탓에 더욱 복잡해졌다. 16세기의
마지막 20년 무렵에 남부 평원에서 샘물이 부족해진 것처럼 두 하위 지
역의 산비탈과 평지에서 경토층硬土層(테페타테tepetate〔딱딱하고 배수가 잘되
지 않으며 비옥하지 않은 화산 지대의 토양 — 옮긴이〕), 칼리찰calichal〔염류 피각
鹽類皮殼, caliche으로 덮인 땅 — 옮긴이〕에 광범위한 표층 침식이 발생했다는
점이 기록되었다.[14]

---

13 무슨 종류의 식물들이 여기서 언급되고 있는지 판결하기는 어렵다. 크로스비는
『콜럼버스의 교환』, 112쪽에서 찰스 다윈Charles Darwin이 1830년대에 우루과
이를 방문했을 때 대초원 지대savanna에 엉겅퀴종, 즉 "가시로 뒤덮인 구세계의
카르둔cardoon〔Cynara cardunculus, 아티초크〔국화과 식물. 엉겅퀴꽃같이 생긴
꽃봉오리의 속대를 식용한다 — 옮긴이〕 무리의 식물)"이 무성했다고 기록했다.
Crosby, *Columbian Exchange*, p. 112. 이는 아마 메스키탈 계곡에 대한 문서에
서 카르돈cardón이라고 지칭된 식물과 동일한 것이었을 수 있다. 에스파냐 왕립
학술원의 『에스파냐어 입문 도해 사전Real Academia Española』(Madrid, 1950)은
카르도cardo를 아티초크와 닮은 엉겅퀴 같은 식물로 묘사한다. 오늘날 멕시코에
서 엉겅퀴는 양모를 빗기(즉, 양모의 보푸라기를 세우기cardar) 위해 사용된다.
그렇지만 멕시코의 산림임업부 차관 앙헬 살가도 몰리나Angel Salgado Molina는
메스키탈 계곡에서 자라며 지역 주민들에게 노팔 카르돈nopal cardón으로 알려
진, 가시배선인장종, 즉 부채선인장Opuntia streptocantha이 있다고 언급했다. 그
리고 『에스파냐어 입문 도해 사전』에서는 멕시코와 페루에서 사용하는 단어 카
르돈cardón을 다음과 같이 언급한다. "여러 가지 종이 있는 선인장과科 식물
planta cáctea."
14 여기서 우리는 또 다시 16세기에 쓰인 단어의 의미에 대한 해석의 문제에 봉착
한다. 때로는 테페타테와 칼리찰이라는 용어가 구분 없이 호환해서 사용되었으

툴라는 메스키탈 계곡 지역에서 가장 집중적으로 목축이 실시된 곳이었다. 1565년 무렵에 토지의 44%가 공식적으로 양들의 방목지로 전환되었고 추정 방목률은 km²당 대략 423두에 이르렀다. 1570년대에는 방목 활동으로 지역의 토지가 포화 상태에 도달했다. 표면적의 61.2%가 공식적으로 목초지로 전환되었고 방목률은 km²당 785두로 추정되었다. 그에 반해 남부 평원에서는 표면적의 47.2%만이 목초지로 전환되어 같은 시기에 방목률은 km²당 605두로 추산되었다. 16세기 말에는 툴라의 93.6%가 공식적으로 목초지로 전환되어 에스파냐인들이 보유한 농지를 더하면 모두 99%에 이르렀는데, 이는 메스키탈 계곡 지역 전체로 볼 때 가장 광범위한 토지 인수였다.

1550년부터 1570년까지 툴라에서 집중적인 목축업의 팽창과 뒤이은 붕괴는 먼저 이미 언급한 식생 피복의 감소와 연관되어 있었고 그다음으로 목본 식물 종woody species의 증가와 연관성이 있었다. 1550년 이후 농경지는 풀밭이 되었고,[15] 산비탈은 개간되어 방목지로 바뀌었다.[16] 1580년대에 차판통고를 둘러싼 야산들의 높은 경사면에는 떡갈나무와 상록 떡갈나무의 얇은 덮개가 존재했다고 알려졌고 더 낮은 경사면에는 이 읍

나 다른 때에는 서로 구별되기도 했다. 오늘날에도 비슷한 혼란이 존재한다. 에스파냐인들의 침입 이전 시기와 근대에 테페타테라는 용어를 어떻게 사용했는지에 관한 논의는 Barbara J. Williams, "Tepetate"를 참조하라. 그 용어는 어떻게 사용하느냐에 따라 다른 뜻을 지니는 것처럼 보인다. 또한 Johnson, "Do as the Land Bids," p. 115 참조.

15 PNE vol. 6 pp. 178, 181. AGNM, vol. 6, fol. 515r; vol. 7, fol. 349r; vol. 9, fols. 132v-133r. AGNT, vol. 2735 2a pte, exp. 8, fol. 1r; vol. 2762, exp. 13, fol. 4v; vol. 2782, exp. 9, fol. 4r; vol. 3343, exp. 15, fols. 1r-11r.

16 AGNM, vol. 3, exp. 461, fols. 169r-v; vol. 5, fols. 260r-v; vol. 13, fols. 181r-v, 182r-v. AGNT, vol. 2721, exp. 10, fol. 6r; vol. 2735 2a pte., exp. 8, fol. 1r; vol. 3670, exp. 19, fols. 1r-7v.

을 거론한 문서에서 처음으로 유카가 자라나고 있다고 보고되었다. 1590년대에 툴라 전체에 메스키트, 가시나무 덤불, 엉겅퀴의 이차 생장이 전반적으로 늘어났고 어떤 곳에서는 1560년대까지 농작물이 경작되었던 툴라강의 둑에서도 그것들이 자라났다. 1603년 메스키트는 촌락들뿐 아니라 그것들을 에워싼 땅에서도 자라나고 있다고 보고되었다.[17]

1570년대에 툴라의 중심부에서는 침식이 뚜렷했다. 1590년대에는 남쪽 야산에서, 1600년 초에는 툴라의 서쪽과 북쪽 방면에서 침식이 뚜렷해졌다. 문서에 등장하기 전에 높은 경사면의 토양은 "산성酸性의"[18] 땅으로 묘사되었고 더 낮은 경사면과 평지에는 돌이 많다고 기술되었다.[19] 수치틀란 부근 툴라의 서쪽 경사면과 사율라 부근의 북쪽 경사면은 1603년 무렵에 침식되어 경토층(테페타테)으로 바뀌었다. 읍으로 변형된 원주민 공동체들이 활용할 수 있도록 지역의 읍들이 지닌 농업적 잠재력을 평가하고자 1603년에 시행된 정기 시찰visita에서 산안드레스수치틀란San Andres Suchitlan은 테페타테로 침식된 산비탈에 위치해 있다고 보고되었다("산안드레스수치틀란은 왕도Camino Real에서 떨어져 있는 돌이 많은 산비탈,

---

17 AGNM, vol. 13, fols. 182r-v; vol. 17, fols. 218r-v, 224r-v; vol. 18, fols. 81r-v, 310v-311r; vol. 22, fol. 382r. AGNT, vol. 71, exp. 6, fols. 521r-523v; vol. 2735 2a pte, exp. 9, fols. 1r, 7r. AGNH, vol. 410, exp. 5, fols. 77v, 79r, 84v.

18 AGNT, vol. 3670, exp. 19, fols. 1r-7v.

19 AGNM, vol. 17, fols. 224r-v; vol. 22, fol. 382. AGNT, vol. 45, exp. 1, fol. 7v; vol. 71, exp. 6, fols. 521v-522r, 523v; vol. 1873, exp. 12, fols. sn(번호 없음); vol. 2721, exp. 10, fol. 6r; vol. 2735, 2a pte., exp. 8, fol. 1r; vol. 2735, 2a pte., exp. 19, fols. 1r, 7r; AGNH, vol. 410, exp. 5, fol. 77r. 예컨대 "그것들은 개간되고 돌로 덮인 구릉loma인데, 오랫동안 씨를 뿌리거나 식물들이 경작되지 않았던 것처럼 보인다." AGNT, vol. 2735, 2a pte., exp. 8, fol. 1r.

즉 경토층에 위치해 있다").[20] 촌락 주민들은 옥수수, 밀, 콩 농사에 필요한 물을 대기 위해 근처에 있는 강물을 활용했으나 지역 토지의 주된 용도는 양들의 방목지였다.[21] 사율라 남쪽에 있는 아우에우에판Ahuehuepan에서도 비슷한 상황이 포착되었다. 이 읍은 페드로 데 목테수마에게 할당된 엔코미엔다의 일부를 구성했다. 1561년 엔코미엔다가 하사된 다른 모든 촌락들과 함께 상세하게 서술되었을 때에는 토양 침식에 대한 언급이 없었다.[22] 하지만 1603년 정기 시찰 보고서에서 그 촌락은 경토층에 위치해 있다고 보고되었다. 그리고 그 촌락의 땅들은 더 조밀한 인구를 부양하지 못할 것이지만, 양을 방목하기에는 알맞다고 결정되었다("아우에우에판은 메스키트 숲 사이의 평평한 경토층에 위치해 있고 읍으로 변형된 원주민 공동체들에게는 알맞지 않으나 양들의 방목에는 적합하다").[23] 1561년부터 16세기 말까지 툴라의 서쪽과 북쪽 방면에 대한 다른 묘사들은 거의 찾아볼 수 없다. 그러나 1580년에 관찰자들은 사율라에서 수많은 양, 즉 양 떼를 빼고 어떤 것도 목격하지 못했다고 주장했다.[24] 툴라의 서쪽과 북쪽에 있는 평평하고 기복이 있는 땅들이 관개용수를 공급받았지만 1603년에 모두 목양지로 분류되었다는 사실은 목축업자들이 인수한 토지의

---

20 "이곳(산안드레스수치틀란)은 왕도王道에서 떨어져 있는 돌이 많은 산비탈, 즉 테페타테에 위치해 있다." AGNH, vol. 410, exp. 5, fol. 77r.

21 AGNH, vol. 410, exp. 5, fol. 79r.

22 AGNT, vol. 1529, exp. 1, fol. 169v.

23 "아우에우에판은 메스키트 숲 사이의 평평한 경토층에 위치해 있고 읍으로 변형된 원주민 공동체들에게는 알맞지 않으나 양들(ganado menor: 양이나 염소 같이 머리가 작은 네발짐승 —옮긴이)의 방목에는 적합하다." AGNT, vol. 71, exp. 6, fols. 521v-522r.

24 "이 마을pueblo에는 잘 번식하는 수많은 양을 제외하고 다른 것은 별로 없거나 찾아내기 어렵다." PNE vol. 6, pp. 181.

규모를 시사한다.

　1580년대 툴라의 남쪽 구역에서 발생한 변화의 한 가지 실례는 오틀라스파와 치아파데모타의 경계 부근 테페시강의 북쪽 둑에 있는 땅과 관련이 있다. 1580년에 두 형제는 이 지역에 있는 경작지에 대해 별도의 독립된 수여(허가)를 요청했다. 그곳은 프란시스코 갈반Francisco Galván이 소유한 4카바예리아(카바예리아caballería는 15세기부터 18세기까지 에스파냐 제국에서 사용된 토지 표면적의 측정 단위로서 1카바예리아는 약 42.5헥타르 — 옮긴이)의 땅 바로 옆에 있었다.[25] 1585년 두 형제 중 한 사람은 이 동일한 땅 바로 옆에 "장소가 있는 곳이면 어디든 일부라도" 양 목장 하나를 인가해 달라고 신청했다.[26] 1590년에 갈반은 바로 그 4카바예리아의 땅을 양 목장으로 사용하도록 허가해 달라고 요청했다.[27] 그는 다음과 같은 이유로 토지 용도의 변경을 요청했다. "그 땅은 바위, 도랑, 노출된 경토층으로 이뤄져 있기 때문에 농작물을 심기에 적합하지 않다. …… 그곳은 야산과 더불어 바위, 테페타테, 칼리찰 등으로 이뤄진 협곡에 둘러싸여 있기 때문에 그저 양들ganado menor의 방목에만 적합할 뿐이다."[28] 다른 지역의 지주들이 그런 좋지 못한 땅에 농업 활동을 승인해 달라고 요청했을 가능성은 거의 없기 때문에, 침식은 아마 그 토지들의 사용이 처음 신청되었던 1580년과 그런 흔적이 기록된 1585년 사이에 발생했을

25　AGNT, vol. 2735 2a pte., exp. 8, fols. 1r-9r; vol. 2782, exp. 9, fol. 1r.

26　"장소가 있는 곳이면 일부라도en la parte", AGNT, vol. 3433, exp. 15, fol. 1r.

27　AGNT, vol. 2735 2a pte., exp. 9, fol. 1r. AGNM, vol. 17, fols. 224r-v.

28　"그 땅은 바위, 도랑, 노출된 경토층으로 이뤄져 있기 때문에 농작물을 심기에 적합하지 않다. …… 그곳은 야산cerros과 더불어 바위, 칼리찰, 테페타테 등으로 이뤄진 협곡barrancas에 둘러싸여 있기 때문에 양들ganado menor의 방목에만 적합할 뿐이다." AGNT, vol. 2735 2a pte., exp. 9, fol. 1r.

것이다. 이 사례로 유추해 볼 때, 산비탈에서 시작된 구곡 침식과 비탈 침식이 더 낮은 쪽의 농지들에 악영향을 주었다는 점은 분명해 보인다. 산비탈의 침식은 쟁기질보다는 점점 더 과도한 방목의 결과로 발생했을 것이다. 이런 주장은 평지에도 적용될 수 있을 것이다. 사실 이 야산들에서 양 목장은 1560년대에 인가되었고 1570년대와 1580년대에 하위 지역의 곳곳에서 방목 압력, 즉 방목의 강도가 증가했다.[29]

양 떼는 관목들을 짓밟고 입맛에 맞는 목초와 풀을 먹어치우면서 남부 평원의 식생 피복의 제거를 촉진했다. 틀라파날로야의 원주민들은 양들이 틀라코틀이라는 관목의 줄기를 짓밟았다고 심하게 불평을 늘어놓았다. 틀라코틀은 석회 생산에서 나무 장작의 대용물로 사용되곤 했다. 그들은 이 관목의 파괴가 석회 생산을 위태롭게 만들고 따라서 공물의 납부를 어렵게 했다고 주장했다. 에스파냐인들은 양들이 관목들을 먹지 않았을 뿐 아니라 틀라파날로야 원주민들은 어쨌든 사실 틀라코틀의 임분으로 밝혀진 2레구아쯤의 삼림 지대를 가지고 있었다고 말하면서 반론을 제기했다.[30]

1579년 지리 보고서가 작성된 시점에는 1548년 남부 평원에서 테스카테펙 주위의 경사면들을 덮고 있었던 삼림이 테스카테펙과 악사쿠바 사이의 산정山頂으로 물러났다.[31] 이 북쪽 야산들의 삼림 벌채는 주로 가마용 연료가 필요했던 석회 노동자들의 활동 탓으로 돌릴 수 있다. 에스파냐인들은 테노치티틀란을 재건하는 데 필요한 석회의 수요를 맞추기 위해 틀라파날로야의 북쪽과 아파스코의 동쪽 방면의 석회암 언덕에 석회

---

29   AGNM, vol. 5, fols. 167r-v, 168r, 258v-262v. AGNT, vol. 45, exp. 1, fol. 7v. 표 5.9, 5.10, 5.11 참조

30   AGNT, vol. 2697, exp. 11; vol. 1525, exp. 1.

31   "큰 산의 꼭대기에서", PNE vol. 6, p. 33.

석 채석장을 인가해 줄 것을 신청했다.[32] 이 야산에 있는 삼림 지대의 벌채는 일찍이 1562년에 뚜렷해졌다.[33] 1570년대에 아파스코의 동쪽과 틀라파날로야의 북쪽 야산들에 있는 숲 역시 나무들을 베어내고 산불이 나면서 급격히 축소되었고 1576년에 삼림 벌채는 에스파냐의 석회 노동자들이 나무의 공급처를 물리력으로 방어할 정도까지 진행되었다.[34] 연료를 모으려고 집에서 더 멀리 떨어져 이리저리 돌아다녔기 때문에, 석회 노동자들은 16세기 말까지 다른 지역에서 매우 빽빽하게 자라난 나무들의 이차 생장이 이 하위 지역에서는 비교적 눈에 띄지 않도록 유지하는 데 틀림없이 중요한 역할을 맡았다. 원주민들은 또한 양들이 사말çamal, 카코미틀레cacomitle, 우에이카미틀레hueycamitle 같은 식물들의 잎을 먹어 치워서 뿌리 식물들이 수확될 수 없었다고 푸념했다.[35]

1560년대에 가시가 있는 건조 지대 식물들은 이 하위 지역에 침입하기 시작했고 목본 식물 종이 그 뒤를 이었다. 처음에는 버려진 농경지와 아무도 거들떠보지 않은 용설란을 언급한 보고서들이 있었고,[36] 뒤이어 유카가 출현했다.[37] 그다음에는 16세기 말에 야생 용설란과 메스키트가

---

32 AGNM, vol. 6, fols. 455v-456r; vol. 7, fol. 87r; vol. 8, fols. 227v-228r; vol. 13, fols. 41r-v. AGNT, vol. 2697, exp. 10, fols. 308r-315r; exp. 11, fol. 319r.

33 AGNM, vol. 6, fols. 455v-456r; vol. 8, fols. 227v-228r. AGNT, vol. 2697, exp. 11, fols. 319r-329r. PNE vol. 6, p. 204.

34 AGNT, vol. 2674, exp. 18, fol. 307r.

35 AGNM, vol. 7., fol. 87r. AGNT, vol. 1525, exp. 1, fol. 74v, 91r. J. F. 슈윌러는 '카코미틀레'가 식용 뿌리를 지닌 붓꽃과科 식물일 것이라고 제안한다(1977년 개인적 의견 교환).

36 AGNM, vol. 9, fols. 269v-270r; vol. 12, fol. 485r; vol. 18, fols. 278r-279r. AGNT, vol. 1748, exp. 1, fol. 1.

37 AGNM, vol. 12, fols. 409v-410v; vol. 19, fol. 168; vol. 21, fols. 79v-80r.

나타났다.[38] 남부 평원 산기슭 토양의 비옥함은 같은 기간에 악화되었다. 1579년에 테킥스키악, 틀라파날로야, 우에이포스틀라의 기복 있는 땅은 툭 트이고 개간되었으며 곡물의 생산에 적합하다고 보고되었다.[39] 그 뒤 20년 동안 돌이 많은 땅들에 대한 언급이 늘었고,[40] 1606년에 우에이포스틀라 근처의 땅들은 침식 불모지 경토층으로서[41] 단지 메스키트, 유카와 야생 용설란만 자랐다.[42] 이 하위 지역의 남쪽 절반에서 발생한 침식은 석회 생산을 위한 삼림 벌채와 연관성이 없었다. 1548년경 이 지역에는 숲들이 없었고,[43] 침식 현상은 석회 생산을 위해 주위의 야산들이 마지막으로 개발된 지 40년 뒤에 나타났다.[44] 침식은 농업과 관계가 없었다. 20년 동안 농업에 이용되지 않았던 땅에서 침식이 생겼기 때문이다. 오히려 그 산줄기가 나빠지고 있다는 분명한 증거에도 불구하고 이 땅들에서는 양들의 방목이 지나치게 높은 밀도로 이뤄지고 있었다.[45] 결국 이 지역에서 심각한 침식을 초래한 과정, 즉 과도 방목에 따른 지표 식물의 제거 — 물의 지상류 증가를 유발한 — 는 아울러 지하수 함양groundwater recharge(지하수층에 자연적 또는 인위적으로 물이 차는 현상 — 옮긴이)을 감소시켰다. 북쪽으로 흐르는 살라도강의 지류들에 흘러들던 테킥스키악과 우에이포스틀라의 샘들은 1595년에 약해지고 있었다.[46]

---

38 AGNT, vol. 2812, exp. 12, fols. 373-400r.

39 "개간된 툭 트인 땅Descubierta y rrasa", PNE vol. 6, pp. 6, 27.

40 AGNM, vol. 12, fol. 485; vol. 17, fols. 52r-v. AGNT, vol. 1748, exp. 1, fol. 1.

41 "마른 토양만 남아 있는 침식 불모지 경토층tepetate", AGNT, vol. 2812, exp. 12, fols. 373r-400r.

42 AGNT, vol. 2812, exp. 12, fols. 373r-400r.

43 PNE vol. 1, pp. 110, 207.

44 PNE vol. 6, p. 30.

45 AGNT, vol. 2812, exp. 12, fols. 373r-400r.

16세기에 남부 평원의 북쪽 구역에서 심각한 침식이 발생했다는 직접적인 증거는 없지만 아마 이 가파른 언덕의 삼림 벌채 이후에 침식이 일어났을 가능성이 매우 클 것이다. 침식은 주로 농경민들에게 골칫거리였고 그것이 보통 석회, 양모나 고기 생산에 영향을 미친다고 여겨지지는 않았을 터였다. 경작지에 직접 영향을 미치지 않았다면 침식은 흔히 언급되지 않았다.

원주민 인구의 붕괴는 16세기에 이 두 하위 지역들의 토양과 초목 환경에서 생활하던 조밀한 농업 인구의 압력을 덜어주었다. 그러므로 사람들은 버려진 농경지로 나무들이 침입하고 툭 트인 삼림 지대가 확장되는 증거를 확인하기를 기대할 것이다. 이는 이 지역의 표준적인 귀결이고 16세기 중엽에는 삼림 지대가 재생되기에 충분한 숲들이 여전히 남아 있었다.[47] 대신에 더 낮은 언덕과 평지 들에는 건조한 토양 상태를 대표하는 식물 종과 방목 동물 들에 맞서 잘 보강된 식물 종이 침입했다. 나무 대신에 이런 가시가 있는 건조 지대 식물들이 출현했다는 사실은 방목 동물들에 의한 지속적인 토양의 교란을 입증해 준다.[48]

1590년대에 구곡 침식과 표층 침식이 나타났을 때, 두 하위 지역에서는 40년 이상 양들의 방목이 점점 더 집중적으로 이뤄져왔고, 석회 가마용 연료로 사용하기 위해 산비탈의 삼림 벌채가 진행되었다. 만일 침식이 16세기의 마지막 10년 이전에 존재했더라도 특별히 농업을 위한 토질 상태를 평가하고자 정리된 어떤 기록에서도 보고되지 않았다. 테페타테와 칼리찰은 멕시코의 산악 지대 토양의 기저를 이루는 경토층을 일컫

---

46 PNE vol. 1, p. 207. AGNM, vol. 21, fols. 79v-80r. AGNT, vol. 2721, exp. 8.
47 Wagner, "Natural Vegetation," p. 257.
48 Wagner, 같은 논문, p. 257; Crosby, *Columbian Exchange*, p. 122.

는 용어로서 호환해서 사용되곤 했는데, 더 이른 시기의 보고서들에는 나타나지 않는다. 보고서에 나오기 시작할 때, 그 용어들은 경작지로서 가능성이 있을지 조사되고 있었던 평평하거나 비탈진 땅들을 서술하는 데 쓰였다. 사실 침식이 진행되었을 때 그 땅들은 경작지로서 잠재력을 상실했고 단지 양들을 키우는 데만 적합하다고 여겨졌다. 앞서 언급되었 듯이 산비탈들은 침식되었을 가능성이 매우 크고 우리는 그것에 대한 분명한 사례들을 알고 있다.[49] 그러나 토양 자체에 대한 평가는 농작물의 경작 가능성에 관한 것이었다. 가파른 산비탈은 경작지로서 가능성이 떨어졌고 침식은 단지 비탈 침식의 잔해들을 언급할 때에만 표시된다.

남-북 평원과 중앙 계곡

인구 밀도가 높은 남-북 평원의 남쪽 절반은 툴라와 남부 평원과 마찬가지로 수입된 곡물들을 재배할 지역으로서 장래성을 지니고 있었다.[50] 남-북 평원의 건조한 북쪽 절반과 중앙 계곡은 에스파냐인들에게 덜 매력적이었다. 중앙 계곡은 원주민들이 농작물에 물을 대기 위해 이용 가능한 모든 물의 원천을 사용했기 때문에 농업이나 목축업에 필요한 물이 불충분하다는 문제점이 추가되었다.[51] 하지만 이런 결점에도 불구하고 에스파냐인들은 1530년대에 중앙 계곡에서 밀을 심고 가축을 방목하기 시작했고, 그다음 10년 동안에는 남-북 평원에서도 그리했다. 16세기 말까지 이 하위 지역들의 표면적은 76.7%에서 80.3%까지 방목지로 공식 전환되었다. 툴라와 남부 평원에서처럼 16세기에 에스파냐인들이 농업

---

49   AGNM, vol. 17, fols. 224r-v. AGNT, vol. 2735 2a pte., exp. 9, fol. 1r.

50   PNE vol. 1, nos. 554-6.

51   PNE vol. 1, nos. 8, 548.

에 활용한 땅은 거의 없었는데, 남-북 평원에서 6.1%(45.9km²), 중앙 계곡에서는 1.3%(7.8km²)로서 이 지역들에서 토지 인수의 합계는 앞서 언급한 두 지역보다 상당히 적었다. 더욱이 방목률이 한창 높았던 시대(1565~1579)에는 양 목장의 수가 더 적었기 때문에 방목의 압력은 툴라와 남부 평원에 비해 더 낮았다. 그럼에도 이 하위 지역들에서 양들의 방목 밀도가 툴라와 남부 평원에서 도달한 포화 수준에 미치지는 않았지만, 특히 1570년대와 1580년대에 중앙 계곡에서 km²당 약 584두와 525.4두, 남-북 평원에서는 425두와 607.5두에 이를 것으로 추정되었을 때, 그 수준은 땅에 대한 적지 않은 압력에 해당한다.

이 두 하위 지역들의 환경에서 가장 두드러진 변화는 16세기 후반에 평지와 산기슭에 메스키트가 우세한 관목들이 조밀한 덮개처럼 성장한 것이었는데, 그것은 건조 상태의 증가와 연관되어 있었다. 남-북 평원 중앙의 비옥한 평지에서 아게게테agueguete(삼나무)의 존재로 증명되었듯이 1566년 틀라우엘릴파Tlahuelilpa 근처에는 여전히 습기 있는 토질이 유지되고 있었다.[52] 하지만 1580년대에 이 비옥한 들판은 메스키트와 유카에 의해 침입당했다.[53] 1595년에는 미스키아콸라의 땅들이 엉겅퀴와 가시덤불로 덮였고,[54] 1601년에는 틀라우엘릴파의 북쪽 땅에 빽빽한 관목들이 자라고 있었다("〔이 땅은〕 어느 누구에게도 쓸모없는 가시덤불, 오래된 선인장, 그리고 야생 메스키트로 가득 차 있다").[55] 1600년대 초 동일하게 빽빽한 가

52 AGNT, vol. 1640, exp. 2, fols. 32-3.
53 AGNM, vol. 11, fols. 242r-v; vol. 13, fols. 88r-v, 176r; vol. 14, fols. 344r
    -v. AGNT, vol. 1106, quad. 3, fol. 16; vol. 1728, exp. 2, fol. 15v; vol.
    2777, exp. 14, fols. 2r-16r. 또한 Konrad, *Jesuit Hacienda*, pp. 24, 340 참조.
54 "엉겅퀴와 가시나무로 된 관목 지대", AGNM, vol. 20, fol. 165r-v.
55 "이곳은 누구에게도 쓸모없는 가시덤불espinos, 오래된 노팔 선인장nopales viejos,

시나무 덤불이 칠콰우틀라와 테스카테펙 사이 남-북 평원의 북단에 있는 익스미킬판으로 가는 길과 툴라강 사이의 평지를 뒤덮었다. 그리고 틀라코틀라필코 근처의 땅을 뒤덮었다("칠콰우틀라와 테스카테펙 사이에 메스키트와 용설란이 무성한 평지가 있다", "길을 열기 어려울 정도로 가시나무와 메스키트가 빽빽한 땅"(틀라코틀라필코), "엉겅퀴로 가득 차고 메스키트가 무성한 건조하고 거친 관목 지대"(틀라코틀라필코)).⁵⁶ 1548년 원주민들이 광범위하게 경작한 이 북부 지역은 본래 건조했지만, 에스파냐인들이 과실수들과 대추야자를 재배하기 위해 선호하는 곳이었다. 하지만 1600년대 초에는 불모지로 여겨졌고 틀라코틀라필코의 원주민들이 메스키트와 가시나무 덤불 사이에서 기르던 용설란들은 거의 수익을 내지 못했다.⁵⁷ 1580년대에 중앙 계곡에서는 메스키트, 가시나무 덤불과 유카가 더 낮은 언덕과 평지로 침입하기 시작했다.⁵⁸

그렇지만 반#사막 종의 침입이 불가피한 것은 아니었다. 1570년대 말과 1580년대에 남-북 평원의 남쪽 절반과 중앙 계곡의 서쪽 끝에 있는 버려진 경작지들은 외관상으로는 일종의 개방 삼림 지대로 되돌아가고 있었다. 1587년에 아티탈라키아, 틀락스코아판, 그리고 악사쿠바 사이의

야생 메스키트 숲mesquitales sylvestres이 무성하다." AGNT, vol. 2721, exp. 8, fol. 9r.

56 "앞서 언급한 촌락〔칠콰우틀라와 테스카테펙〕사이에 있는, 메스키트와 용설란이 매우 빽빽한 평원llano", AGNT, vol. 1104, quad. 22. "헤치고 나가기 어려울 정도로 가시덤불과 메스키트가 빽빽하게 가득한"〔틀라코틀라필코〕; "여러 종류의 선인장과 식물과 메스키트가 가득한 거칠고 건조한 산지tierras montuossas"〔틀라코틀라필코〕, AGNT, vol. 2717, exp. 9, fols. 3v, 4v, 5r, 6r.

57 PNE vol. 1, nos. 112, 550. AGNT, vol. 2717, exp. 9, fol. 13r.

58 PNE vol. 1, no. 8. PNE vol. 6, p. 17. AGNM, vol. 11, fol. 16v~17r. AGNT, vol. 2672, exp. 15, fol. 25v.

땅은 상록 떡갈나무로 덮여 있었다("모든 땅이 상록 떡갈나무로 덮여 있다. …… 이 땅들은 농작물이 없는 사막이며 과실수나 생계를 꾸릴 무슨 다른 것이 없다. …… 오로지 상록 떡갈나무만 있다").[59] 하지만 삼림 지대로의 회귀 과정은 중단되었다. 1590년대에 같은 들판에는 선인장과 가시나무 덤불이 침입했고,[60] 1601년 무렵까지 아티탈라키아와 틀라우엘릴파 사이의 들판들은 엉겅퀴, 가시나무 덤불과 메스키트가 무성한 관목들로 거칠고 황폐해졌다.[61]

남-북 평원에서 예전의 경작지에 건조 지대 식물 종이 침입한 현상은 단순히 휴경지에 이차 생장이 재생된 결과라고 간주될 수 있었다. 그러나 남-북 평원의 남쪽 절반에서 상록 떡갈나무로 이뤄진 개방 삼림 지대가 막 성장하기 시작했다가 1590년대와 그다음 시기에 보강된 건조지대 식물 종의 침입으로 갑작스럽게 대체되었다는 점이 흥미롭다. 만일 그 땅에서 방목이 실시되지 않는다면, 상록 떡갈나무는 이 지역의 휴경지에서 가장 가능성이 높은 형태의 이차 생장일 것이다. 하지만 만일 방목이 이뤄지고 그 토양이 지속적으로 교란된다면, 그 지역의 이차 생장은 기록된 종류와 같이 가시가 있는 식물들일 것이다. 메스키탈 계곡에서 메스키트의 성장 방식은 같은 시기에 방목이 실시된 다른 반건조 지역에서 기록된 바와 비슷한 변화를 겪었다는 점 또한 중요하다. 16세기 말에 이르러 메스키트는 문서들에 더 이상 단일한 큰 나무들로 등장하지 않았으

---

59 "모두 떡갈나무 숲encinales으로 된 야생지로서 재배되는 식물이 없는 사막이고 어떤 과실수나 다른 어떤 용도의 땅이 없다. 오로지 떡갈나무 숲뿐이다." AGNT, vol. 2672, exp. 15, fols. 3r-33r.
60 AGNM, vol. 13, fol. 174r; vol. 14, fols. 229v-30v; vol. 16, fol. 131r; vol. 19, fol 228v. AGNT, vol. 69, exp. 4, fols. 1-10.
61 "그 모든 것은 엉겅퀴, 가시나무와 메스키트가 있는 관목 지대인 것처럼 보인다." AGNT, vol. 2721, exp. 8, fol. sn(번호 없음).

나 조밀한 임분 속에서 자라났다.[62]

목본 식물 종의 밀도 증가는 미국 서남부, 지중해, 호주, 뉴질랜드를 포함해 다른 목축 지역에서 방목과 연관되어 있었다. 이 현상에 대한 연구는 방목 가축들의 수와 밀도의 증가를 강조해 왔다. 그렇지만 필자가 다른 곳에서 주장한 바와 같이 그런 설명의 초점은 밀도의 증가라기보다 화재 상황의 변화와 함께 방목 가축의 수와 밀도의 갑작스러운 하락에 있을지 모른다. 방목 동물의 높은 밀도는 자연초를 줄이고 약화시켜, 건조 지대 종의 침입에 유리한 조건들을 조성했다. 그러나 목본 식물 종의 팽창은 동물 수가 늘어날 때가 아니라 급격히 감소할 때 발생했다. 이런 까닭에 필자는 "통제 요인, 즉 방목 동물들의 높은 밀도, 빈번한 화재, 초본 식물들의 경쟁 등의 완화가 16세기의 마지막 25년 동안 건조 지대 종의 확산과 급속한 증가를 가능하게 만들었다"라고 주장해 왔다.[63] 달리 말해 1570년대 말에 목초지가 약해지고 방목 동물의 수가 급감했을 때, 심한 방목 압력과 아울러 아마 화재 가능성의 갑작스러운 경감으로 메스키트가 우세한 사막 초목이 빠르게 늘어날 수 있었다.[64]

메스키트가 우세한 사막 덤불이 점점 더 두드러지게 된 흐름은 방목

---

62 PNE vol. 1, no. 548; PNE vol. 6, pp. 4, 17, 202. AGNT, vol. 1104, quad. 22; vol. 2717, exp. 9; vol. 2721, exp. 8, fol. 1r; vol. 2777, exp. 14, fols. 2r-16r. AGNM, vol. 11, fols. 242r-v; vol. 13, fols. 88r-v; vol. 14, fols. 344r-v; vol. 20, fols. 165r-v.

63 Melville, "Environmental and Social Change," pp. 35~36.

64 불이 확산되려면 좋은 연료가 필요하다. 과도한 방목으로 풀밭이 제거되면 불은 더 이상 필요한 연료를 얻지 못할 것이다. 그리하여 우리는 화재의 감소를 상정할 수 있다. 호주의 사례를 검토하는 볼턴은 이렇게 기술한다. "종합적으로 볼 때, 앞서 발생한 화재의 리듬을 차단한 것은 극심한 사용에 따른 자연초의 파괴였다. 불꽃을 실어 나르기에는 연료가 충분하지 않았다. 관목들이 늘었고 불은 더 이상 그것을 가로막을 수 없었다." Bolton, *Spoils and Spoilers*, p. 216.

가축들의 사료로 무엇이 적합한지에 대한 인식의 변화와 연관되어 있었다. 1548년 무렵 이 하위 지역들은 목초지, 물, 확장 공간의 부족 탓에 방목지로 적합하지 않다고 여겨졌다. 사료는 풀을 의미했고 남-북 평원은 이 자원이 부족했다.[65] 하지만 1580년 건조 지대 종의 이차 생장이 침입했을 때, 남-북 평원의 중심부(틀라우엘릴파, 미스키아괄라, 테손테펙 Tezontepec)는 방목 가축들에게 충분한 사료를 제공하는 곳으로 묘사되었고 사실 항상 방목지로 활용되었다고 알려졌다.[66] 반사막 종이 계속 침입해 온 중앙 계곡 또한 방목하기에 좋다고 알려졌다.[67] 16세기 말에 이르러 1570년대의 '좋은 방목지'는 덤불로 덮인 불모지가 되었다.

사료의 질이 저하됨에 따라 동물들의 평균 체중이 감소했다. 체중 감소는 암양들의 번식률 하락으로 이어졌고 양모, 수지, 고기의 생산이 양적으로나 질적으로 떨어졌다. 울창한 이차 생장은 여전히 더 많이 유지될 수 있는 양들의 수를 낮췄다. 곡물 생산을 위한 이 토지들의 가치는 이차 생장 식생과 비탈 침식으로 상실되었고, 경작지는 습한 강변 저지대에 남아 있는 원주민들의 생계용 작물 재배지로 축소되었다. 사실 16세기 말에는 원주민들이 에스파냐인들의 무시하지 못할 골칫거리로서 남-북 평원에서 가장 좋은 땅에 대한 통제권을 보유했다.[68]

---

65 PNE vol. 1, nos. 9, 347, 555.

66 AGNT, vol. 2777, exp. 14, fols. 2r-16r.

67 PNE vol. 6 pp. 14, 18, 20, 24, 25, 27, 201-2. AGNT, vol. 1106, quad. 3, fol. 16; vol. 1728, exp. 2, fol. 15v; vol. 2672, exp. 15, fol. 25v; vol. 2777, exp. 14, fols. 2r-16r.

68 예컨대 세 명의 형제들(틀라우엘릴파의 주요 인물들)이 남-북 평원에서 가장 좋다고 알려진 양 목장과 경작지를 상속받았는데, 그곳들이 판매되었더라면 그들은 큰돈을 벌었을 것이다("그곳들은 이 계곡 전체에서 가장 좋은 땅이라는 평판son de los mejores 때문에 잘 알려져 있다"). AGNT, vol. 2717, exp. 10,

남-북 평원의 육중한 이차 생장을 떠받치고 목초지보다 반사막 종이 우세해지는 데 필요한 조건을 제공하는 토양은 얇고 돌이 많으며 건조했다.[69] 1590년대에 중앙 계곡의 이스킨키틀라필코Izcuinquitlapilco에도 돌이 많은 땅들이 있다고 보고되었다.[70] 16세기에 남-북 평원에서는 침식이 보고되지 않았지만, 그것의 존재는 수년 동안 방목이 이뤄져온 야산들의 더 낮은 경사면에 돌이 많은 불모지가 있었다는 보고서들로부터 추론해 낼 수 있다. "마르틴 세론Martin Çeron이 가축들을 몰고 다니던 높은 산줄기 옆의 땅들은 풀과 돌로 덮인 농경지이다"(칠콰우틀라, 1583년)[71]; "테테팡고와 악사쿠바로 가는 길 근처 돌이 많은 야산들 옆에 위치한 아티탈라키아 경계 내의 땅들"(1587년)[72]; "앞서 언급한 틀라우엘릴파 촌락의 원주민들이 소유한 많은 비개척지 주변의 불모지들은 …… 돌밭이며 야생의 덤불matorral이 무성하다"(1601년).[73] 필자가 접해 온 문서 자료 중 직접적으로 침식을 가리키는 유일한 언급은 아토토닐코Atotonilco의 엔코멘

---

fols. 3v-4v.

69 "그곳들은 얇고 돌이 많은 땅이고 …… 물이 없는 불모지mala tierra sin agua이 기 때문에〔틀라우엘릴파〕", AGN, Tierras, vol. 2721, exp. 8, fol. 1r. "아무 쓸모가 없는 불모지mala tierra〔미스키아괄라와 테스카타펙Tezcatapec〕, AGNT, vol. 2777, exp. 14, fols. 2r-16r.

70 AGNM, vol. 19, fol. 138r.

71 "마르틴 세론이 가축들을 몰고 다니던 높은 산줄기 옆의 땅들Tierras arrimado a una sierra grande은 풀과 돌로 덮인 농경지tierras por labrar이다"〔칠콰우틀라, 1583년〕", AGNT, vol. 2692, exp. 12, fol. 4v.

72 "테테팡고와 악사쿠바로 가는 길 근처 돌이 많은 언덕들unos çerros pedregosos 옆에 위치한 아티탈라키아 촌락의 땅"〔1587년〕, AGNT, vol. 2672, 2a pte., exp. 15, fol. 335r.

73 "앞서 언급한 틀라우엘릴파 촌락의 원주민들이 소유한 많은 미개척지tierras silvestres 주변의 불모지들은 …… 돌밭이며 야생의 덤불이 우거져 있다"(1601), AGNT, vol. 2721, exp. 8, fol. 1r.

데로에게 납부하기 위해 공물용 밀을 재배하던 땅과 관련된 것이다. 그 엔코멘데로는 원주민들이 소유지 중 가장 나쁜 땅에 악의적으로 공물용 밀을 재배하고 있어서 수확량이 형편없다고 비난했다. 에스파냐인 목격자들은 그 땅들이 질적으로 좋지 못하다는 데 동의하면서 너무 오랫동안 땅에 물을 대서 염류화되었기 때문에 문제가 생겼다고 말했다.[74] 하지만 엔코멘데로 측의 한 증인은 황폐한 사력토沙礫土와 경토층(테페타테)를 이 땅들의 특성으로 언급했는데, 이는 표층토가 침식되어 왔다는 것을 의미할 수 있었다. "앞서 언급한 원주민들이 엔코멘데로를 위해 밀을 심어온 곳은 경토층과 황폐한 사력토였다."[75]

이제까지 서술해 온 식물의 생장과 토양 변화는 과도한 방목에 따른 지속적인 교란 탓으로 돌릴 수 있지만, 중앙 계곡 동단의 삼림 벌채, 침식, 그리고 집수 가치의 악화는 광산의 채굴과 더불어 석회 제조로 악사쿠바 뒤쪽 야산에서 가속된 삼림 벌채와 분명히 연관되어 있다. 1548년에 악사쿠바와 남부 평원 사이의 언덕들은 드넓은 떡갈나무 숲을 유지했으나 1580년에 이르러 아마 틀라우엘릴파와 남부 평원의 석회 노동자들(에스파냐인과 원주민 모두)의 활동 탓에 삼림 벌채의 징후[76]가 나타났다.

---

74 "그 땅이 초석(질산칼륨)을 함유하고 건조sequedade salitral하기 때문에", AGIE, Jeg. 161-c, fol. 90r.

75 "앞서 언급한 원주민들이 엔코멘데로를 위해 밀을 파종해 온 곳은 테페타테 tepetates와 황폐한 사력토tierras pedregosas y rruynas였다." AGIE, leg. 161-c, fol. 98r.

76 1579년의 지리 보고서에서 1레구아×2레구아의 떡갈나무 숲에 대한 언급은 더 이상 등장하지 않는다. 대신에 나무로는 노팔 선인장tunales, 용설란, 거대한 가시덤불espinos grandes, 메스키트 등이 기록되었고, 상록 떡갈나무, 소나무, 떡갈나무를 포함하는 일부 삼림지대arboledas de montes가 언급되었다. PNE vol. 6, pp. 14, 17.

하지만 중앙 계곡의 동단에서 파추카의 광산들은 목재의 가장 큰 소비처였다. 틀릴콰우틀라Tlilcuautla와 토르나쿠스틀라의 공동체들은 광부들에게 나무를 판매하기 위해 숲을 대규모로 개발했고 그리하여 1599년에 틀릴콰우틀라 뒤의 야산에는 아직 숲이 남아 있었지만, 토르나쿠스틀라의 숲은 나무들이 없는 상태였다.[77]

중앙 계곡의 동단에서 삼림 벌채는 침식과 더불어 점점 더 건조해지는 조짐과 연관되어 있었다. 더 낮은 경사면의 염류 피각caliche(나트륨, 칼슘 등을 함유한 표토로서 모래, 자갈, 실트, 점토 등이 결합되어 있고 비가 잘 내리지 않는 건조한 지역에서 볼 수 있다 — 옮긴이) 침식은 토르나쿠스틀라 주위에서 뚜렷했다("토르나쿠스틀라는 농작물을 심기 어려운 염류 피각 언덕들에 위치해 있다").[78] 그리고 1599년에 여전히 북쪽의 숲이 있는 야산으로 보호받던 틀릴콰우틀라조차도 일부에서 침식의 조짐을 보였다("틀릴콰우틀라는 돌이 많은 경사면에 있다").[79] 토르나쿠스틀라 공동체에 가장 밀접하게 영향을 미친 삼림 벌채와 침식 탓에 경작지로의 물 공급은 원활히 이뤄지지 않고 악화되었다. 토르나쿠스틀라와 틀릴콰우틀라 사이의 평지는 비옥하고 생산적이었지만, 단지 물을 공급받을 때에만 그러했다.[80] 1579년에 틀릴콰우틀라에서 토르나쿠스틀라로 물을 실어 나르는 개울은 일 년 내내 계

---

77 AGNT, vol. 64, exp. 1, fol. 5r.

78 "이곳(토르나쿠스틀라)은 농작물을 파종하고 재배하기 어려운 염류 피각의 언덕들unos cerros de tierra de calichal에 위치해 있다." AGNT, vol. 64, exp. 1, fol. 4r.

79 "이곳(틀릴콰우틀라)은 돌이 많은 구릉loma에 있다." AGNT, vol. 64, exp. 1, fol. 5r.

80 "앞서 언급한 트르나쿠스틀라의 좋은 경작지는 토르나쿠스틀라와 틀릴콰우틀라 사이에 있는 평원llano 위에 있고 두 촌락 모두에 속해 있다." AGNT, vol. 64, exp. 1, fol. 4r.

속 흘렀다. 1599년에는 우기雨期에만 토르나쿠스틀라에 충분한 물을 공급했다. 그해의 나머지 기간 동안 그 개울은 말라 있었다.[81]

메스키탈 계곡에서는 16세기 후반기에 환경 변화의 시점과 순서에 일정한 양식이 나타나는데, 이는 호주의 뉴사우스웨일스에서 관찰된 과정들과 유사하다. 특히 양들의 밀도를 매우 높은 수준으로 유지한다든가 삼림 벌채, 의심할 여지 없이 방화(화재) 등 인간의 활동들은 파괴적인 진동과 연관된 식물 생장의 변화 과정을 증폭시켰고 그 결과 침식과 더불어 수계의 악화를 초래했다. 1560년대와 1570년대에 양의 개체 수가 급증함에 따라 땅바닥에 아무것도 남지 않을 때까지 방목지의 자연초, 초본 식물, 그리고 관목 들은 사료로 이용되었다. 건조 지대 종은 1560년대 말에 이 방목지들에 침입하기 시작했으나 방목 가축들의 밀도와 더불어 양치기들이 목초지의 성장을 촉진하고자 정기적으로 시행한 방화에 의해 그 확산이 억제되었다. 1570년대에는 과도한 방목과 반복적인 방화 탓에 풀밭이 약해지기 시작했다. 목초지가 나빠지자 양 떼의 규모와 질이 하락하고 건조 지대 종의 밀도가 증가했다. 돌이 많은 노면이 조성되고 불침투성不侵透性 경토층(태양에 노출될 때 바위처럼 단단해짐)이 드러나자 목초들에 적대적인 미소 서식 환경이 생겨나서 건조 지대 종으로의 전환을 보강했다.

실로테펙, 알파사유카, 그리고 치아파데모타

에스파냐인들은 농업, 목축, 그리고 목재 등의 자원 때문에 이 세 하위 지역에 관심을 기울였다. 하지만 메스키탈 계곡의 다른 비옥한 지역들과 마찬가지로 에스파냐인들은 이 하위 지역들의 농업적 잠재력을 직

---

81 AGNT, vol. 64, exp. 1.

접 이용하지 않았고 농경을 원주민들에게 맡겨두면서 테노치티틀란의
정복 이후 세 지역 모두에 방목 가축들을 들여오는 데 전념했다. 실로테
펙의 드넓은 초원 지대sábanas가 특히 목축업자들에게 매력적인 곳이었기
때문에, 그곳이 매우 조밀한 농업 인구를 지녔음에도 첫 30년 동안에 메
스키탈 계곡에서 동물 개체 수의 밀도는 가장 높은 수준에 도달했다.[82]
풍부한 물, 드넓은 숲, 그리고 비옥한 토양은 치아파데모타의 원주민들
에게 버젓한 생활을 제공했다("원주민들은 매우 잘살고 그들이 바라는 대로
한다"). 그러나 양 사육은 이 하위 지역에서 에스파냐인들의 중요한 관행
이었다.[83] 마찬가지로 알파사유카는 관개용수와 좋은 토양을 지녔지만,
에스파냐인들은 거의 전적으로 방목 용도로 그 지역을 활용했다.[84]

초기부터 방목이 이뤄졌을지라도 이 하위 지역들은 이미 서론된 지역
들에서 포착된 토지의 완전한 전환을 드러내지 않는다. 이 하위 지역들
에서 방목지로 공식 전환되었거나 농업용으로 이용된 토지는 전체 표면
적의 약 2/3에 지나지 않았다. 반면에 툴라와 남부 평원에서는 그런 용
도의 토지가 90% 이상, 그리고 남-북 평원과 중앙 계곡에서는 80% 이상
에 이르렀다. 환경 악화에 관한 기록들도 앞서 거론된 하위 지역들의 문

---

82 AGNM, vol. 4, fols. 291v-292r. 거하드는 실로테펙이 "16세기 말 누에바 에스
    파냐에서 단연코 가장 인구가 많은 민간 엔코미엔다encomienda"였다고 기술한
    다. Gerhard, *Guide*, p. 383.
83 "현지 주민들은 풍족하고 아주 만족스럽게 산다." PNE vol. 1, no. 111. 치아파
    데모타에서는 나중에 방목이 이뤄졌던 것처럼 보인다. 그러나 1540년대에 무단
    점유자의 권리를 인정하는 면허증이 특정 엔코멘데로에게 부여되었지만, 필자
    는 그가 사실 그때보다 훨씬 더 이른 시점에 치아파데모타에 관심을 갖고 자신
    의 땅으로 만들었으리라고 생각한다.
84 1580년대 중반 에스파냐인들의 보유지 현황 조사는 다음을 참조하라. AGIM,
    leg. 111, ramo 2, doc. 12.

서에서 매우 분명하게 드러난 수준과 같은 파괴의 깊이와 규모를 전달하지 못한다.

거대한 실로테펙 프로빈시아(지방)는 원주민 농지들에서 방목하는 가축에 관한 부왕 벨라스코의 칙령들이 어떤 결과를 가져왔는지 검토할 수 있는 기회를 우리에게 제공한다. 이 하위 지역에서 이 칙령들에 어떻게 대응했는지 그 이력을 살펴보면, 어떤 하위 지역의 전체 표면적을 방목률 추정의 근거로 활용하는 데 내재하는 문제점들이 두드러진다. 1540년대와 1550년대에 메스키탈 계곡의 공동체들이 제출한 14건의 농작물 피해 관련 불만 가운데 실로테펙의 원주민들이 제기한 것은 6건이었다. 방목 가축들의 침입으로 가장 크게 타격을 입은 지역은 실로테펙 고원의 동쪽 절반에 있는 초원 지대와 읍들이었다. 1551년 실로테펙의 원주민들은 2~3만 마리의 양과 상당수의 소와 말 들이 초원 지대뿐 아니라 삼림 지대에서 방목되고 농작물을 뜯어 먹으며 밤이 되면 촌락 주민들의 집 바로 옆에 있는 울타리에 가둬졌다고 불평을 터뜨렸다. 이 동물들 탓에 토양은 벌거벗겨졌고("그것들은 모든 땅을 파괴하고 헐벗게 만들었다"), 작물들이 파괴되었기 때문에 사람들은 그 프로빈시아를 버리고 떠났다.[85] 1559년에는 앞서 1541년에 공유지에 대한 권리를 확인받은 산파블로데관테펙San Pablo de Guantepec 공동체가 그들의 땅이 이미 쓸모없는 관목지로 변해 버렸기 때문에 새로운 장소로 이주하도록 승인해 줄 것을 요청했다.[86] 1560년에는 툴라와 실로테펙의 경계에 있는 산타마리아마쿠아Santa María Macua읍 부근의 땅들이 물에 의해 침식되어 왔다고, 기록에

---

85   "그것들은 모든 땅을 파괴하고 쓸모없이 만들었다destruida y asolada", AGIM, leg. 96, ramo 1. AGNM, vol. 4, fols. 330v-332r.
86   "관목들이 뒤덮여 있는 불모지이므로", AGNT, vol. 1872, exp. 10, fol. 2r-v.

따르면 "마치 물에 의해 침식된 것처럼 보이는 협곡 침식지峽谷浸蝕地 구간"이라고 보고되었다.[87]

목축업자들은 분명히 관례대로 통상적인 활동에 충실하면서 인구 밀도가 높은 농경지에 가축들을 집중시켰다. 그렇지만 방목률은 실로테펙 하위 지역의 전체 표면적을 기준으로 추정되고 목축업자들이 실로테펙 고원의 동쪽 절반을 선호해서 가축들을 그곳에 집중시켜 온 습관을 반영하지는 않는다. 결과적으로 1530년대와 1540년대 실로테펙의 추정 방목률은 1550년대 초에 불거진 격렬한 불만을 자극하거나 1550년대 말에 기록된 침식을 유발시키기에는 지나치게 낮아 보인다. 하지만 실로테펙 고원 표면의 1/3을 기준으로 계산한다면, 1550년대 주민들의 불만을 용이하게 해명해 주는 방목률, 즉 1530년대 km²당 36두, 1540년대 km²당 73두, 그리고 1550년대 km²당 333두에 이르는 추정 방목률을 제시할 수 있다. 원주민의 인구가 1550년대에는 여전히 매우 많았기 때문에, km²당 333두의 방목률은 침식뿐 아니라 주민들의 불만 사항을 어렵지 않게 설명해 줄 것이다. 양들이 매일 방목을 위해 울타리 밖으로 나가기 때문에 이론적으로는 하위 지역의 전체 표면적이 방목 용도로 이용될 수 있지만, 실제 방목 지역은 울타리와 물에 근접한 곳으로 제한되리라는 점을 여기서 언급해야 할 것이다.

실제 방목지가 갑자기 늘어났다면 우리는 방목률이 감소하고 그에 따른 불만 사항이 줄어들었으리라고 예상할 것이다. 이미 언급했듯이, 메스키탈 계곡에서는 1550년대 중반에 소 떼가 없어졌다. 게다가 야산과 촌락으로부터 떨어져 잘 활용되지 않은 곳에 위치한 양 목장들이 인가되

---

87 "물에 의해 파괴된 것처럼 보이는 경관과 울퉁불퉁한 협곡quebrada", AGNT, vol. 1588, exp. 2 bis, fols. 1-5.

었다. 이는 동쪽 절반뿐 아니라 실로테펙 고원의 남쪽 산지와 서쪽 절반이 방목지가 되었다는 것을 의미했다.[88] 1559~1565년에 실로테펙에서 양의 수가 21만 600두에서 52만 5000두로 늘었을지라도, 방목지의 증가 때문에 추정 방목률은 하락했다는 것을 알 수 있다. 추정 방목률은 km^2 당 333두(표면적의 1/3에 근거를 둔 추정치)에서 km^2당 276두(전체 표면적에 근거한 추정치)로 바뀌었다. 1550년대 이후 1590년대까지 실로테펙에서는 어떤 불만 사항들이 보고된 바 없다.

목축 활동이 확산되자 환경 변화가 뒤따랐고 1580년대에는 실로테펙 고원의 대부분에서 변화가 일어났다고 보고되었다. 실로테펙 카베세라의 북쪽과 동북쪽에는 야산에서 여전히 상록 떡갈나무들이 자라고 있었으나 평지에서는 유카의 존재에 변화의 조짐이 나타났고 언덕의 산비탈은 침식되었다.[89] 1550년대의 보고서들은 실로테펙 고원의 서쪽 절반에서 떡갈나무 삼림 지대가 있다고 기록했지만, 1580년대에는 평지와 더 낮은 산비탈에서 상록 떡갈나무들이 고립된 상태로 자라는 모습만 보고되었고,[90] 유카는 1590년대에 출현했다.[91] 남쪽의 산줄기에만 우거진 숲이 남아 있었다.[92]

---

88 Chevalier, *La formación*, p. 133. AGIM, leg. 1841, fols. 1r-8r.

89 AGNM, vol. 4, fols. 291v-292r; vol. 11, 64r; vol. 13, fols. 94r-v, 210v-211r; vol. 14, fols. 84r-85r, 233v-234r; vol. 16, fols. 72r-v; vol. 17, fols. 103v-104r, 119r-v, 120r-v; vol. 18, fols. 81v-82r; vol. 19, fols. 239v-240v. AGNT, vol. 2674, exp. 32, fol. 334r.

90 AGNM, vol. 3, fol. 766r; vol. 14, fol. 142r; vol. 17, fols. 63v-64r. AGNT, vol. 2683, exp. 2, fol. 1r; vol. 2674, exp. 22, fol. 334.

91 AGNM, vol. 19, fols. 239v-240v.

92 AGNT, vol. 2764, exp. 26, fol. 321; vol. 2742, exp. 10, fol. 3r. AGNM, vol. 18, fols. 266r-v, 281r; vol. 22, fol. 298v.

알파사유카 계곡에서 북쪽 절반은 목양지로 처음 이용된 곳이었다. 30~40년 동안 방목지로 활용되어온 사카치칠코Sacachichilco 근처의 땅들은 1570년에 이르러 작은 협곡들과 메스키트 덤불 속에서 양들이 줄어드는 불모지로 변모했다.[93] 1611년에 사카치칠코 원주민들이 대대로 상속해 온 토지들pagos은 높은 야산의 기슭에 있었는데 돌이 많고 풀, 야생용설란, 엉겅퀴, 메스키트 등으로 덮여 있었다. 에스파냐인 목격자들은 아틀라마니Atlamani로 알려진 원주민들의 상속지가 결코 경작된 적이 없다고 진술했다. "이 땅들은 늘 이용되지 않았고 돌이 많으며 풀, 야생 용설란, 메스키트, 엉겅퀴로 가득 차 있다. 그곳은 결코 개간되고 파종되거나 경작되지 않았다."[94] 일반적으로 파고pago는 상속된 경작지들을 의미하지만, 당시 척박한 상태 탓에 경작할 수 없는 땅으로 간주되었거나 에스파냐인들이 그 땅들에 대한 원주민의 권리를 부인하고자 그렇게 표현했다고 유추할 수 있다. 알파사유카의 동남쪽 언덕에는 1560년대에 어린 떡갈나무 속의 수목들이 자라고 있다고 보고되기도 했다.[95] 불운하게도 16세기의 더 나중 시기에 이 지역에서 식물 생장의 변화를 다룬 문서들은 존재하지 않으므로 이 나무들의 운명은 알려지지 않고 있다.

고산 계곡들에서 침식이 발생했다고 보고된 1590년대까지 치아파데모타의 환경 악화에 대한 기록들은 존재하지 않는다.[96] 아마 무성한 숲들

---

93   "이 양 목장은 메스키트, 선인장 관목, 협곡barranca으로 이뤄진 지역에 있는데, 많은 가축들의 수가 줄어들었다." AGNT, vol. 1521, exp. 2.

94   "이곳은 예전에 그랬듯이 현재 레추기야, 메스키트, 여러 종류의 선인장들이 무성하고 돌이 많은 땅으로 결코 파종되거나 경작된 적이 없었다." AGNT, vol. 2678, exp. 16, fol. 288r.

95   AGNM, vol. 8, fol. 8r.

96   AGNM, vol. 19, fols. 203v, 210v-211r; vol. 20, fols. 998r-v.

이 더 높은 경사면에서 벌어지는 변화를 가렸을 수 있다. 또한 이 지역에서 대다수의 양 목장을 소유한 원주민들은 양들을 많이 관리하지 않았고 그리하여 삼림 벌채가 덜했다고 추정할 수 있다(하지만 그럴 가능성이 낮을 수도 있다).

엄청난 방목의 시작 시점과 동부 실로테펙과 북부 알파사유카에서 침식과 불모지가 출현한 시점 사이에는 30년이 경과했다. 치아파데모타에서 방목이 이뤄진 지 50년 뒤에 침식이 나타났다. 실로테펙의 서쪽 절반과 같이 방목의 정도가 덜한 곳에서는 산발적인 삼림 벌채와 유카의 출현 전까지 약 30~40년의 시차가 있었다. 전체적으로 볼 때 16세기에 이 세 하위 지역들의 환경 악화는 전술한 네 하위 지역에 대해 기록된 것보다 덜 광범위하거나 덜 심각한 것처럼 보인다. 알파사유카 계곡의 북단을 제외하면 메스키트가 우세한 사막 덤불이 넓게 퍼진 공간은 16세기에 보고되지 않았고, 실로테펙 고원의 동단을 제외하면 광범위한 표층 침식과 구곡 침식도 보고되지 않았다. 이 하위 지역들에 대한 문서 기록들은 물론 완벽하지 않지만 그 지역들, 특히 실로테펙은 16세기 말에 대규모 토지 인수의 대상이었고 상세한 경계 측량이 여러 차례 시행되었다. 문서들은 전술한 네 하위 지역들에서 기록된 내용에 견줄 만큼 환경 파괴에 대한 묘사를 제시하지 않는다. 이 하위 지역들에서 환경 악화가 상대적으로 덜했다는 점이 분명해졌는데 필자는 이를 그 지역들이 그리 집중적으로 이용되지 않았다는 사실로 설명할 수 있다고 생각한다. 이 하위 지역들에서는 방목률이 더 낮았고 목축으로 전환된 토지의 규모도 덜했으며 엄청난 양의 나무를 소비하는 석회석 채석장이나 광산이 없었다. 광석 채굴과 석회 제조의 부재가 결정적인 요소였을 텐데, 만일 광산이나 석회석 채석장이 존재했다면 의심할 여지 없이 더 많은 삼림 벌채와 그에 따른 모든 문제들을 초래했을 것이다. 하지만 두 가지 예외, 즉 동부 실로테펙과 북부 알파사유카의 사례는 동물들이 높은 밀도로 유지될 때 환경 훼손을 유발한다는 통칙通則을 입증한다. 사실 실로테펙에서 우리는 동물들의 높은 밀도가 환경 훼손을 초래하는 반면에 더 낮은 밀도가 악화의 정도를 낮춘다는 분명한 증거를 확보하게 된다.

우이치아판

에스파냐인들의 우이치아판 고원 정착은 치치메카족의 침입 위협 탓에 지체되었다. 1576~1581년 전염병의 창궐 이후 원주민들의 농업 산출량이 하락했을 때, 에스파냐인들은 메스키탈 계곡의 다른 하위 지역들보다 우이치아판의 농업에 훨씬 더 큰 관심을 보였다. 우이치아판에서 초창기에 하사된 토지 수여는 대부분 양 목장과 관련되어 있었지만, 1570년대부터 읍 주위의 지역에서 경작지에 대한 수여가 이뤄졌고 1585년에는 에스파냐인들의 모든 보유지 가운데 50%가 농업 용지였다.[97] 이런 우이치아판의 상황은 알파사유카처럼 초창기에 목축이 도입되어 지역의 생산을 지배했고 목장에 딸려 있지 않은 농업 보유지가 거의 없었던 다른 하위 지역들과 대비對比될 수 있다.[98] 농경지가 에스파냐인들이 보유

---

97 AGNM, vol. 10, fols. 46v, 82r-v; vol. 11, fols. 246r-v; vol. 12, fols. 296v-297r; vol. 13, fols. 22v-23r, 144v-145r, 404v-405r; vol. 14 fols. 70r, 230r-231r, 232v-233r; vol. 15, fols. 221v-222r; vol. 16, fols. 25r-26r, 72r-v, 112r; vol. 20, fols. 61v, 98r-v, 186v-187r; vol. 22, fols. 268v, 331v-332r. AGIM, leg. 111, ramo 2, doc. 12.

98 우이치아판에는 46개의 라보르labor(농지 구성단위)가 있었다. AGIM, leg. 111, ramo 2, doc. 12. AGNM, vol. 13, fols. 144v-145r; vol. 14, fols. 232v-233v; vol. 15, fols. 256v, 286r-v; vol. 16, fol. 112; vol. 22, fols. 321v-322r. 그와 대조적으로 남부 평원에는 두 개의 라보르가 있었다. AGNM, vol. 14, fols. 290r-v. AGNT, vol. 2721, exp. 19, fol. 8v. 실로테펙에는 한 개의 라보르가 있었다. AGNM, vol. 15, fols. 286r-v. 툴라에는 두 개의 라보르가 존재했다.

한 토지 중에서 50%를 차지함에도 불구하고, 양들은 농업에 이용된 토지보다 최소한 다섯 배쯤 넓은 지역에서 방목되었는데 고원의 집수 구역을 구성하는 동쪽 언덕에서 풀을 뜯어 먹었다. 16세기에 이 하위 지역의 환경에서 가장 주목할 만한 변화는 고원의 서쪽 끝을 따라 펼쳐져 있는 풍부한 관개 농지에 물을 공급해 온 샘들이 메말라버린 것이었다. 실제로 우이치아판에서 전개된 에스파냐식 농업의 역사는 집수 구역을 구성하는 땅들이 과도하게 방목되는 반건조 지역에서 농경민들이 어떤 문제들에 직면했는지를 보여주는 훌륭한 사례이다.

우이치아판에서 에스파냐인들의 농지들은 대부분 소규모의(85~255헥타르) 집중적으로 활용된 구성단위로서 라보르labor(복수형은 라보레스labores, 문자 그대로는 '한 차례의 쟁기질이나 밭갈이'를 뜻한다 — 옮긴이)로 알려져 있었다. 이 구성단위에서 밀, 옥수수, 보리, 포도, 과실수 등이 재배되었고 대부분 물을 끌어들였다.[99] 그렇지만 1600년에 이런 농지들이 대부분 자리 잡고 있던 비옥한 서쪽의 땅에서 물 공급과 관련된 문제들이 발생했다. 산호세아틀란San José Atlán에서 샘물이 줄어들었고, 촌락과 더불어 카탈리나 멘데스Catalina Mendez 소유의 포도나무 4000그루에 모두 공급하기에는 샘물의 흐름이 충분하지 않았다. 1590년대 초 멘데스와 읍 사이에 물을 함께 쓰기로 합의가 이뤄졌을 때에는 모두에게 물이 충분했다. 그러나 1600년에 새로운 합의가 성사되어 멘데스는 토요일 밤부터 월요일 아침까지 단독으로 물을 사용하고 그 밖의 시간에는 촌락 공동체가 이용하게 되었다.

AGNM, vol. 12, fols. 411r-v, 451r-v.

99 예컨대 다음 문서 자료에 포함된 에스파냐인들의 토지 보유 현황 조사를 참조하라. AGIM, leg. 111, ramo 2, doc. 12.

거의 같은 시기에 테코사우틀라 역시 물 공급의 문제에 직면했다. 크리스토발 데 라 세르다Cristóbal de la Cerda 소유의 무화과나무 500그루에 물이 제대로 공급되지 않게 되자 데 라 세르다는 고발에 나섰다. 그의 무화과나무뿐 아니라 원주민들의 과실수와 목화밭까지 댈 수 있는 물이 충분하지 않았기 때문이다. 고발인 데 라 세르다가 1567년에 물 사용권을 수여받았으나 나무들에 급수하기 위해 더 이상 물을 이용하지 않았기 때문에 1600년에 그 권리는 취소되었다(아울러 무화과나무들이 더 이상 열매를 맺지 않았고 비옥하지 않은 토양에 심겨 있었다는 점이 언급되었다). 데 라 세르다는 1600년 당시 무화과나무들이 용수로用水路에서 800보쯤 떨어져 있었기 때문에 물을 이용하지 않았다고 해명했는데, 이는 지하수면 높이의 변화에 대응하기 위해 용수로가 이전되었을 것이라는 점을 암시한다고 볼 수 있다.[100]

물 공급과 관련된 문제들은 이용자 수의 증가에서 비롯되지 않았다. 실제로 인구는 줄어들었다. 멘데스 사건의 증인들은 샘물이 줄어들고 있었기 때문에 문제가 발생했다는 점을 분명히 밝혔다. 그들은 "합의가 성사될 당시에는 샘물이 두 배나 많았다"라고 말했다. "그때부터 샘의 일부가 메말라서 예전에 그랬던 것만큼 이제 많은 물을 공급하지 않는다. 원래의 합의에 따라 현재 아시엔다와 원주민들의 토지에 〔모두〕 물을 대야 한다면, 그리하기에는 물이 충분하지 않을 것이다."[101] 산호세아틀란과

---

100 AGNT, vol. 3, exp. 1, fols. 1-8.
101 "합의가 성사될 당시에는 샘물이 두 배나 많았다doble mas agua en los fuentes. 그때부터 샘의 일부가 메말라서 예전에 그랬던 것만큼 이제 많은 물을 공급하지 않는다. 원래의 합의에 따라 현재 전술한 아시엔다hazienda와 원주민들의 땅에 〔모두〕 물을 대야 한다면, 그리하기에는 물이 충분하지 않을 것이다." AGNT, vol. 3. exp. 1, fol. 3v.

테코사우틀라는 모두 관개 조직에 물을 공급해 온 샘이 솟는 곳, 즉 우이치아판 고원의 서단 낮은 쪽에 자리 잡고 있다. 샘물의 부족은 지하수면이 더 낮아졌음을 시사하며, 이는 아마 고원의 분수령을 이루는 더 높은 동쪽 야산에서 지표 식물이 제거된 뒤에 지하수 함양의 감소로부터 비롯되었을 가능성이 가장 클 것이다.

우이치아판은 또 다른 거대한 하위 지역으로, 실로테펙의 경우와 마찬가지로 있을 법한 토지 이용 양태를 충분히 반영하는 방목률을 추정하는 중에 문제들과 마주치게 되었다. 동쪽 야산들에서는 고원의 나머지 지역보다 더 오랫동안 더 집중적으로 방목이 이뤄졌다. 테코사우틀라 주위의 서북쪽에서도 방목이 일부 인가認可되었지만, 초창기에 수여는 주로 실로테펙과 알파사유카의 동남부와 동쪽 경계에 집중되었다.[102] 비록 더 나중에는 그 지역의 모든 곳에서 인가되었을지라도,[103] 양들의 방목 용도로 가장 선호되는 곳은 여전히 동쪽 절반에 남아 있었다.[104] 첫 30년 동안 고원의 동쪽 1/3 구역에서 방목률은 〈표 4-3〉에 기재된 수치의 세 배까지는 아니더라도 최소한 두 배였을 것으로 추정된다. 16세기의 마지막 10년 동안에는 양 떼의 규모가 감소했음에도 동쪽 야산에서 방목 압력이 늘어났다. 그 까닭은 1590년대에 새롭게 수여된 건수가 그 구역 내 양

---

102 AGNM, vol. 3 fols. 193r-v, 193v; vol. 5, fols. 166r, 257v-258r; vol. 7, fols. 227v-228r; vol. 8, fols. 177v-178r; vol. 10, 46v-47r, 63r-v, 82r-v.

103 이 하위 지역에 대한 자료의 출처는 〈부록 C〉를 참조하라. 양 목장들은 다음과 같은 읍들의 경계 내에 자리 잡고 있었다. 노팔라Nopala, 틀락스칼리야Tlaxcalilla, 아쿠실라파Acuçilapa, 아메알코Amealco, 산후세페San Jusepe, 테테미Tetemí, 오스토틱팍Oztoticpac, 산안드레스San Andres, 틀라미밀룰파Tlamimilulpa, 카발싱고Cavalçingo, 카사괄싱고Caçagualcingo, 소나카파Xonacapa, 테코사우틀라.

104 1587년에 한 원주민 유지有志는 에스파냐인들이 계곡의 동쪽 절반 구역에서a la parte del oriente 양들을 방목했다고 적어두었다. AGNT, vol. 2701, exp. 20.

목장 수의 두 배에 이르렀기 때문이다. 따라서 16세기 말 고원의 서쪽 가장자리에 있는 샘들의 유량 부족은 집수 구역을 이룬 언덕들의 식물 생장과 토양에 대한 방목 압력의 증가로 설명될 수 있다.

1550년대와 1560년대부터 방목이 실시된 이뤄진 지역에서는 20년에서 30년 뒤, 즉 1580년대에 환경 악화가 두드러졌다.[105] 특히 그런 환경 악화의 뚜렷한 사례는 1555년 또는 1556년에 아버지(또는 장남) 알론소 에르난데스Alonso Hernández가 차지했던 양 목장에서 포착되었다. 1585년에 이 목장에서는 침식이 발생했을 뿐 아니라 초목이 완전히 벗겨져 있었다고 묘사되었다. "내가 본 바에 따르면, 전술한 목장의 땅에서는 초목이 완전히 사라졌고 가축들이 없었다. …… 토양은 파괴(침식?)되고 (목장은) 가축들을 보유하고 있지 않다."[106] 테코사우틀라 주위의 특징적인 초목들은 메스키타와 유카였으나 그것들이 가까운 과거에 그곳에 침입한 종인지 아니면 이 덥고 건조한 지역 고유의 식물 종인지는 확실하지 않다. 하지만 그 증거는 1563년부터 1590년대까지 단일한 메스키타 나무에서 우거진 덤불로 바뀌었으리라는 점을 시사한다. 그런 변화는 엄청나게 방목이 이뤄진 다른 지역들과 연관된 식물 생장의 변화에 부합符合할 것이다.[107]

실로테펙과 우이치아판의 경계에 면해 있는 남쪽 언덕들은 16세기에 대단한 악화의 증거를 보여주지 않았다. 1582년[108]에 유카의 빽빽한 성

---

105 AGNT, vol. 1867, exp. 1, fol. 6r. AGNM, vol. 13, fols. 22v-23r.

106 "앞서 말한 목장estancia은 땅바닥이 파괴되고asolada, 인적이 없다despoblada." AGN, Tierras, vol. 1867, exp. 1 fol. 6r.

107 1563년 자료, AGNT, vol. 2092, exp. 2, fol. 1r; 2718, exp. 15, fol. 11r. 1590년대 자료, AGNM, vol. 15, fol. 221r-222r; vol. 18, fol. 264r; vol. 22, fol. 359r-v. AGNT, vol. 2701, exp. 20, fol. ir; vol. 2703, exp. 4, fol. 1r.

장을 제외하고 야산에는 수목들이 상당히 우거져 있었고,[109] 1590년대에는 여전히 드넓은 습지가 있었다.[110] 왜 그런지 이유가 명확하지 않지만, 오늘날(1990년대 초 — 옮긴이)까지 이 언덕들은 시에라데라스크루세스 바깥쪽에서 몇 안 되는 떡갈나무 삼림 지대 중 하나로 남아 있다. 그에 반해 북쪽에 있는 소나카파Xonacapa 주위의 땅들은 노출된 경토층으로 달 표면과 비슷하게 황량한 모습을 드러낸다. 하지만 16세기 말까지 이 하위 지역의 토양은 여전히 대부분 비옥하고 윤택했다. 실제로 그랬든 독점화의 결과이든 물의 부족은 토지의 불모화나 침식보다 원주민 공동체들과 에스파냐인 정착민들에게 더 많은 문제를 초래했다.

북부 계곡과 익스미킬판

이 두 하위 지역들은 정착이 이뤄지기 시작한 첫 60년 동안 에스파냐인 정착민들을 많이 끌어들이지 못했다. 두 지역들은 시에라마드레오리엔탈Sierra Madre Oriental의 비 그늘(산맥이 습한 바람을 막아 바람이 불어오는 방향의 반대편 경사면에서 비가 내리지 않는 지역 — 옮긴이)에 위치해 있기 때문에 덥고 건조하다. 식민 시대 초기에 두 지역에서는 밀을 재배하거나 가축들을 방목할 수 있으리라는 전망이 밝지 않았다.[111] 1570년대 말(집중적인 목축이 그 지역 전체를 지배하던 때)에 이르러 북부 계곡의 5.3%와

---

108 AGNT, vol. 3568, fol. 34r.

109 1580년대 자료, AGNT, vol. 1791, exp. 1, fol. 135r-v; vol. 2762, exp. 11; vol. 2764, exp. 5, fol. 4v. AGNM, vol. 13, fol. 61r. 1590년대 자료, AGNT, vol. 3568, fol. 40; vol. 2105, exp. 1, fol. 2r; vol. 3568, fol. 42r. AGNM, vol. 16, fols. 25r-26r.

110 AGNM, vol. 16, fols. 25r-26r; vol. 20, fols. 186v-187. AGNT, vol. 3568, fol. 42r; vol. 3672, exp. 19, fol. 6r.

111 PNE vol. 1, no. 546-7.

익스미킬판의 7.5%만이 목축으로 공식 전환되었다. 그리고 그에 앞선 20년 동안 북부 계곡에서 목축으로 전환된 토지가 늘었지만, 1600년까지 익스미킬판의 표면적 가운데 10% 이하와 북부 계곡의 20%가 목축으로 공식 전환되었다. 마찬가지로 지표면의 아주 낮은 비율만 에스파냐인들의 농지 보유 체계로 이전되었다. 그렇지만 이 건조한 지역들은 다른 매력을 지니고 있었다. 익스미킬판에는 은과 납 광상鑛床이 있었고, 1540년대와 1550년대에 그곳에서 광산이 개발되었다. 북부 평원 텍파테펙 근처의 석회석 언덕들은 정복 시대 이전부터 원주민들에 의해 이용되었다.[112]

반사막 종이 두 하위 지역의 주요 식생植生을 구성하기 때문에 환경의 장기적인 추세를 16세기 토지 이용의 변화와 연관된 경향으로부터 구별해 내는 것은 어렵다. 예컨대 1570년대 말에 북부 계곡의 평지에서 조밀한 가시나무 덤불이 출현하면서 용설란과 노팔 선인장 재배에서 더 일찍 발생한 전문화는 무색해졌다. 1548년 텍파테펙과 틀라노코판Tlanocopan 주위의 평지들은 가시배선인장으로 뒤덮였고 용설란이나 노팔 선인장은 거의 없었다. 반면 1560년대 악토판에서는 읍 주위에 용설란이 재식裁植되었고 고추는 근처의 습지에서 자랐다.[113] 그렇지만 1579년에 텍파테펙과 틀라노코판은 가시덤불, 용설란, 메스키트, 야생 선인장종opuntia과 유카에 에워싸여 있었다.[114] 그것들은 1589년까지 땅을 경작하기가 불가능할 정도로 너무 빽빽하게 자랐다. "(이 땅들은) 메스키트, 가시배선인장,

---

112 AGNT, vol. 1519, exp. 4, fol. 35r. PNE vol. 1, no. 546. PNE vol. 6, pp. 4, 37.

113 PNE vol. 1, no. 548, PNE vol. 3, p. 69.

114 "이 촌락은 가시덤불, 용설란, 야생 가시배선인장tunales sylvestres과 메스키트라고 불리는 다른 나무들과 유카palmas sylvestres 등이 매우 빽빽하게 덮여 있는 넓은 평지에 위치해 있다." PNE vol. 6, p. 35. 또한 AGNM, vol. 12, fols. 447r-448r. AGNT, vol. 2766, exp. 3, fol. 2r.

용설란으로 가득 차 있고 그런 까닭에 아무도 씨를 뿌리거나 경작할 수 없다."[115] 17세기 초에 악토판의 휴경지와 주민의 수가 줄어든 땅들도 메스키트, 유카, 야생 선인장종으로 둘러싸여 있었다. "1레구아 정도의 사용되지 않은 공유지가 있다. 모두 경작되지 않았고 주민들이 살지 않으며 메스키트, 유카와 야생 가시배선인장으로 가득 차 있다."[116] 이 반사막 종의 경작지 침입이 1576~1581년 전염병 창궐에 따른 갑작스러운 인구 감소와 동시에 발생했기 때문에, 그리고 이 하위 지역에서 방목률이 1570년대 말까지 매우 낮았기 때문에 반사막 종의 밀도 증가는 그야말로 휴경지에서 벌어지는 통상적인 천이遷移를 반영할 수 있었다.

16세기 후반기에 익스미킬판에서도 반건조 사막 종의 밀도와 다양성이 증가하는 유사한 과정이 기록으로 남아 있다. 1548년 이 하위 지역에는 좋은 삼림 지대(분명히 메스키트일 듯)와 물 공급이 잘되는 밭이 있었으나,[117] 1601년에는 유카, 야생 선인장종, 엉겅퀴와 메스키트가 읍을 에워싼 땅에서 울창하게 자라났다.[118] 1540년대 이래 광부들은 익스미킬판 북쪽에 있는 삼림의 나무들을 베어내고 있었다.[119] 하지만 광산용 삼림 벌채가 의심할 여지 없이 이 하위 지역의 생태계에 영향을 미친 반면, 광부들의 행위가 가시가 있는 반건조 식물들의 증가를 초래했는지 또는

---

115 "메스키트, 가시배선인장, 용설란으로 가득 차 있기 때문에 아무도 파종sembrar 하거나 경작할 수 없다." AGNT, vol. 2766, exp. 3, fol. 13r.

116 "모두 황폐하고 주민들이 없으며 메스키트, 유카와 야생 가시배선인장으로 가득 차 있는 1레구아legua의 불모지tierras baldias가 있다." AGNT, vol. 2735, 1a. pte., exp. 15, fol. 10v.

117 PNE vol. 1, no. 293.

118 "메스키트, 유카, 야생 선인장과 엉겅퀴가 무성한 구릉loma montuossa", AGNT, vol. 2756, exp. 7, fols. 1r-16r.

119 PNE vol. 1, no. 293. PNE vol. 3, p. 99. PNE vol. 6, p. 4.

북부 평원에서처럼 그것들의 출현이 매우 건조한 지역의 휴경지에서 발생하는 통상적인 천이였는지 여부는 확실하지 않다.

장기간에 걸친 토양 상태를 가속된 변화로부터 구별해 내는 것 또한 어렵다. 처음부터 에스파냐인들은 북부 계곡의 토양의 특성을 건조하고 따라서 비생산적이라고 기술했다.[120] 더욱이 익스미킬판의 땅들은 물이 잘 공급될 때 비옥했던 반면, 나머지는 메마른 '불모지'로 알려졌다.[121] 1570년 텍파테펙 근처에서 보고된 돌이 많고 맨땅이 드러난 산비탈은 1589년에 이르러 메스키트가 널리 퍼진 불모지가 되었다.[122] 16세기의 마지막 20년까지 원주민이나 에스파냐인들이 이 야산들을 이용하지 않았고(아마 나무가 부족했기 때문에) 1548년 그곳에는 숲이 없었지만, 석회 제조가 텍파테펙에서 환경 악화를 초래했을 가능성이 있다.

하지만 1590년대부터 북부 계곡의 동단에 도랑이 형성되었다는 분명한 증거가 있다. 1590년대에 북부 계곡 동단에 있는 테카시케Tecaxique 촌락에서 평평한 목초지를 가로질러 흐르는 개울이 그 지층을 깎아내기 시작했고, 1600년대 초에는 깊은 협곡barranca을 만들어냈다.[123] 삼림 벌채도 조밀한 농경 인구도 이 현상을 설명하지 못한다. 테카시케 공동체에는 숲이 없었고,[124] 인구 압력은 촌락의 인구학적 붕괴로 완화되었다(〈부록 B〉, 〈표 B-1〉 참조). 다른 한편으로 북부 계곡에서 양 떼의 규모는

---

120 PNE vol. 1, no. 546, 547. PNE vol. 3, p. 68. PNE vol. 6, p. 35. AGNT, vol. 2766, exp. 3, fols. 13v-14r; vol. 1519, exp. 4, fol. 35r. AGNM, vol. 12, fol. 397r; vol. 23, fols. 42r-v.

121 "불모지Tierra muerta," AGNM, vol. 3, fol. 323. PNE vol. 3, p. 99. PNE vol. 6, p. 6. AGNT, vol. 2756, exp. 7, fols. 11r-16r.

122 AGNT, vol. 2766, exp. 3, fols. 2r, 3r, 13v-14r.

123 Cook, *Historical Demography*, pp. 48~50.

124 PNE vol. 1, no. 547.

1580년대에 세 배 증가했고(〈표 5-9〉 참조), 방목에 따른 언덕의 식생 피복 제거가 물의 지상류 증가와 테카시케의 협곡 형성으로 이어졌을 가능성이 높다.[125]

1570년대 말까지 익스미킬판과 북부 계곡 모두에서 매우 낮은 밀도로 방목이 이뤄졌기 때문에 그것은 1580년경까지 환경 변화의 과정에서 주된 변수라기보다 상태를 복잡하게 만드는 한 가지 요인인 듯 보일 것이다. 하지만 1580년대에 북부 평원은 갑작스럽게 증가한 방목 압력에 시달리게 되었다. 그 10년 동안 북부 계곡의 추정 방목률은 익스미킬판을 제외하면 나머지 지역보다 훨씬 더 낮은 km^2당 162두에 지나지 않았지만, 이는 1570년대와 비교하면 급격한 증가에 해당하고 아마 이 건조한 지역의 식물 생장을 감소시킬 만큼 충분히 많았을 것이다.

에스파냐인들이 메스키탈 계곡에 처음 진입했을 때 이 두 하위 지역은 그리 매력적이지 않았다면, 1580년대에는 더더욱 매력이 없어 보였다. 그렇지만 반사막 종의 밀도 증가와 지표수 부족에도 불구하고 방목지로서 북부 계곡에 대한 관심은 1580년대와 1590년대에 갑자기 늘었다. 1610년대에 익스미킬판은 목축업자들에 의해 접수되었다. 건조한 땅들에 대한 갑작스러운 관심은 지속적인 팽창을 충족시키기에 그 지역의 다른 곳에서 공간이 부족했다는 사정을 반영한다. 이는 마지막 장章에서 논의될 예정이지만, 여기서는 메스키탈 계곡의 식생 피복의 상태가 전반적으로 하락했고 이와 관련해 수용력도 떨어졌기 때문에 생산과 수익을 유지하기 위해 더 많은 땅이 필요했다는 점이 언급될 수 있을 것이다. 게다가 방목 가축들에게 적합한 사료가 무엇인지에 대한 인식이 바뀌었기 때문에,[126] 북부 계곡과 익스미킬판은 더 이상 보잘것없는 방목지로 여겨

---

125 이 현상에 대한 다른 설명은 Cook, *Historical Demography* 참조.

지지 않았다. 오히려 매혹적인 정신적 술책 속에서 당시 그 지역들은 오직 양들과 더불어 건조한 동북부에서 가축 떼 중 비율이 증가하고 있었던 염소들에만 잘 들어맞는다고 여겨졌다.[127]

목축업은 메스키탈 계곡에서 에스파냐인들이 시작했던 유일한 활동이 아니었지만 가장 널리 퍼졌고 환경에 가장 폭넓은 영향을 미쳤다. 방목 시점과 강도에 따라 하위 지역들을 몇 가지 범주로 분류하고 범주별로 환경 변화의 유형과 범위에 대한 증거를 비교할 때, 우리는 동물의 밀도가 높고 대규모의 토지 전환이 발생한 지역에서 환경 훼손이 기록되었지만, 동물의 밀도가 낮고 토지 전환이 제한적이었던 지역에서는 환경 훼손이 나타나지 않았거나 최소화되었다는 사실을 알게 된다. 천연자원이 부족한 지역에 양들의 방목을 할당하는 민중의 지혜와 상반되게 메스키탈 계곡에서는 자원이 더 좋은 곳일수록 방목이 더 집중적으로 이뤄졌고, 더 폭넓고 심각한 환경 훼손이 발생했다. 땅은 단지 양 떼만을 위해 적합하게 **되었다**. 그곳은 본래부터 척박하지 않았다.

유제류 급증의 모델에 따라 예측된 생물학적 체제의 변화, 즉 고유 식생의 고도, 밀도, 그리고 종 다양성의 감소, 식물과 식물 사이 맨땅(노출

---

126 당시 텍파테펙과 예테코막에는 방목을 가능하게 하는 풍부한 목초지가 있다고 알려졌다. PNE vol. 6, p. 20, 35. AGNM, vol. 13, fols. 176r-v.

127 그 지역에 대한 에스파냐인 목축업자들의 인식이 어떻게 바뀌었는지에 관해서는 Melville, "The Long Term Effects"을 참조하라. 염소들은 다음 문서들에서 언급된다. AGNT, vol. 2756, exp. 7, fol. 16r; vol. 2812, exp. 13, fol. 411; AGIM, leg. 111, ramo 2, doc. 12, fols. 29v-30r. 17세기 중엽에 익스미킬판은 소 방목지로 활용되었다. 그리고 소가 양보다 메스키트를 더 잘 먹기 때문에 도축하기 전에 소들을 살찌우기 위해 그곳으로 데려왔다는 것은 지역의 식생이 바뀌었다는 점을 암시한다. AGNT, vol. 2943, exp. 53, fols. 1r-2v.

된 공간)의 확대, 보강된 목본 식물 종의 증가 등은 광산용 목재, 석회와 숯 제조용 연료를 공급하기 위해 가속화된 삼림 벌채뿐 아니라 풀밭의 방화, 지나치게 높은 방목률 유지같이 목축업과 연관된 인간의 활동 탓에 더 복잡해졌다. 그 결과는 표층 침식, 구곡 침식, 토양의 집수 가치의 악화를 포함해 광범위한 환경 훼손이었다. 인구 밀도가 높은 원주민들이 정착 농경민으로 존재했음에도 불구하고 메스키탈 계곡의 경관과 환경은 뉴사우스웨일스의 산악 지대와 고원에서 기록된 것과 유사한 과정, 즉 식생 피복의 단순화와 균질화, 토양과 수계의 악화를 겪었다. 그 과정에서 목축업은 집약적인 관개 농업을 쫓아냈고 따라서 "양들이 사람들을 잡아먹는다"라는 옛 속담을 확인해 주었다.

환경 변화는 관개 농업에서 방목으로 바뀐 메스키탈 계곡 지역의 생산 활동의 변화를 '고착'시켰다. 16세기 이 지역 수계의 변화는 미래의 활용에 손해를 끼쳤다. 메스키탈 계곡은 점점 더 건조 지대의 토지 이용 방식을 받아들였다. 16세기의 양 방목에 이어 17세기에는 염소와 소 방목, 결국 18세기와 19세기에는 풀케pulque 생산용 용설란의 재배, 밧줄 제조용 야생 레추기야 용설란의 착취로 이어졌다. 20세기에 실행된 물의 수입은 메스키탈 계곡 내부에서 계속 샘물이 생기게 할 수 없는 상태를 실증實證한다. 그 지역의 넓고 평평한 계곡 중앙에 있는 토양은 아직도 믿을 수 없을 만큼 비옥하다. 그러나 야산에는 맨 바위가 많고 산기슭에는 흉터 자국 같은 경토층이 드러나 있다. 우기에는 물이 이 표면들로 세차게 흐르기 때문에 땅으로 가라앉고 지하수면을 보충할 정도로 듬성듬성한 초목에 의해 충분히 오랫동안 제지制止되지 않는다.

메스키탈 계곡의 온화한 기후에도 불구하고 방목 가축 유입의 최종 결과는 크로스비가 묘사한 신新유럽의 예증이 아니었다. 사실 메스키탈 계곡은 정복 당시 생산적이고 비옥한 농업 지역이라는 유럽인들의 이상에 더 가까웠다. 그것을 흔히 '자연 발생적으로' 척박한 멕시코 지역들의 전형으로 여겨지도록 변형시킨 과정에 시동을 건 것은 유럽인들의 침입 그 자체였다. 침입자들은 이 경관을 유럽화하는 데 성공하지 못했으나 그들의 존재 때문에 그 경관은 새롭고 색다른 것으로 바뀌었다. 그 과정에서 오토미족은 쫓겨났고 따돌림을 당했으며 무시되었다. 그들의 역사와 그들이 살고 있던 지역의 역사는 신비화되어 이해하기 어렵게 되었다. 오토미족은 비옥하고 생산적인 접촉의 경관이 아니라 이질적인 정복의 경관과 동일시된다. 경작자로서 그들이 가진 기술은 잊혔고 딱정벌레, 작은 곤충, 그리고 노팔 선인장의 열매를 먹는 사람이라는 그들의 평판은 공식화되었다.

5장 정복 과정

이제까지 우리는 에스파냐인들이 신세계로 가축들을 들여왔다는 것과 그들이 가축 떼를 유지하는 데 필요한 목초지와 물을 차지했다는 것을 당연한 일로 여겨왔다. 그러나 이는 신세계에 도착한 그들에게 주어진 기정사실도 아니었고 아스테카 제국을 물리친 승리 덕분도 아니었다. 풀밭과 물, 그리고 토지에 대한 권리를 획득하는 과정은 정복 사업의 본질적 요소였다.

에스파냐인들이 자원들을 차지한 가장 분명한 수단은 무력이었다. 그러나 무력 그 자체는 에스파냐인들의 정복과 지배 과정에 대한 설명으로 충분하지 않다. 물론 무력을 사용해 전투를 벌였지만, 많은 경우에 에스파냐인들의 접수와 장악은 조직적인 폭력 사용 없이 이뤄졌고, 전투는 대개 법정에서 벌어졌다. 놀랄 정도로 신세계에서 에스파냐인들의 활동은 (언제나 억제된 것은 아니지만) 그들이 자원을 차지하게 된 과정들과 원주민들과의 관계를 구체화한 법률과 관습의 제약을 받았다. 하지만 에스파냐 법률을 적용하는 문제는 그리 간단하지 않았다. 판결의 취지를 왜곡하고 법의 허점을 이용하려 드는 신세계 나름의 사정이 법 적용을 일그러뜨렸기 때문이다. 법을 제대로 적용하려면 지식이 필요했지만, 원주민들은 애당초 그런 지식을 갖추지 못했다. 그리고 어쨌든 경찰력이 사실상 부재했다. 매우 논리적이게도 에스파냐인들은 이런 사정을 십분 활용했다. 이렇게 결함이 있는 상황 속에서 에스파냐인 정복자들과 정착민들은 물과 목초지는 물론이고 결국 땅까지 차지할 수 있었다.

메스키탈 계곡의 목축업 확대에는 합법적인 자원의 개발, 불법적인 토지 약탈과 무력이 함께 작용했다. 그 바탕에는 천연자원 기반과 그것의 개발권에 대한 이질적인 인식이 자리 잡고 있었다. 목축업의 천연자원 기반은 풀인데, 원주민들은 풀을 체계적으로 이용하지 않았다. 그들은 예컨대 흙벽돌adobe을 만들 때처럼 필요에 따라 풀을 이용했다. 그리고 풀은 원주민들의 생계 기반의 일부를 이루고 있던 사슴과 토끼 같은 들짐승의 생태적 적소適所(풀밭, 숲과 가장자리 서식지) 가운데 하나였다. 그와 대조적으로 에스파냐인들은 풀밭의 용도를 구체적으로 상정하면서 풀이 자란 곳은 어디든지 그것을 가축의 유지를 위한 자원으로 간주했다.[1] 공동 방목, 그루터기 방목과 공유지 방목은 목축업자의 풀밭 이용뿐 아니라 목축업자들과 농경민 사이의 관계에 적용되는 에스파냐 법률에서 기본이 되는 관습이었다. 이 관습은 에스파냐 사회에서 농업과 목축업의 상호 보완적 역할을 반영했고, 땅과 그 소산의 공유라는 강력한 공동체적 전통에 기반을 두고 있었다. 황금시대 카스티야의 토지 소유권 문제를 다룬 연구에서 데이비드 E. 바스버그David E. Vassberg는 다음과 같이 서술한다.

공유 재산권의 출발점 역할을 하는 원칙은 어떤 개인도 인간의 개입 없이 생겨난 자연의 자원을 홀로 독차지하고 독점할 권리를 갖고 있지 않다는 것이다. 이런 관념에 따르면, 한 개인이 자신의 소유라고 부를 권리를 지니는 것은 개인이 노력을 기울여 자연으로부터 산출한 농작물, 가축 떼 또는 제조품의 형태가 유일하다. 그러므로 토지는 사적인 소유의 대상이

---

1   Chevalier, *La formación*, p.12; Vassberg, *Land and Society*, p. 6.

될 수 없고, 누구든지 그것으로부터 이득을 얻기를 바라는 이들의 처분에 영구적으로 남아 있어야 한다(Costa, 1944: 370). 가장 순수하고 원초적인 형태로 이 원칙을 적용한다면, 한 개인은 단순히 점유함으로써 한 구획의 토지를 활용할 수 있을 것이다. 어떤 외부의 권위도 필요하지 않을 것이다. 토지는 목초지나 경작지로 사용될 수 있을 테지만, 토지의 소유는 단지 사용에 의해서만 좌우될 것이다. 개인이 더 이상 토지를 사용하고자 원하지 않아서 단지 그것을 버리고 떠난다면, 그의 권리는 모두 중지될 것이고 그 토지는 그것을 이용하고자 원하는 다음 사람에게 쓸모 있게 될 것이다. 그러나 그런 순수한 형태의 공유를 찾기란 드문 일이었다. 공유 제도는 대개 어떤 형태로든 지역의 상황과 합의에 이르렀음을 보여주었다.[2]

간단히 말해 작물 재배에 이용되지 않은 토지는 시간과 장소를 불문하고 공유 목초지로 취급될 수 있었다. 토지 이용이 입증될 수 없는 경우에 그 토지에 대한 개인의 권리는 소멸되었다. 자연의 산물에 대한 공적 활용이 토지에 대한 사적 권리와 번갈아가며 나타난 과정은 그루터기 방목의 관습[에스파냐의 곡물 수확기 방목 허가derrota de mieses, 멕시코의 여름철 (8월 수확기) 방목지agostadero]이 그 실례를 제시한다.[3] 토지에 대한 개인의

---

2   Vassberg, *Land and Society*, p. 6.
3   여름철 목초지법Ordenanza de Agostadero(그루터기 방목에 관한 규정)의 내용은 다음과 같다. "누에바 에스파냐의 다른 구역들과 장소에서 원주민들이 매년 11월 말까지 옥수수, 고추, 강낭콩과 다른 작물의 수확을 끝마치지 않고 따라서 4월 중순에 파종된 땅을 그대로 가지고 있기 때문에, 만약 이 농작물들을 수확하기 전에 머리가 작은 가축(양, 염소, 돼지)들이 여름철 방목을 위해 목장의 우리에서 나온다거나 여름철 목초지로부터 파종되어 있는 곳에 돌아온다면 원주민들은 큰 피해를 입는다. 그러므로 이 머리가 작은 가축들이 매년 12월 1일부터 전술한 여름철 목초지에 들어갈 수 있도록 허용하고 그 전에는 안 되며, 3월

권리는 파종부터 수확에 이르는 기간에 유효했다. 그러나 작물이 자라지 않았을 때 휴경지나 그루터기만 남은 밭은 목초지로 취급되어 공동 방목에 활용되었다. 하지만 공동 방목이 규제를 받지 않는 공공연한 접근을 의미하지는 않았다. 그와 반대로 그것이 사유지(휴경지 또는 수확이 끝난 밭)든 공유 목초지(특정 지역의 소유 또는 왕실 보유)든 간에 방목지의 이용은 통제와 규제의 대상이었다. 지방의 가축들은 함께 지방 당국이 선발

마지막 날이 되기 전 목초지에 더 이상 머물지 말고 부득이 떠나도록 명령하고 지시한다. 이를 어길 경우에는 목장주 조합의 규정에 따라 일반적으로 금화 10 페소의 벌금을 물어야 한다." *Papeles sobre la mesta de la Nueva España*, vol. 16, p. 20.

여름철 방목지는 그것이 쓰이는 맥락에 따라 의미가 바뀌는 상대적인 용어이다. 이 용어는 "지나친 열기 탓에 식물이 생기를 잃고 건조되는 것", "8월에 땅을 쟁기로 갈거나 괭이질하다", "포도 덩굴을 심기 위해 70~80cm 깊이로 땅을 파다", "그루터기만 남은 밭이나 울타리로 에워싸인 목초지에서 가축을 방목하다" 등 몇 가지 관련된 의미를 지닌 동사, 아고스타르agostar에서 유래한 것이다. *Diccionario Manual*. '아고스테로agostero' 상태의 방목 동물은 작물의 수확이 끝나자마자 그루터기만 남은 밭에 풀을 뜯으러 들어가는 가축이다. 같은 책. 연중 가장 덥고 건조한 기간에 수확을 마친 밭에서 가축을 방목하는 관습은 누에바 에스파냐로 이주한 뒤에도 지속되었다. 다만 날짜는 에스파냐에서 연중 가장 더운 8월이 아니라 멕시코에서 가장 덥고 건조한 시기로 바뀌었다. 그 시기는 12월부터 농작물을 파종하기 직전인 4월까지에 해당한다. 1550년대에 가축 개체 수의 급증으로 발생한 문제들에 대응하면서 부왕 벨라스코는 그루터기만 남은 밭에서 가축을 방목할 수 있는 시기를 1월 1일부터 2월 28일까지로 제한했다. 그러나 누에바 에스파냐 전역에서 목초지가 악화되자 1574년에 목축업자들이 수확을 마친 밭을 이용할 수 있는 기간은 12월 1일부터 3월 31일까지로 늘어났다(Chevalier, *La formación*, p. 135). 메스키탈 계곡에서 원주민들은 그들의 땅에 침입한 에스파냐인들에 대해 불평을 호소했다. 이는 에스파냐인 목축업자들이 규정을 지키지 않고 여름철 방목지를 이용할 수 있도록 허용한 기간 이전에, 즉 농작물의 수확이 아직 끝나지 않았을 때 가축들을 들여보내거나 원주민들이 농작물을 파종하고자 채비를 갖추는 시기에 그곳에 있는 방목 가축을 내보내기를 거부하기 때문이었다. 이 책의 2장 주 92를 참조하라.

한 목부牧夫들의 보살핌을 받았고, 지방 자치체들은 각 개인이 공유지에서 방목할 수 있는 가축의 수를 통제했다.[4] 공유지 방목은 토지의 사유私有라기보다 배타적인 토지 이용과 대비되어야 한다.

자연의 산물에 대한 공유라는 동일한 원칙, 즉 "모든 주민은 누구나 인디아스(아메리카의 식민지를 의미한다 — 옮긴이)의 여러 프로빈시아에 있

---

4 Vassberg, *Land and Society*, pp. 13~18, 35. 그루터기 방목 관습은 분명하게 정주형 목초지와 연관된 것처럼 보인다. 바스버그는 그루터기 방목이 여름철에 가축들에게 영양분을 공급해 주었고 매우 중요한 자원이었다고 언급한다. "에스파냐의 가축 대부분은 주기적으로 이뤄지는 이베리아 반도 횡단 이동에 섞이지 않은 대신 소유주들의 촌락 근처에 머물러 있었기 때문이다"(p. 14). 비슈코도 읍과 촌락에 인접한 겨울철 방목지와 인근 산지에 있는 여름철 방목지 사이를 오가는 가축 이동의 관습은 "정확하게 이동 방목이라기보다 정주성에 더 가깝다"라고 지적한다. Bishko, "Castilian as Plainsman," p. 56.

이 '정주'형 가축 관리가 누에바 에스파냐의 중앙 산악 지대에 도입되었는데, 이는 누에바 에스파냐 동북부의 개방적인 가축 목장 운영과 대조를 이룬다(Doolittle, "Las Marismas"). 오늘날과 흡사하게 밤에는 가축들을 울타리 안으로 몰아넣고 낮에는 초원으로 데리고 나갔다. 하지만 이동 방목의 지역적 편차와 변형이 발생했다. 매클라우드는 중앙아메리카에서 " '여름철 방목agostar'이라고 부르는 이동 방목의 지역적 변형"을 언급해 왔다. 그는 다음과 같이 서술했다. "우기가 시작되기 직전에 계곡 밑바닥의 식생 피복을 불태워 제거하는 것이 관행이었다. 이는 오래되고 억센 죽은 풀과 덤불을 파괴하고 땅에 질소를 공급하며 비가 내릴 때 가축을 위한 신선하고 새로운 풀을 제공했다. 계곡이 불태워지는 동안, 그리고 새로운 풀이 자라기 시작했을 때까지 소들은 더 높은 곳, 대개 가파른 경사지에서 방목되었다." MacLeod, *Spanish Central America*, p. 305. 허먼 W. 콘래드는 1590년대와 17세기 초에 예수회가 멕시코 계곡 바깥쪽에서 여름철 방목지로 활용하기 위해 땅을 획득한 과정을 검토한다. Konrad, *A Jesuit Hacienda*, pp. 49~63. 그리고 메스키탈 계곡에서 이동 방목은 17세기의 더 늦은 시점에 출현했다. AGIM, leg 111, ramo 2, doc. 12. 멕시코 계곡과 메스키탈 계곡에서 모두 이동 방목은 중앙 산악 지대에서 실행된 관례적 형태의 가축 관리라기보다 목초지 악화에 대한 대응이었던 것처럼 보인다. 메스키탈 계곡에서 출현한 이동 방목에 대한 논의는 이 책 6장을 참조하라.

는 목초지, 황무지와 삼림 지대, 그리고 물을 이용할 것이다"라는 원칙이 신세계의 식민지들로 확산되었다. 그루터기 방목의 관습 역시 도입되었다. "젖소와 여러 자치체의 공용〔을 위해 확보해 둔〕토지를 제외하고 인디아스에서 국왕이 하사하거나 매도하는 토지와 농장(상속 소유지heredades)은 수확 이후에 공동 방목지로 활용될 것이다." 목초지와 삼림 지대로 구성된 공동체에는 세습 영지領地(한사 상속 재산)도 포함되었다.[5] 풀이 자란 곳은 어디에서나 합법적으로 가축을 방목할 수 있었다. 그러므로 심지어 인구 밀집 지역으로 방목 가축들을 들여오는 데 어떤 법률적인 걸림돌은 없었다.[6] 더욱이 (안데스 산악 지대를 제외하고) 지역 고유의 방목 가축들이 없었기 때문에, 풀의 활용을 관리하는 지방 차원의 규정이 없었고 원주민의 관습을 대체하는 것에 대해 우려할 만한 이유도 없었다. 에스파냐인의 관점에서는 가축의 존재가 원주민 농경민들의 권리를 침해하지 않았다. 그와 반대로 가축의 존재는 원주민 농경민들에게 이득이 되었다. 하지만 에스파냐에서 목축업자들의 활동은 목축업과 농업의 관계를 규제하는 법률과 관습, 그리고 가축 소유자들이 대개 농경민이기도 했다는 사실에 의해 제약을 받았다. 반면에 신세계의 사정은 매우 달랐다. 신세계에서 목축업자들은 유럽에서 온 정복자들이었고 농경민들은 신세계의 피정복민이었다. 그리고 에스파냐인 목축업자들이 주장한 자연의 산물에 대한 권리는 흔히 평화롭게 들판에서 경작하려는 원주민들의

---

5 "인디아스의 여러 프로빈시아들에 있는 모든 목초지, 산지와 물은 주민들이 공동으로 이용하게 될 것이다. …… 소 방목장dehesas boyales과 자치체의 공유지를 제외하고 국왕이 하사하거나 매도한 토지와 상속 소유지 들은 파종된 작물의 열매를 수확한 뒤에 공동 방목지로 남을 것이다." *Recopilación de Indias*, ley 5, tit. 17, lib. 4; ley 6, tit. 17, lib. 4; and ley 7, tit. 17, lin. 4. Miranda, "Notas," pp. 10~11에서 재인용.

6 Chevalier, *La formación*, pp. 12, 119~120.

권리를 저해했다.

에스파냐인 목축업자들은 그들이 에스파냐에서 하던 방식대로 중앙 산악 지대를 개방된 공유지로 취급했다.[7] 하지만 에스파냐에서 이 과정은 매년 일정한 기간 동안 해당 자치체가 둘러싼 토지와 그 주민들에게 제한되었다. "수확을 마친 뒤 곡물 밭이나 목초지의 모든 소유자는 일반 대중의 가축들에게 자신의 토지를 개방하지 않을 수 없었다. 어떤 읍의 전체 영역 — 밭과 목초지 — 은 경작지에 대한 개인의 권리가 회복되는 다음 파종 시기까지 지역 내 모든 가축들에게 개방되는 지속적인 공유지가 되었고 아마 인접한 읍들의 가축들도 같은 혜택을 누렸을 것이다."[8] 여름철 가뭄으로 자연 초지가 고갈되는 시기에는 그루터기 방목이 소지주들의 가축이 접근한 구역까지 확대되었다.[9] 공정한 그루터기 방목 제도의 기능은 공동체의 이해관계와 기대, 그리고 법률 체계뿐 아니라 가축의 습성에 대한 지식에 달려 있었다. 원주민들은 목축에 관한 지식이나 방목 동물을 다룬 경험을 갖고 있지 않았다. 그들은 이질적인 문화에 기반을 두고 생소한 원칙에 따라 정리된 법률 체계에 직면했다. 원주민들의 관련 지식 부족과 피정복민이라는 지위는 그들이 식민 시대 초창기에 에스파냐인 목축업자들의 행위에 대해 적절하고도 효과적으로 대응할 수 없었음을 의미했다. 방목 가축들이 기하급수적으로 늘어나기 시작했을 때 문제가 실제로 발생했다. 가축들이 전 지역으로 팽창함에 따라 환경에 큰 변화가 나타났다. 목축은 에스파냐에서처럼 농업과 보완 관계에 있지 않았음이 분명해졌다. 아메리카에서 목축은 농업과 경쟁을 벌였다.[10]

---

7   깁슨은 "실제로 경작하고 있지 않은 어떤 토지도 공동 방목지로 간주되었다"라고 기술한다. Gibson, *Aztecs*, p. 280.

8   Vassberg, *Land and Society*, p. 13.

9   Vassberg, 같은 책, p. 14.

처음에 원주민들은 방목 가축을 소유하지 않았고, 가축의 파괴에 맞서 밭의 둘레에 울타리를 치거나 농작물을 지키는 데 익숙하지 않았다. 에스파냐인 목축업자들은 목초지 이용을 통제하는 규정을 무시하고 경작지에서 그들의 가축을 방목했고, 가축들은 그들이 재배한 채소들을 빈번히 뜯어 먹기도 했다. 그 결과는 처참했다. 농작물은 파괴되고 마을이 버려졌으며 합의를 통해 원주민들이 얻었을지도 모르는 거름주기 같은 혜택은 그런 파괴 탓에 효과가 없어졌다. 이 침략에 직면해 원주민들은 수동적이지 않았다. 그들은 가축 몇 마리를 죽이거나 때로는 가축 떼 전부를 몰살시킴으로써 그들의 농작물 파괴에 대해 복수를 감행했고 심지어 에스파냐인 목축업자들을 상대로 법정 소송을 벌여 승소하기까지 했다.[11]

에스파냐인들은 원주민들의 농경지로 가축을 들여오는 것을 완전히 적법한 미개발 자원 활용책이라고 여겼다. 그러나 그 작전을 세우고 목초지 이용 권한을 획득하며 유지하기 위해 그들은 무력을 사용해야 했다. 사실 그들을 위한 문화적 또는 사회적 공간이 없었고 농경민과 목축업자 사이의 관계를 조정하는 원주민들의 기제도 없었던, 인구가 조밀한 농업 지역에서 에스파냐인들이 그와 다른 방법으로 어떻게 행동할 수 있었을지 상상하기란 어렵다. 초창기에 방목 사업의 핵심을 이룬 울타리와 오두막은 원주민들의 촌락에 — 흔히 그들의 집 바로 옆에 — 단순하게 설치되었고 가축들은 주변의 땅에서 방목되었다. 목장을 얻는 가장 흔한 방

---

10 멕시코시 카빌도(참사회, 시 의회)와 목장주 조합은 급속히 늘어나는 가축 개체 수를 통제하고자 시도했으나 효과가 거의 없었다. Miranda, "Notas," pp. 20~23.

11 예컨대 다음을 참조하라. Gibson, *Aztecs,* pp. 280~281; Chevalier, *La formación*, pp. 86, 130, 132, 134~137.

법은 무단 점유였다. 대다수가 아니더라도 초창기에 공식적인 토지 수여의 상당수는 무단 점유자들의 권리를 합법화했다.[12] 불법적으로 획득되었지만 이 면적이 작은 땅은 에스파냐 식민 당국이 대수롭지 않게 여겨왔던 것처럼 보인다. 이 작은 토지들은 1530년대에 부왕 안토니오 데 멘도사Antonio de Mendoza가 적극적으로 추진한 목축업 발전의 필수적인 부속물과 더 비슷한 것이었다. 에스파냐 문화에서 축산물이 지니는 중요성과 누에바 에스파냐에서 신선한 육류, 우유, 치즈, 양모, 가죽, 수지 등을 공급하기 위해 가축들을 사육할 필요성을 감안할 때, 원주민 촌락에 목장을 만듦으로써 원주민들이 겪은 불편은 적어도 가축 떼가 원주민들의 농업 생산을 혼란에 빠뜨릴 조짐을 보일 때까지는 별로 중요하지 않은 문제였다. 그런 때에 국왕은 식민지의 식량 공급원을 보호하고자 움직였다.

특히 1550년대에 가축 떼가 극적으로 불어나기 시작했을 때, 촌락 주민들과 목부(주로 흑인 노예들) 사이에는 극도로 폭력적인 관계가 펼쳐졌다. 원주민들은 노예들의 행위에 대해 격렬히 항의했고 목부들의 폭력을 조장하거나 간섭하지 않음으로써 적어도 그런 행위를 묵인했다는 이유로 노예 주인들을 비난했다. 노예들은 원주민 여성, 식량과 소유물을 빼앗으려고 무리를 지어 들이닥쳤다. 원주민들은 자신을 지키려고 애쓰다가 막대기로 두들겨 맞았고 때로는 목숨을 잃었다. 아내를 구하려고 목장에 갔던 어떤 원주민은 머리카락을 말의 꼬리에 묶인 채 질질 끌려다니다가 죽기도 했다.[13] 필자는 그런 이야기들이 당시의 불평등한 권력관계를 보여준다고 생각한다. 목축업자들은 그들의 가축 떼를 위해 그런

---

12 심프슨, 깁슨과 슈발리에는 또한 피수여자들이 이미 소유하고 있었던 토지들에 대해 흔히 수여 조치가 공표되었다고 지적한다. Simpson, *Exploitation of Land*, p. 6; Gibson, *Aztecs*, p. 275; Chevalier, *La formación*, p. 131.

13 AGNM, vol. 4, fols. 330-332.

권력관계를 십분 활용했다.[14]

목축업자들은 이런 인구 밀집 지역으로 가축들을 들여올 수 있었을 뿐 아니라 그들의 사업을 확대할 수 있었다. 그리하여 1570년대 중반에 이르러 목축업은 지역의 생산을 지배하게 되었다. 우리는 그들의 성공이 부분적으로 양의 개체 수 급증 때문이라고 간주할 수 있다. 그러나 궁극적으로 그것은 목축업의 천연자원 기반인 풀이 소유의 대상이 아니었고 목축업이 '유사한' 자원 개발 체계로서 발전할 수 있었다는 사실에 달려 있었다. 이 점을 이해하기 위한 최선의 방법은 목축업의 확대를 원주민의 토지 이용과 토지 보유 체계에 깊이 박힌 에스파냐식 농업의 발전과 비교하는 것이다.

레파르티미엔토, 즉 노동력 징발 체계를 통해 모든 지주들이 원주민 노동력을 이용할 수 있게 된 1551년까지 에스파냐식 농업은 엔코멘데로들에 의해 지배되었다. 이 시점까지 엔코멘데로들은 사실상 생산을 독점했다. 그들은 필수적인 공물과 그들이 재배하기를 원한 농작물을 명시했고 다양한 사업 활동을 위해 원주민 노동자들을 활용했다. 하지만 그들은 엔코미엔다 내에서 토지에 대한 법적 권리를 갖고 있지 않았고 (뒤에 진술하는 부분에서 보는 바와 같이 이런 단서 조항이 무시되었지만) 그들의 엔코미엔다 토지에서 국왕의 하사를 신청하는 것이 금지되어 있었다. 엔코멘데로들은 간접적으로 토지를 이용하고 생산에 대해 통제하긴 했지만, 근본적으로 그들은 원주민 노동력, 토지 이용과 토지 보유 체계에 의존하고 있었다. 그에 반해 목축업자들은 초창기에 목부와 양치기 들이 거의 대부분 흑인 노예였기 때문에 노동력의 원천을 원주민 공동체에 제한

---

14 허먼 콘래드는 노예 주인들이 노예들의 행위를 묵인한 것에 대해 동일한 결론에 도달했다(1987년 9월, 개인적 의견 교환).

하지 않았다.[15] 목축업자들은 풀이 자연의 산물이고 공동의 자원이었기 때문에 가축들을 방목하기 위해 토지를 획득할 필요도 없었다. 그 때문에 목축업은 원주민들의 토지 이용권과 토지 보유권이나 노동력을 확보하기 위해 원주민 공동체에만 의존할 필요성에 의해 제한받지 않고 발전할 수 있었다. 무력의 사용이나 무력의 위협과 더불어 엔코미엔다/촌락 생산 체계의 '외부에' 목축업이 존재했다는 사실은 방목 가축들과 그 소유주들이 제한받지 않고 새로운 생태적 적소와 사회적 환경을 이용하는 모든 이점을 누렸고 원주민 농업 인구의 밀도에도 불구하고 방목 가축들이 매우 급속하게 불어났다는 것을 의미했다. 기존 토지의 방목지 전환에 뒤이어 토지들이 원주민의 방식에서 에스파냐식 토지 보유 체계로 공식 이전되었고, 토지의 이전은 집약적인 관개 농업에서 목축업으로의 변화를 강화했다. 환경의 변화, 특히 침식과 건조 작용은 이런 변화를 고착시켰다. 에스파냐인들이 농업을 확대할 기회는 정복 직후 식민 시대 초기에 사라졌고, 이 반건조 지역의 취약한 생태계가 훼손되면서 16세기 말에 농산물 시장의 성장을 활용할 수도 없게 되었다. 1580년대에 에스파냐인들이 농업에 관심을 갖기 시작했을 무렵에는 양 방목이 지역의 생산을 지배했을 뿐 아니라 메스키탈 계곡 지역의 대부분이 대단히 훼손되어 그곳의 땅은 다른 어떤 것에도 적합하지 않게 되었다.

토지 보유와 토지 이용에 대한 문서 기록

토지 보유와 토지 이용의 연구를 위한 주요 원천은 멕시코국립문서보

---

15 원주민 노동력의 양 사육 활용에 반대하는 법령은 1520년대부터 시작된다.
    Miranda, *La función*, pp. 13~14.

관소AGN의 하사 편Ramo de Mercedes이다. 거기에는 국왕이 정부 관리들에게 보낸 지시 사항과 각종 인허가와 함께 원주민과 에스파냐인 들에게 국왕이 하사한 토지 수여 등이 기록되어 있다. 이런 자료의 출처는 멕시코 국립문서보관소에 소장된 토지 편, 총괄 보고서 편General de Parte과 원주민 편, 그리고 에스파냐 세비야 소재 인디아스 문서보관소Archivo General de Indias(AGI)에 소장된 사법 편, 궁정 소속의 공증인 편Escribania de cámara과 멕시코의 아우디엔시아Audiencia(고위 인사들의 공식 자문 회의 기구 또는 일종의 왕립 법원, 법정으로서 에스파냐 제국에서 항소 법원의 역할을 담당한다―옮긴이) 편의 문서 기록으로 더욱 많아지게 되었다.

부왕 안토니오 데 멘도사는 1536년에 토지 수여를 법제화하고 이용 방식에 따라 수여 대상이 될 수 있는 토지의 면적을 구체적으로 명시했다. 여기서 우리의 주제와 관련된 토지 수여는 다음과 같다.

머리가 큰 네발짐승 목장(소 목장)의 면적: 17.56km²
머리가 작은 네발짐승 목장(양 목장)의 면적: 7.8km²
농업 보유지의 면적Caballería de tierra: 42.5헥타르[16]

석회암 채굴장sitio de calera, 금속을 연마하는 작업장이나 제분소의 용수권用水權과 아울러 원주민 촌락의 설립이나 공유지의 합법화를 위한 토지tierras de fundación 역시 수여되었다.

깁슨은 다음과 같이 서술한다. "측량 설명서와 지나치게 상세한 측량 기록에도 불구하고 하사된 토지들의 규모는 실제로 상당한 차이를 보였다. 목장들은 반드시 명시된 일정한 면적의 직사각형이 아니었다. 오히

---

16   Gibson, *Aztecs*, p. 276에서 인용함.

려 그 형태는 불규칙했고 경계들로 에워싸인 구역들은 그저 공인된 규모의 근사치일 뿐이었다."[17] 하지만 필자는 가장 초기의 토지 수여나 무단 점유자들의 보유지를 합법화하기 위해 제기된 요청들이 허용된 법정 토지 면적을 초과했을지도 모르지만 더 나중에 이뤄진 토지 수여의 경우는 그렇지 않았다는 점을 알아냈다. 초창기의 토지 수여는 목장 부지(즉, 울타리와 양치기의 오두막)를 위한 것으로서 하사받은 토지의 전체 영역에서 방목할 수 있는 면허를 부여했다. 어떤 목장에 대해 공식적인 소유권을 신청할 기회가 왔을 때, 신청자들은 흔히 1536년에 멘도사가 명시한 토지의 면적을 훨씬 초과한 규모를 요구했다. 하지만 16세기가 더디게 흘러가고 토지가 가득 채워지자 새로운 수여를 위한 공간은 더욱더 부족해졌다. 새로운 목장 부지의 경계들은 두드러지게 되었고 공간을 조작할 여지도 더 줄어들었다. 사실 16세기 말에 이런 조작의 여지가 너무 작아져서 국왕의 하사는 앞선 토지 수여 사이에서 남아 있던 토지만을 대상으로 이뤄졌다.[18]

하사된 토지가 명시된 바와 같이 활용되었는지의 여부는 이 연구를 위해 확실히 중요하다. 심프슨은 하사된 토지가 대개 명시된 대로 활용되었다는 결론에 도달했다.[19] 법정 소송 기록과 다양한 유형의 조사들에 근거해 판단하건대 메스키탈 계곡에서는 용도 설명서가 대체로 준수되었다.[20] 이 지역에서는 처음부터 양 사육에 대한 편견이 있었던 것으로 보

---

17 Gibson, 같은 책, p. 276.
18 각주 49~53을 참조하라.
19 Simpson, *Exploitation of Land*, p. 20.
20 소 떼를 내보내라는 명령은 분명하게 집행되었다. 예컨대 로드리고 데 카스타녜다Rodrigo de Castañeda는 1557년에 하는 수 없이 실로테펙에서 그의 소 떼를 내보내야만 했다. AGIM, leg. 1841, fols. 1r-8r.

인다. 소 떼가 퇴출된 1555년 뒤에는 양 목장에 대해서만 토지 수여의 신청이 이뤄졌다. 하지만 16세기 말에는 가축 떼 가운데 염소가 더 높은 비율을 차지했고, 북부 계곡과 우이치아판의 주변부 지역에 소 목장 몇 곳이 출현했다.[21] 이런 어려움에도 불구하고 양 사육이 우세했기 때문에 나는 7.8km²라는 양 목장의 법정 면적에 근거해 공식적인 토지 인수와 토지 이용의 변화에 대해 추정해 왔다.

문서 기록에 따르면, 16세기에 메스키탈 계곡에 존재한 양 목장 862곳 가운데 407곳만이 공식적인 하사 토지인 듯했다. 나머지 455곳은 새롭게 하사된 토지의 경계를 구성한 인근의 보유지(양이나 소 목장 또는 농경지)를 참조해 확인했다. 이 목장들은 새롭게 하사된 토지 부근에 있거나 법정 소송, 유언장, 인구 조사, 보고서informes, 시찰diligencias이나 상세한 서술 보고서relaciones의 대상이기도 했다. 이 보유지들의 공식적인 명칭을 찾아내지 못했기 때문에 필자는 그곳들을 '무단 점유자들의 보유지'로 지명했다.

메스키탈 계곡의 모든 보유지를 확인하고자 노력하면서 토지 보유 증명서를 연대순과 카베세라 단위로 열거하고 보유지에 대한 설명을 비교하며 대조했다. 토지 소유주들과 인근 마을들의 이름, 개울, 마른 개울바닥, 협곡, 언덕, 원주민 토지 같은 유명한 지형지물, 그리고 (카베세라 또는 알려진 주요 지형지물에서 따온) 기본 방향 등은 모두 서로 다른 보유지들을 확인하고 구별하기 위해 사용되었다.

2장에서 언급했듯이 토지의 소유와 이용 관련 문서 기록은 적절한 카

---

21 AGNT, vol. 2812, exp. 13, fol. 411; vol. 2756, exp. 7, fol. 16r; AGIM, leg. 111, ramo 2, doc. 12, fols. 29v-30r. 하사된 농업용 토지에는 적은 수의 황소, 암소, 말과 노새가 있었다.

베세라에 맡겨진다. 따라서 하사된 토지가 위치한 지역은 한정되었다. 매우 크지만 카베세라가 단지 한 곳에 지나지 않은 실로테펙을 제외하고, 단일 카베세라의 소관 구역에 포함되는 토지 수여의 총수 역시 제한적이었다. 그러므로 서로 다른 토지 보유의 내용을 확인하고 구별하는 작업은 상상할 수 있는 것보다 더 간단한 과정이었다.

토지 인수 과정

원주민 방식에서 에스파냐식 토지 보유 체계로 토지가 이전되는 역사는 수십 년 단위로 분해되고 시대별로 분류되어 왔다. 그 결과 상이한 하위 지역들 내의 전환 과정은 몇 차례의 짧은 기간에 걸쳐 비교될 수 있다. 모든 토지 하사에는 날짜가 기록되므로 수여된 토지를 특정 연대 (10년 단위)로 배정하는 것은 간단한 과정이었다. 그리고 하사받은 토지가 수여된 해는 에스파냐식 토지 보유 체계로 이전된 시기로 간주되었다. 하지만 어떤 무단 점유자가 토지를 차지한 연도에 대한 기록은 드물다. 무단 점유자의 토지 보유를 특정 연대로 배정하기 위해 그런 보유지가 기록된 문서의 날짜는 전환의 시점으로 여겨졌다. 물론 다음과 같은 예외가 있다. 무단 점유자가 보유한 땅의 존재를 기록한 문서가 작성되었을 때에 무단 점유자의 보유지들이 자리를 확실히 잡았을 개연성이 높기 때문에 각 10년의 총계는 조정되어 왔다. 무단 점유자들의 보유지로 확인되고 10년 중 첫 4년에 속한 기록에 나타나는 모든 목장은 그에 앞선 10년의 총계에 포함된다. 그러므로 각 10년의 총계는 그 기간에 하사된 모든 토지뿐 아니라 해당 10년의 마지막 6년과 그다음 10년 중 첫 4년에 속하는 문서들에 기록된 무단 점유자의 보유지를 포함한다. 예컨대 1540년대의 총계는 1540년 1월 1일부터 1549년 12월 31일까지 하사된 토지뿐 아니라 1544년 1월 1일부터 1553년 12월 31일까지의 문서들에 기록된 무단 점유자의 보유지를 포함한다.

에스파냐식 토지 보유 체계로 이전된 토지의 면적은 각 10년의 마지막 해 각 하위 지역에 있는 목장의 총계에 7.8km²(양 목장에 포함된 토지의 법정 면적)를 곱해 산출되었다. 그 결과 km²로 표시된 총면적은 그다음에 표면적이 크게 다른 하위 지역들의 목축업 팽창 정도를 비교하기 위해 각 하위 지역의 총표면적 중 해당하는 백분율로 나타냈다.

이 연구를 처음 발표할 때에 필자는 목축업 팽창 초창기의 문서 기록 가운데 대부분이 불완전했다는 점을 언급했다. 토지 수여(하사 편)의 기록에 공백이 있었고, 1000권이 넘는 토지 소송(토지 편) 자료들은 목록이 만들어지지도 않았다. 그러므로 필자는 엔코멘데로들을 '증거 자료가 없는 무단 점유자'로 추가함으로써 1530년대와 1540년대의 토지 보유자 총계를 조정했다. 필자의 추론은 엔코멘데로들이 식민 시대 초기에 메스키탈 계곡의 일부 지역에서 실제로 그랬던 것처럼 누에바 에스파냐의 다른 지역으로도 방목 가축을 들여오는 데 적극적이었기 때문에 엔코멘데로 40명을 1530년대와 1540년대의 토지 보유자 총계에 무단 점유자로 추가하는 것이 지나치지 않다는 것이었다. 이런 조정은 다음과 같은 서술을 의미했다. "그 지역에는 양 목장들이 간간이 흩어져 있었는데 원주민 공동체들이 제기한 불만의 횟수로 표현되듯이 사실 가장 큰 부담을 드러낸 지역에 양 목장들이 심하게 집중되어 있었다."[22]

1986년에 필자는 멕시코국립문서보관소의 원주민 편, 총괄 보고서 편, 토지 편에 소장된 메스키탈 계곡 관련 문서expedientes에 대한 주석이 붙은 색인을 살펴보았다.[23] 토지 편 문서에서 새로운 토지 하사 68건을 찾

---

22   Melville, "The Pastoral Economy," p. 92.

아내 총계에 추가함으로써 필자는 '증거 자료가 없는 무단 점유자'를 필자의 계산에서 제외할 수 있었다. 이런 조정을 통해 필자는 일부 하위 지역들의 토지 인수 과정에 대한 원래의 견해를 바꾸게 되었다. 토지 이전의 진도 역시 원래 제시한 수준보다 더 더뎠던 것으로 보인다. 하지만 그 지역의 최종적인 토지 보유 규모와 양식은 거의 동일하고 에스파냐식 토지 보유는 동일한 하위 지역들에 여전히 가장 많이 집중된 듯하다.

최초의 연구에서 수행된 두 번째 조정, 즉 1580년대와 1590년대(바꿔 말해 1584년 1월 1일부터 1599년 12월 31일까지)에 기록된 무단 점유자들의 보유지 중 30%를 1599년 모든 하위 지역들의 토지 보유 총계에서 뺐다는 것은 유지되었다. 이 조정은 16세기의 마지막 20년 동안 토지 수여의 건수와 무단 점유자의 보유지가 극적으로 늘어났기 때문에 그보다 앞선 시기의 보유지와 혼동하게 될 가능성을 고려한 것이다. 이 문제는 주로 면적이 매우 넓은 실로테펙 하위 지역에 적용되었다. 그곳에서는 전체 보유지를 확인하고 식별하는 데 다소 어려움이 있었다. 그러나 모든 하위 지역들을 대상으로 조정 작업이 이뤄졌다.

〈표 5-1〉~〈표 5-3〉과 〈표 5-6〉~〈표 5-11〉은 열 개의 하위 지역에서 에스파냐식 토지 보유 체계로 이전된 토지에 관한 정보를 제시한다. 이 몇 가지 표에는 10년 동안 수여되거나 무단 점유자들이 획득한 목장의 수와 피수여자의 인종 범주(예컨대 원주민, 에스파냐인, 메스티소 또는 물라토), 각 10년의 마지막 해 각 하위 지역에 있었던 목장의 총계, 각 하위 지역의 총표면적에서 차지하는 백분율로 나타낸 목축업으로 공식 전환된 토지의 면적 등이 포함되어 있다. 토지 보유에 관한 문서 기록과 참고 문헌들은 매우 많기 때문에 이 표들의 출처는 〈부록 C〉에서 연대순과 카베세

---

23 Piñeda, *Catálogo*.

라 단위로 기재될 것이다. 본문은 이 표들에서 윤곽이 드러난 토지 이전의 양식들을 살펴보기 위해 정치적·사회적·경제적 변화의 함축된 의미를 논의한다.

1단계: 팽창(1530~1565년)

테노치티틀란의 정복 직후에 에스파냐인 목축업자들은 가축 떼를 몰고 멕시코 계곡의 바깥으로 이동했다. 1520년대에 메스키탈 계곡에서 양 떼를 방목했다는 직접적인 지적은 존재하지 않지만, 에스파냐인들이 누에바 에스파냐의 다른 지역들에서 즉시 가축 떼를 돌보기 시작했다는 증거가 존재한다. 그 증거는 에스파냐인들이 인접한 지역을 모르는 체하지 않았을 것임을 시사하는 듯 보인다.[24] 그리고 1530년대에 메스키탈 계곡의 가축 소유자 대다수가 1세대 엔코멘데로였기 때문에 그들이 이 지역에서 가축 떼를 모으고 방목을 준비하는 데 다른 동료들보다 뒤처졌을 것 같지는 않다.[25] 1530년대 말에는 메스키탈 계곡의 가장 부유하고 인

---

24 Miranda, *La función*, pp. 25~29; Matezanz, *Introducción*, p. 537; Chevalier, *La formación*, p. 118. 1526년 이후 멕시코시 카빌도는 실제의 관할 구역 밖에 있는 목장들에 공식적인 소유권을 부여했다. 1520년대에 멕시코시에서 멀리 떨어져 있는 미초아칸, 메데인Medellin, 베라크루스Veracruz, 틀락스칼라 지역에서도 에스파냐인들이 가축, 특히 양과 돼지에 대해 1/10세diezmos를 납부했는데, 이는 정복 직후 첫 10년 동안 가축의 개체 수가 급속하게 늘어났음을 보여준다(Matezanz, *Introducción*, p. 538).

25 1530년대 메스키탈 계곡의 가축 소유자 34명 가운데 12명은 1520년대에 에르난 코르테스 또는 최초의 아우디엔시아로부터 엔코미엔다를 수여받았고 한 명은 나중에 엔코미엔다를 상속받았으며 또 다른 한 명은 최초의 보유자의 과부였다. 나머지 가축 소유자들은 다른 지역에 엔코미엔다를 보유한 자들로 확인될 수 있다.
1530년대 메스키탈 계곡에서 가축 떼를 소유한 지역의 엔코멘데로들은 다음과 같다.

표 5-1 1530~1539년의 토지 인수

토지 보유자	토지 수여 에스파냐인	무단 점유지 에스파냐인	1539년	km²	%
툴라	1	0	1	7.8	0.6
남부 평원	1	3	4	31.2	6.4
중앙 계곡	1	1	2	15.6	2.5
실로테펙	2	21	23	179.4	9.4
알파사유카	0	4	4	31.2	4.9
메스키탈 계곡 총계	5	29	34	265.2	2.6

주: 토지 수여: 문서 기록이 남아 있는 토지 하사
　　무단 점유지: 무단 점유자들이 독차지한 토지
　　1539년: 1539년 당시 목장의 누적 총계
　　km²: 목장 총계 × 7.8km²
　　%: 각 하위 지역의 총표면적에서 목장이 차지하는 면적(km²)의 백분율
자료: 〈부록 C〉.

엔코멘데로	엔코미엔다	목장 소재지
프란시스코 데 에스트라다*	투산틀랄파	틀라파날로야
스포발 카베손*	투산틀랄파	틀라파날로야
바르톨로메 고메스*	테페티틀란	실로테펙
스포발 에르난데스*	아파스코	토르나쿠스틀라
곤살로 에르난데스*	토르나쿠스틀라	틀릴콰우틀라
마르틴 로페스*	테킥스키악	테킥스키악
헤로니모 로페스*	악사쿠바	실로테펙
후안 데 모스코소*	테페시	실로테펙
프란시스코 로드리고*	예테코막	실로테펙
헤로니모 루이스 데 라 모타*	치아파데모타	실로테펙
로렌소 수아레스*	틀라노코판	실로테펙
후안 사라미요	실로테펙	실로테펙
후안 데 쿠에야르(상속인)	칠콰우틀라	실로테펙
베아트리스 데 리베라 (마르틴 로페스의 과부)	테킥스키악	테킥스키악

주: * 엔코미엔다의 최초 보유자.
자료: AGNM, vol. 1, exp. 37, fol. 20r; exp. 231, fols. 11r-v; exp. 236, fol. 112r; exp. 448, fol. 210; exp. 466, fol. 218r; vol. 2, exp. 71, fol. 29r; exp. 122, fol. 47r; exp. 125, fol. 48v; exp. 220, fol. 86r; exp. 249, fols. 95v-96r; exp. 530, fol. 217r; exp. 572, fol. 233r; vol. 4, fols. 77r-v; vol. 21, fols. 79v-80r; AGIJ, leg. 143 no. 2.

구 밀도가 가장 높은 하위 지역들에서도 가축 떼의 방목이 이뤄지고 있었다.

엄밀히 말하면 몇 마리의 가축과 가축을 돌볼 노예를 얻은 사람은 누구나 목축업자가 될 수 있었고 실제로 그랬다. 하지만 엔코멘데로들은 그들의 엔코미엔다 내에서 토지를 소유할 수 없었을 뿐 아니라 원주민 공납인들을 목부로 활용할 수 없었을지라도 목축의 발전과 결국 하사된 토지의 획득에서 분명한 우위를 점했다.[26] 초창기에 엔코멘데로들이 차지한 권력과 위세는 그들이 자신과 타인들이 위탁받은 엔코미엔다의 풀밭으로 비교적 큰 손실과 어려움 없이 가축 떼를 들여올 수 있었다는 것을 의미했다. 엔코멘데로들은 또한 위탁받은 엔코미엔다 내에서 토지 수여를 신청하는 데 성공했다. 이 수여의 대상이 원주민 촌락의 토지 또는 국왕에 의해 지정된 공유지에 포함되었는지(따라서 양도할 수 있는지)의 여부는 명시되지 않았다. 하지만 흥미롭게도 1530년대에 메스키탈 계곡에서 가축 떼를 소유한 엔코멘데로 열두 명 중 단지 세 명만 위탁받은 엔코미엔다의 경계 내에서 목장을 설립했다.[27] 자신이 위탁받은 엔코미엔다보다 다른 이들이 관할하는 엔코미엔다에 목장을 세우는 일이 더 쉬웠던 것으로 보인다.

당시 가축의 종류를 좀처럼 구체적으로 명시하지 않았기 때문에 초창기 문서에서 언급된 가축이 소인지 양과 염소인지를 결정하기는 어렵다.

---

26 엔코미엔다의 하사는 그 수여의 대상이 되는 원주민 공동체들의 경계 내 토지에 대한 권리를 포함하지 않았다. 엔코멘데로는 위탁받은 엔코미엔다 내의 토지에 대한 하사를 법적으로 신청할 수도 없었다. 위탁받은 엔코미엔다 내부의 토지에 대해 무상 매수 신청을 할 수 없었다. 원주민 노동력의 양 사육 활용에 반대하는 법령은 1520년대부터 시작된다. Miranda, *La función,* pp. 13~14.

27 각주 25를 참조하라.

하사된 토지의 면적이 그 기능에 따라 구체적으로 명시되고 나서 비로소 가축의 종류는 규칙적으로 분명히 서술되었다. 대개 누에바 에스파냐에서 초창기에 하사된 토지들은 주로 양과 염소 사육을 위해 수여되었으리라 여겨진다. 편견에 따르면 메스키탈 계곡에는 초창기부터 양과 염소만 있었던 것처럼 보이지만 실제로 소와 말도 존재했다.[28]

누에바 에스파냐에 대한 최초(1548년경)의 지리 보고서에는 1540년대 메스키탈 계곡에서 에스파냐인들이 어떤 활동을 벌였는지가 충분히 서술되어 있지 않다. 예컨대 『정기 시찰 전집』에 기록된 바에 따르면 메스키탈 계곡의 동쪽 절반에서 가축 떼는 단지 세 무리에 지나지 않았지만, 〈표 5-2〉에서 볼 수 있듯이 실제로는 더 많이 존재했다는 증거가 풍부하다. 1540년대 에스파냐인들이 벌인 목축 활동의 규모에 대한 가장 분명한 증거는 실로테펙 하위 지역에서 찾을 수 있지만, 이 지역의 상황은 『정기 시찰 전집』에 포함되지 않았다. 1551년에 실로테펙의 원주민들은 파괴를 모면하려고 사람들이 자기 땅을 버리고 떠난다고 진술하면서 초원에서 방목되고 있는 수많은 가축으로부터 구조해 달라고 국왕에게 청원했다. 진정서에는 대대적인 파괴를 초래하고 있었던 가축들의 소유자로 에스파냐인 31명이 열거되었다. 가축 소유자들의 명단은 식민지 엘리트들의 『명사 인명록Who's Who』처럼 보인다. 거론된 인물의 명단에서 그 지역 엔코멘데로 여덟 명이 중요한데, 최악의 범죄자들은 실로테펙의 엔

---

28 Miranda, *La función*, p. 29; Matezanz, *Introducción*, p.538. 양과 돼지의 존재: 실로테펙, 토르나쿠스틀라, 테스카테펙: AGNM, vol. 1, exp. 310, fols. 143r-v; vol. 2, exp. 288, fols. 11v-12r, AGIM, leg. 1841, fols. 1r-8r. AGIJ, leg. 143, no. 2.
암말과 암소의 존재: 실로테펙과 테스카테펙: AGNM, vol. 1, exp. 37, fol. 20r; vol. 2, exp. 228, fols. 11v-12r.

표 5-2 1540~1549년의 토지 인수

토지 보유자	1539년	토지 수여 에스파냐인	무단 점유지 에스파냐인	1549년	km²	%
툴라	1	0	3	4	31.2	2.5
남부 평원	4	1	1	6	46.8	9.6
중앙 계곡	2	0	1	3	23.4	3.8
남-북 평원	0	1	0	1	7.8	1.0
실로테펙	23	1	22	46	358.8	18.9
알파사유카	4	1	0	5	39.0	6.1
치아파데모카	0	0	7	7	54.6	7.8
북부 계곡	0	0	1	1	7.8	0.7
익스미킬판	0	1	1	2	15.6	1.5
메스키탈 계곡 총계	34	5	36	75	585.0	5.8

주: 1539년: 1539년 당시 목장의 누적 총계
　　토지 수여: 문서 기록이 남아 있는 토지 하사
　　무단 점유지: 무단 점유자들이 독차지한 토지
　　1549년: 1549년 당시 목장의 누적 총계
　　km²: 목장 총계 × 7.8km²
　　%: 각 하위 지역의 총 표면적에서 목장이 차지하는 면적(km²)의 백분율
자료: 〈부록 C〉.

코멘데로 후안 하라미요와 그의 두 번째 부인 베아트리스 데 안드라다를
포함한다. 거론된 31명보다 더 많은 이들이 연루되었지만, 이름이 언급
되지 않은 이들은 아마 더 평범한 사람들로서 그리 잘 알려지지 않았고
(적어도 국왕에게) 가축 떼의 규모도 아마 더 작았을 공산이 크다.[29]

〈표 5-2〉는 1540년대 말까지도 1530년대와 동일한 지역, 즉 툴라강 상
류(툴라, 남부 평원과 치아파데모타), 알파사유카와 실로테펙에 목장들이 가
장 많이 집중되어 있었음을 보여준다. 원주민 공동체들이 제기한 불만의

29　AGIM, leg. 1841, fols. 1r-8r, 1551년 국왕에게 보낸 청원서. AGNM, vol. 4,
　　fols. 77r-v, 1551년에 보낸 청원서에 대해 답변한 1555년의 칙령(국왕의 명령
　　서).

표 5-3 1550~1559년의 토지 인수

| 토지 보유자 | 1549년 | 토지 수여 | | 무단 점유지 | | 1559년 | km² | % |
		에스파냐인	원주민	에스파냐인				
툴라	4	2	4	5	15	117.0	9.5
남부 평원	6	1	0	0	7	54.6	11.3
중앙 계곡	3	0	0	0	3	23.4	3.8
남-북 평원	1	0	0	1	2	15.6	2.0
실로테펙	46	3	0	5	54	421.2	22.1
알파사유카	5	2	0	3	10	78.0	12.3
치아파데모타	7	2	0	0	9	70.2	10.1
우이치아판	0	3	0	0	3	23.4	1.3
북부 계곡	1	0	0	0	1	7.8	0.7
익스미킬판	2	0	0	2	4	31.2	3.0
메스키탈 계곡 총계	75	13	4	16	108	842.4	8.4

주: 1549년: 1549년 당시 목장의 누적 총계
　　토지 수여: 문서 기록이 남아 있는 토지 하사
　　무단 점유지: 무단 점유자들이 독차지한 토지
　　1559년: 1559년 당시 목장의 누적 총계
　　km²: 목장 총계 × 7.8km²
　　%: 각 하위 지역의 총 표면적에서 목장이 차지하는 면적(km²)의 백분율
자료: 〈부록 C〉.

횟수는 이 하위 지역들이 가장 큰 부담에 시달렸다는 것을 확인해 준다.

엔코멘데로들은 1540년대에도 여전히 가축 소유자들의 대다수를 차지
했다. 그리고 1530년대보다 더 많은 엔코멘데로들이 위탁받은 엔코미엔
다의 경계 내에서 그들의 가축을 방목하곤 했다. 예컨대 남부 평원 테킥
스키악의 엔코멘데로 마르틴 로페스Martyn López는 1542년에 자신이 위
탁받은 엔코미엔다에서 양 목장 한 곳의 수여를 요청했다.[30] (역시 남부 평원
에 위치한) 우에이포스틀라의 엔코멘데로 페드로 발렌시아노Pedro Valenciano

30　AGNM, vol. 2, exp. 125, fol. 48v.

와 안톤 브라보Anton Bravo는 위탁받은 엔코미엔다의 경계 내에 설립한 양 목장의 동업자였다. 발렌시아노는 1553년까지 소유권을 공표하지 않았지만, 브라보가 1548년에 사망했기 때문에 목장은 아마 그보다 훨씬 전에 설립되었을 것이다.[31] 왕실 출납관과 이전에 툴라의 엔코멘데로로 활동한 디에고 데 알보르노스Diego de Albornoz는 1546년에 툴라의 경계 내에 있는 목장 한 곳을 시파코야Xipacoya의 엔코멘데로인 '청년' 후안 데 하소Juan de Jasso el mozo에게 매각했다.[32] 1550년에 치아파데모타의 엔코멘데로 루이스 데 라 모타Ruiz de la Mota는 그의 엔코미엔다 경계 내에 목장 일곱 곳을 보유한 것으로 기록되었다.[33]

툴라강 상류를 이루는 하위 지역들에 관한 문서 기록은 이 비옥한 지역들이 목축업자들에게 매력적인 곳이었음을 입증한다. 놀랍게도 1540년대에 남-북 평원과 익스미킬판에서 문서 기록이 남아 있는 목장들은 거의 없다. 하지만 필자가 보기에는 기록이 남아 있는 두 곳보다 익스미킬판 하위 지역에 확실히 더 많은 목장들이 존재했을 것이라고 추정할 수 있다. 1540년대에 익스미킬판읍 가까이에 광산들이 개장되었고 따라서 노동자들에게 신선한 고기를 공급하고 광석을 실어 나를 가죽 부대와 양초용 수지를 제공해 줄 목장이 필요했을 것이기 때문이었다. 그뿐 아니라 익스미킬판 최초의 엔코멘데로인 후안 베요Juan Bello가 1569년에 사망하자 그의 부인과 손녀는 이 하위 지역의 양 목장 네 곳을 물려받았는데, 베요가 정복 이후 양 목장들을 설립하기 위해 아주 오랜 세월을 기

---

31   AGIJ, leg. 154, no. 3, 3ª pte., fol. 460v.

32   AGNM, vol. 3, exp. 461, fols. 169r-v. 알보르노스는 1542년에 왕실 관리들의 엔코미엔다 보유를 금지한 신법新法이 공포되자마자 엔코미엔다를 포기해야만 했다.

33   AGNM, vol. 3, fol. 144.

표 5-4 양 목장의 위치

	1530년대	1540년대	1550년대	1560년대	1570년대	1580년대	1590년대	총계
언덕	0	5	3	41	7	28	62	146
경사면	0	0	0	8	1	16	32	57
평지	1	0	2	4	3	2	12	24
초원	0	32	0	0	0	0	0	32
세습 토지	0	0	0	0	1	2	9	12
습지	0	0	0	0	0	1	0	1
강	0	0	0	0	1	1	3	5
협곡	0	1	0	0	1	0	0	2
개울	0	0	0	8	0	7	0	15
계곡	0	0	0	1	1	6	0	8
인구가 줄어든 촌락	0	0	0	0	0	1	20	21
농경지	0	0	0	1	0	0	0	1

자료: 〈부록 C〉.

다렸을 공산은 크지 않다.[34] 에스파냐인 정착지가 치치메카족의 침입 위협에 시달려온 지역의 서북부 우이치아판에서도 목장들에 대한 증거는 존재하지 않는다. 하지만 우이치아판 고원의 동쪽 언덕에 접해 있는 지역들(실로테펙, 알파사유카, 차판통고)에 양과 소 목장들이 있었다는 사실을 우리는 알고 있다. 그러므로 1549년 이전에 우이치아판 하위 지역에서도 가축 떼를 방목하고 있었을 공산이 있다.[35]

(처음에) 아주 작은 가축 떼가 원주민 지역으로 유입된 과정은 비교적 평화로웠다. 그러나 가축 떼의 규모는 방목률만큼 중요하지 않고, 규모

---

34 AGIC, leg. 671-B, 후안 베요의 유언장.
35 4장을 참조하라.

표 5-5 농경지의 부지 선정

	1530년대	1540년대	1550년대	1560년대	1570년대	1580년대	1590년대	총계
언덕	0	0	7	3.5	3	42	44	99.5
경사면	0	0	0	19.5	5.5	58.25	49	132.25
평지	0	0	0	0	4	24	26	54
초원	0	0	0	0	3	7	4	14
세습 토지	0	0	0	0	0	0	8	8
습지	0	0	0	0	0	6	2	8
강	3	0	0	0	0	2	7	12
협곡	0	0	0	0	1	0	0	1
개울	0	2	0	0	0	2	2	6
계곡	0	0	0	0	0	0	6	6
인구가 줄어든 촌락	0	0	0	0	0	4	23	27

자료: 〈부록 C〉.

가 작은 가축 떼는 한정된 목초지를 넘어 알맞은 지역에서 지나치게 많이 방목되어 사료를 놓고 경쟁하기 시작했다. 가축의 개체 수가 늘어나면서 농작물 파손에 대한 원주민 공동체들의 불만이 늘어났고 촌락 주민들과 목부들의 관계는 점점 더 험악해졌다.[36] 아마 원주민들은 당시에 공유지에서 작은 규모의 가축 떼를 관리하고 있었을 것이다. 하지만 그들은 토지를 하사받지 못했고, 문서들에 무단 점유자로 나타나지도 않았다.

목축업자들은 1550년대에도 예전과 동일하게 다소 부주의하게 그 지역으로 계속 이동했다. 당대의 증인들이 16세기 중엽까지 원주민 인구가 1/2에서 많게는 2/3까지 감소했다고 전했고,[37] 그 결과로 짐작건대 그에

---

36 원주민 공동체들이 제기한 불만과 소송에 대한 언급은 2장의 각주 92와 〈표 5-12〉를 참조하라.

표 5-6 1560~1565년의 토지 인수

토지 보유자	1559년	토지 수여		무단 점유지		1565년	km²	%
		원주민	에스파냐인	원주민	에스파냐인			
툴라	15	32	5	5	12	69	538.2	44.0
남부 평원	7	3	2	0	3	15	117.0	24.2
중앙 계곡	3	16	2	0	2	23	179.4	29.7
남-북 평원	2	11	0	0	1	14	109.2	14.5
실로테펙	54	8	2	0	6	70	546.0	28.7
알팍사유카	10	1	8	0	7	26	202.8	31.9
치아파데모타	9	13	0	0	1	23	179.4	25.8
우이치아판	3	2	5	0	14	24	187.2	11.0
북부 계곡	1	1	0	0	0	2	15.6	1.5
익스미킬판	4	3	0	0	3	10	78.0	7.5
메스키탈 계곡 총계	108	90	24	5	49	276	2,152.0	21.4

주: 1559년: 1559년 당시 목장의 누적 총계
　　토지 수여: 문서 기록이 남아 있는 토지 하사
　　무단 점유지: 무단 점유자들이 독차지한 토지
　　1565년: 1565년 당시 목장의 누적 총계
　　km²: 목장 총계 × 7.8km²
　　%: 각 하위 지역의 총표면적에서 목장이 차지하는 면적(km²)의 백분율
자료: 〈부록 C〉.

상응하는 농경지의 총계도 통제를 받지 않게 되었지만, 1550년대 토지 수여는 단 13건에 지나지 않았다. 훨씬 더 놀라운 점은 단지 20명의 새로운 무단 점유자들이 기록에 등장했다는 것이다. 1550년대 말에 메스키탈 계곡 전역의 목장 수가 108곳에 지나지 않았다는 증거가 존재한다. 다시 말해 그 지역의 총표면적의 8.4%만이 에스파냐식 토지 보유 체계로 공식 이전된 셈이었다. 원주민 인구가 감소하기는 했지만, 촌락 주민들은 드넓은 밭의 경작을 유지하고 따라서 토지에 대한 통제권을 계속 보유하려고 애썼다. 그러나 1550년대에 토지 인수의 비율이 왜 낮았는지

37　Motolinia, *History*, p. 302.

를 설명하려고 할 때, 부왕 벨라스코가 에스파냐인과 원주민 사이의 관계에 미친 대단한 영향력을 고려해야만 한다. 그가 원주민들의 권리를 보호하고 에스파냐인들이 소유한 가축 떼의 침입에 대한 우려와 고통을 덜어주고자 노력했을 뿐 아니라 그 정책을 확실하게 집행하기로 결정했기 때문에, 휴경지에 대한 대대적인 수용收用 조치는 취소되었을 수 있다.

벨라스코는 부왕 재임 기간(1550~1564년) 중에 여러 오래된 규정들을 시행하고 원주민 촌락에서 가축들을 몰아내고 그들의 땅을 방목에 이용하지 못하도록 막으려는 새로운 규정을 도입했다. 촌락 주위의 반경 3000보(1레구아) 내에서는 관례적으로 인정되어 온 공동 목초지에 대한 권리조차 금지되었다. 수확을 마친 밭에서 방목은 1월 1일부터 2월 28일까지의 기간으로만 제한되었고 방목률(목장낭 가축 마릿수) 역시 한정되었다.[38] 벨라스코는 인구 밀도가 높은 누에바 에스파냐의 중심부에서 소를 몰아내도록 명령했고, 1550년대에 인구가 밀집한 농업 지역에서도 목장용 토지를 거의 수여하지 않았다. 대신에 치치메카 지역과 당시 농업 잠재력이 거의 없거나 아예 없다고 간주되는 땅에서 목장용 부지를 하사했다.[39] 벨라스코의 선의를 고려해 볼 때 그가 야산과 외딴 지역에서 여러 차례 토지를 하사함으로써 자연 초지와 삼림 지대의 개발을 실질적으로 시작하거나 적어도 강화하면서 토지 인수 과정을 촉진했다는 사실은 역설적이다. 토지 수여에 포함된 서술을 통해 우리는 1560년대에 농경지에서 떨어져 있는 야산, 계곡과 개울에 목장들을 설치하려는 시도가 있었

---

38 Chevalier, *La formación*, pp. 133~135. 나중에 부왕 마르틴 엔리케스는 1574년에 그 기간을 12월 1일부터 3월 31일까지로 연장했다. Chevalier, 같은 책, p. 135.

39 '치치메카'는 중앙 산악 지대의 북부에 살았던 유랑 원주민들이나 그들이 거주한 지역을 가리킨다.

음을 파악할 수 있다. 그에 반해 농업용 토지 수여는 대부분 완만한 경사지 — 쟁기질에 알맞으면서도 배수가 잘되는 충분한 경사면을 지닌 구역 — 를 대상으로 이뤄졌다(〈표 5-4〉와 〈표 5-5〉를 참조하라). 초창기 목축업자들은 농경지를 선호해 원주민들의 경작지와 직접적인 경쟁을 벌였지만, 그런 선호 경향에 뚜렷한 변화가 나타났다. 하지만 원주민 공동체로부터 꽤 멀리 떨어진 곳에 목장을 설치하려는 조치에도 불구하고 에스파냐인들은 수확을 마친 농경지와 휴경지에서 자유롭게 방목하는 관행을 지속했고 이 땅들의 이용을 통제하려는 규정들을 무시했다. 그 결과 가축 소유자들과 원주민들은 여전히 자주 충돌하게 되었다. 16세기에 기록된 농작물 피해 관련 불만 사항 중 거의 1/3이 1550~1565년에 제기되었다(〈표 5-12〉를 참조하라).

1560년대에 원주민들이 목양에 관심을 보였다는 증거가 존재한다. 원주민들은 1560년과 1565년 사이에 하사된 토지의 78.9%를 취득했다. 이 시기에 토지 수여 건수가 갑자기 늘어났고 하사된 토지 중 더 큰 비율이 원주민들에게 돌아갔다는 사실은 의심할 여지 없이 벨라스코가 추진한 정책의 결과였다. 벨라스코는 토지에 대한 원주민들의 권리를 보호하고 다각적인 방식으로 토지의 이용을 장려함으로써 농민의 기반을 튼튼하게 유지하고자 애썼다.[40] 하지만 원주민 피수여자들은 실제로 모두 귀족(유지principales, 총독, 수장caciques 등으로 다양하게 지칭된)이었고, 1560~1565년에 원주민들에게 하사된 토지 90건 중에서 단지 원주민 공동체 아홉

---

40 김슨이 언급한 대로 "경작을 증진하기 위해 이용 가능한 모든 공한지를 마세구알(원주민 평민)에게 분배하라는 1558년 부왕의 명령은 그것이 강제로 집행되었거나 준수되었다는 점 때문이 아니라 그 조치가 16세기 중엽에 에스파냐인들이 여전히 에스파냐 사회의 유지를 위해 원주민 농업을 장려하고자 했다는 것을 시사해 준다는 점에서 주목할 만하다". Gibson, *Aztecs,* p. 281.

곳과 평민 세 명만이 양 목장의 부지를 수여받았다. 평민 여섯 명과 귀족 두 명은 불모지에서 양들을 방목할 수 있는 면허증을 얻었다.[41] 원주민에게 수여된 토지 하사에는 에스파냐인들의 경우와 마찬가지로 보통 목장당 2000마리로 가축의 두수를 제한하는 동일한 명령이 붙어 있었다. 그럼에도 에스파냐인들과 원주민들은 모두 그 규칙을 무시하고도 처벌을 받지 않았던 것처럼 보인다.

벨라스코를 에스파냐식 법률 체계를 통해 원주민들이 토지를 취득한 과정의 주된 원동력으로 이해하는 시각의 문제점은 그 결과로 원주민들이 주도성이 부족하고 공식적인 토지 소유권의 이점을 제대로 인식할 수 없었던 것처럼 보이게 한다는 것이다. 하지만 원주민들의 법적 권리 옹호로 판단하건대 그들이 자신의 이익을 도모하는 데 수동적이었다거나 법적 절차에 대해 무지했다고 치부할 수는 없다. 토지의 사적 소유권이라는 개념은 정복 이후 40년이 지난 시점에 새롭지 않았을 것이고 사적 소유권의 이점은 그 전에도 분명했을 것임에 틀림없다. 벨라스코는 식민지 엘리트들의 문화와 사회의 구성 요소가 된 활동을 위해 합법적인 토지 취득을 가능하게 만들면서 원주민들에 대한 토지 수여의 장애물을 제거했다. 더욱이 경제적·법률적 이점뿐 아니라 에스파냐식 법률 체계 내에서 토지 소유권은 그것이 제공하는 새로운 사회 속의 귀족들에게 정당

---

41 귀족들은 문서에서 대개 유지로 지칭되었고 평민들은 보통 그저 특정 소도시나 촌락 출신으로 언급되어 있었다. 또한 귀족은 대개 세례명과 에스파냐식 성으로 알려져 있었고 이름 앞에는 (존칭으로) 흔히 '돈Don'을 붙였다. 평민들은 대개 오토미식 이름이나 나우아식 이름을 갖고 있었다.
면허증은 대체로 500~600두에 달하는 양 소유자들에게 주어졌기 때문에 면허증 네 개는 목장 하나에 필적하는 것으로 간주된다. 1590년대부터 양에게 낙인을 찍는 귀족에게 부여된 면허증은 귀족들이 표준적 규모의 목장들을 보유했다는 점을 암시하는 것으로 간주된다.

성을 더해주었을 것이고 그 자체로 그들에게 바람직했을 것이다.

일반적으로 원주민 개인이나 공동체들은 하사받은 토지를 매각하거나 그렇지 않으면 양도하기 위해 공식적인 승인을 받아야 했다. 그리고 매각 승인이 이뤄졌을 때 그 사실은 공매公賣가 개최되기 전 30일 동안 포고 사항을 큰 소리로 알리고 다니는 관리에 의해 매일 공표되었다.[42] 법정 소송 사건에서 드러난 증거와 함께 토지 하사의 증서에 이따금 등장하는 난외欄外의 기록들은 16세기 내내 이 토지들이 흔히 본래의 가문에 그대로 남아 있었다는 것을 보여준다. 그러나 17세기에 작성된 유언장들은 돈이 필요했을 때나 예컨대 한 엔코멘데로가 어떤 개인에게 충분한 압력을 넣었을 때 그 토지들이 양도되었다는 점을 분명히 밝힌다. 깁슨이 서술하듯이 "원주민 통치자와 카빌도가 에스파냐인들을 대상으로 제안된 토지 수여 조치를 기꺼이 받아들였고 그런 토지 수여가 원주민 공동체에 아무런 피해를 끼치지 않을 것이라고 공식적으로 확인한 사실은 공모, 강제 또는 뇌물 수수가 있었음을 강하게 시사한다".[43] 나중에 벌어진 일이기는 하지만, 헤로니모 로페스가 중앙 계곡에 있는 목장 두 곳을 입수한 사례는 에스파냐인들(이 경우에는 해당 지방의 엔코멘데로)이 원주민

---

42 이 일반적 규칙의 주목할 만한 예외는 1560년에 치아파데모타의 원주민들에게 매각 승인과 함께 하사된 13건의 토지 수여였다. AGNM, vol. 5, fols. 154r-156v.

43 Gibson, *Aztecs*, p. 276. 깁슨은 원주민의 토지 이용권에 대한 에스파냐 정부의 이상과 식민지의 실제 상황 사이에 존재해 온 간극에 관해 논평한다. "에스파냐의 법이 에스파냐인들의 개인적 이해관계와 충돌한 다른 사안들처럼 토지 매각에서도 법은 무력하기 짝이 없었다. (멕시코) 계곡에서 원주민의 토지 매매는 정식 공증인 없이 등록되기 일쑤이고, 극히 낮은 가격에 일종의 징벌로서 불공평한 거래가 되풀이되었다. 실제로 원주민들은 판매할 토지가 남아 있기만 하면 에스파냐인들에게 계속 매각했다." 같은 책, p. 281.

들의 토지를 어떤 방식으로 취득했는지를 예증한다. 두 명의 원주민 유지, 즉 악사쿠바의 통치자 돈 디에고 데 멘도사Don Diego de Mendoza와 그의 아들 돈 페드로 가르시 에르난데스Don Pedro Garcí Hernández는 1562년에 각각 목장 한 곳을 하사받았다. 이들의 상속인은 1607년에 그 목장들을 헤로니모 로페스에게 기증했는데, 이는 "그가 우리에게 베풀어왔고 지속하고 있는 여러 차례의 아주 좋은 일들에 대한 보답이자 우리가 그에게 갖고 있는 사랑과 호의의 표시"였다. 분명히 로페스는 1587년에 인근의 테테팡고 촌락의 침입에 맞서 돈 페드로의 목장(도냐 앙헬리나Doña Angelina는 이 목장을 자신의 딸 마리아Maria로부터 상속받았다)을 지켜줌으로써 돈 페드로의 아내이자 돈 디에고의 증손녀인 도냐 앙헬리나를 도왔다. 도냐 앙헬리나의 어머니 카테리나 데 멘도사Catherina de Mendoza(돈 디에고의 손녀)는 이 목장과 더불어 원래 돈 디에고에게 하사된 목장을 숙부인 돈 미겔Don Miguel로부터 물려받았다. 카테리나 데 멘도사와 남편 아우구스틴 페레스Augustin Pérez는 이 목장 두 곳을 제대로 관리할 수 없었고 결국 로페스에게 두 보유지를 기증했다. 그들은 이 목장들을 로페스에게 나중에 넘겨주려는 명확한 목적 아래 원래 하사받은 목장용 부지를 취득했다는 주장을 부인했다.[44] (후손에게 보유 재산이 상속되기보다 윗세대로 올라가는 대단히 복잡한 상속 방식은 아마 인구 붕괴와 더 통상적인 상속인들의 부족 때문에 생겨났을 것이다.)

2단계: 목축업의 강화(1565~1580년)

1565년부터 1580년에 이르는 기간은 메스키탈 계곡에서 방목한 양의 밀도가 높고 토지 인수의 진행 속도가 느렸다는 점이 특히 주목할 만하

---

44   AGNT, vol. 2354, exp. 1, fols. 1-71.

다. 1570년대 말에는 대단히 많은 목축업자들이 지역의 생산을 지배했다. 하지만 그들이 보유지의 크기나 보유지의 전체 면적 덕분에 생산을 지배한 것은 아니었다. 보유지의 규모는 작았고 보유지의 전체 면적은 공식적으로 지역 총표면적의 1/3에 못 미쳤다. 오히려 그들은 단지 방목한 가축의 수만으로 지역의 천연자원 개발을 지배했다. 양들이 개체 수 폭발의 정점에 이르렀던 1560년대 말에 임계점에 도달했다. 호황은 기껏해야 10년에서 12년 동안 지속되었다. 그러나 호황이 지속되는 동안 양 떼가 2만 마리까지 늘어난 목장도 있었고 목장당 1만 마리에서 1만 5000마리쯤은 보통 수준으로 간주되었다.[45]

하지만 가축의 밀도가 증가하면서 방목지로 전환된 토지의 면적이 늘어나기는 했지만, 토지 취득의 속도는 실제로 늦어졌을지 모른다. 1570년대에 토지 하사는 거의 이뤄지지 않았고 놀랍게도 메스키탈 계곡으로 이동한 무단 점유자들도 거의 없었다. 메스키탈 계곡 지역에 이미 존재해 온 양 떼의 밀도만으로도 새로운 양 떼가 방목지를 찾기 어려울 정도였기 때문에 잠재적인 가축 소유자들은 대규모로 그 지역에 들어갈 엄두조차 내지 못했을 것이다.

부왕의 토지 수여 정책의 변화가 1570년대에 토지 인수의 속도를 둔화시켰을지도 모른다. 앞서 암시해 왔듯이 1550년대에 부왕 벨라스코의 계획은 토지 인수의 속도를 억제하는 데 기여했을 수 있지만, 1560년대에 그의 정책은 공식적인 토지 취득을 가속화했다. 그가 사망한 뒤 14년 동안 공식적인 토지 취득 속도는 다시 감소했고, 토지 하사의 건수도 1560~1565년 벨라스코가 수여한 114건에서 가스톤 데 페랄타Gaston de

---

45 1576년 테순틀랄파Tezuntlalpa에서는 양 떼가 2만 마리에 이르러 최대 규모의 개별 사례로 기록되었다. AGNG, vol. 1, exp. 970, fol. 181r.

표 5-7 1566~1569년의 토지 인수

토지 보유자	1565년	토지 수여		무단 점유지		1569년	km²	%
		원주민	에스파냐인	원주민	에스파냐인			
툴라	69	0	0	0	3	72	561.6	45.9
남부 평원	15	5	0	0	0	20	156.0	32.2
중앙 계곡	23	0	4	0	0	27	210.6	34.9
남-북 평원	14	0	0	0	2	16	128.4	16.5
실로테펙	70	0	2	0	1	73	569.4	30.0
알파사유카	26	0	0	0	0	26	202.8	31.9
치아파데모타	23	0	0	0	0	23	179.4	25.8
우이치아판	24	0	0	0	0	24	187.2	11.0
북부 계곡	2	0	0	0	1	3	23.4	2.3
익스미킬판	10	0	0	0	0	10	78.0	7.5
메스키탈 계곡 총계	276	5	6	0	7	294	2,293.0	22.8

주: 1565년: 1565년 당시 목장의 누적 총계
　　토지 수여: 문서 기록이 남아 있는 토지 하사
　　무단 점유지: 무단 점유자들이 독차지한 토지
　　1569년: 1569년 당시 목장의 누적 총계
　　km²: 목장 총계 × 7.8km²
　　%: 각 하위 지역의 총 표면적에서 목장이 차지하는 면적(km²)의 백분율
자료: 〈부록 C〉.

Peralta와 마르틴 엔리케스Martín Enríquez가 부왕으로 재임한 1566~1579년에는 55.5건으로 떨어졌다. 하지만 토지 하사 건수의 감소가 부왕의 정책에서 비롯된 것인지 아니면 신청 건수 자체가 줄어든 탓인지는 확실하지 않다. 아울러 무단 점유자들이 애초부터 계속 법률의 미세한 차이에 거의 관심을 보이지 않았기 때문에 부왕의 정책들이 그들의 활동에 어떻게 영향을 미쳤을지도 확실하지 않다.

3단계: 최종 인수(1580~1600년)

16세기의 마지막 20년 동안에는 결국 토지의 대부분이 에스파냐식 토

표 5-8 1570~1579년의 토지 인수

토지 보유자	1569년	토지 수여		무단 점유지		1579년	km²	%
		원주민	에스파냐인	원주민	에스파냐인			
툴라	72	6	2	3	13	96	748.8	61.2
남부 평원	20	3.25	0	1	5	29.25	228.1	47.2
중앙 계곡	27	2.25	6	0	0	35.25	274.9	45.5
남-북 평원	16	7	3	2	4	32	249.6	33.1
실로테펙	73	3	2	0	5	83	647.4	34.1
알파사유카	26	1	3	0	7	37	288.6	45.5
치아파데모타	23	0	0	0	1	24	187.2	26.9
우이치아판	24	1	2	0	19	46	358.8	21.1
북부 계곡	3	3	0	1	0	7	54.6	5.3
익스미킬판	10	0	0	0	0	10	78.0	7.5
메스키탈 계곡 총계	294	26.5	18	7	54	399.5	3,116.1	31.0

주: 1569년: 1569년 당시 목장의 누적 총계
   토지 수여: 문서 기록이 남아 있는 토지 하사
   무단 점유지: 무단 점유자들이 독차지한 토지
   1579년: 1579년 당시 목장의 누적 총계
   km²: 목장 총계 × 7.8km²
   %: 각 하위 지역의 총표면적에서 목장이 차지하는 면적(km²)의 백분율
자료: 〈부록 C〉.

지 보유 체계로 공식 편입되었다. 앞선 50년의 기간보다 이 20년 동안에 더 많은 보유지들이 지역의 총계에 추가되었다. 두 가지 과정이 토지 인수를 가속하는 기반이 되었다. 첫 번째 과정은 1576~1581년의 전염병 확산에 따른 원주민 인구의 극적인 감소였고, 두 번째는 다소 역설적이지만 환경의 악화였다.

1560년부터 1580년까지 메스키탈 계곡에서 포착된 토지 이용의 변화, 즉 집약적인 관개 농경지에서 집중적인 소규모 목축지로의 전환은 원주민들의 인구 붕괴와 상관없이 발생했고, 양 개체 수의 높은 밀도의 압력

표 5-9 1580~1589년의 토지 인수

토지 보유자	1579년	토지 수여			무단 점유지		1589년	km²	%
		원주민	메스 티소	에스 파냐인	원주민	에스 파냐인			
툴라	96	0	0	5	3	12	116	904.8	724.0
남부 평원	29.25	2	0	7	4	3	45.25	352.9	73.0
중앙 계곡	35.25	0	0	5	1	1	42.25	329.5	54.6
남-북 평원	32	6	2	11	2	8	61	475.8	63.1
실로테펙	83	0	0	7	0	17	107	834.6	43.9
알파사유카	37	0	0	1	0	10	48	374.4	59.0
치아파데모타	24	0	0	3	0	3	30	234.0	33.7
우이치아판	46	4	0	8	0	41	99	772.2	45.5
북부 계곡	7	0	0	6	4	5	22	171.6	16.8
익스미킬판	10	1	0	2	0	0	13	101.4	9.8
메스키탈 계곡 총계	399.5	13	2	55	14	100	583.5	4,551.3	45.3

주: 1579년: 1579년 당시 목장의 누적 총계
토지 수여: 문서 기록이 남아 있는 토지 하사
무단 점유지: 무단 점유자들이 독차지한 토지
1589년: 1589년 당시 목장의 누적 총계
km²: 목장 총계 × 7.8km²
%: 각 하위 지역의 총표면적에서 목장이 차지하는 면적(km²)의 백분율
자료: 〈부록 C〉.

에 의해 이뤄졌다. 양의 개체 수는 1570년대 후반 대역병(코코리즐리)의 확산으로 인구가 철저하게 파괴되기 전 10년 동안 최대 밀도에 도달했다가 인구가 감소한 때와 거의 같은 시기에 줄어들었다. 방목 가축들의 팽창은 인구 밀도라기보다 이용 가능한 목초지의 양과 질에 달려 있었다. 목초지의 양과 질이 저하되기 시작한 1570년대 말에 경쟁 상대였던 농경민들의 수가 감소하기는 했지만, 가축 떼의 규모도 줄어들었다. 하지만 공식적인 토지 인수에 의한 목축업의 강화는 인구의 감소와 밀접하게 결부되어 **있었다**. 원주민 공동체의 인구가 크게 줄어들면서 사용하지 않

표 5-10 1590~1599년의 토지 인수

토지 보유자	1589년	토지 수여			무단 점유지			1599년
		원주민	메스티소	에스파냐인	원주민	물라토	에스파냐인	
툴라	116	8.5	0	5	15	0	16	160.5
남부 평원	45.25	3	0	3	1	0	1	53.25
중앙 계곡	42.25	4	0	6	3	0	12	67.25
남-북 평원	61	8.5	1	1	3	0	5	79.5
실로테펙	107	34	0	8	8	1	24	182.0
알파사유카	48	2	0	2	1	0	0	53.0
치아파데모타	30	19	0	2	4	0	5	60.0
우이치아판	99	13	0	20.5	3	0	31	166.5
북부 계곡	22	2	0	2	0	0	1	27.0
익스미킬판	13	0	0	0	0	0	0	13.0
메스키탈 계곡 총계	583.5	94	1	49.5	38	1	95	862

주: 1589년: 1589년 당시 목장의 누적 총계
　　토지 수여: 문서 기록이 남아 있는 토지 하사
　　무단 점유지: 무단 점유자들이 독차지한 토지
　　1599년: 1599년 당시 목장의 누적 총계
자료: 〈부록 C〉.

게 된 땅의 면적이 엄청나게 늘어났고, 에스파냐인들은 법률에 의해 금
지된 토지에 대한 통제권을 갖기 위해 이런 상황을 이용했다. 원주민들
의 토지에 대한 권리를 보호하려는 정부의 의지는 약화되었고 그런 경향
은 1570년대 말의 파괴적인 전염병이 유행한 뒤에 특히 두드러졌다.[46]

46　깁슨이 서술하듯이 "보호 정책을 공식적으로 철회한 날짜를 특정할 수는 없다.
　　그 정책이 결코 공식적으로 철회되지 않았기 때문이다. 그러나 16세기 말과 17
　　세기 초의 사건들을 겪으면서 에스파냐인들의 침입을 통제하려는 노력은 느슨
　　해졌다. 16세기 마지막 사반세기의 전염병, 혼란, 인구 감소는 원주민들이 경작
　　하던 토지의 연속적인 유기를 가속했다. 에스파냐인들은 원주민 거주자들이 없
　　는 땅들을 비어 있는 땅, 주인이 없는 땅이나 독점되지 않은 땅(불모지 또는 국
　　유지)으로 분류할 수 있었고, 따라서 '아무런 피해를 끼치지 않고' 에스파냐인
　　들이 침입하고 이용할 수 있는 땅으로 간주하곤 했다. 실제 이전과 양도는 여전

표 5-11 1599년까지 에스파냐식 토지 보유 체계로 이전된 토지의 총면적

	1599년	30%를 차감한 무단 점유지ª	km²	%ᵇ	%ᶜ	%ᵈ
툴라	160.5	146.7	1,144.2	93.6	5.6	99.2
남부 평원	53.25	50.5	394.2	81.6	10.8	92.4
남-북 평원	79.5	74.1	577.9	76.7	6.1	82.8
중앙 계곡	67.25	62.1	484.7	80.3	1.3	81.6
실로테펙	182.0	167.0	1,302.6	68.6	3.1	71.7
알파사유카	53.0	49.7	387.6	61.1	1.3	62.4
치아파데모타	60.0	56.4	439.9	63.3	5.8	69.1
우이치아판	166.5	144.0	1,123.2	66.1	7.3	73.4
북부 계곡	27.0	24.0	187.2	18.4	0.5	18.9
익스미킬판	13.0	13.0	101.4	9.8	0.4	10.2
메스키탈 계곡	862.0	787.5	6,142.9	61.2	5.0	66.2

주: 1599년: 1599년 당시 목장의 누적 총계
 a: 증거 자료가 없는 매매를 고려하고자 1589년과 1599년 무단 점유자들의 보유지 총계에서 30%를 차감한 결과
 b: 에스파냐식 토지 보유 체계로 이전된 양 방목용 토지의 면적(각 하위 지역의 총표면적 대비 백분율로 표시함)
 c: 에스파냐식 토지 보유 체계로 이전된 농업용 토지의 면적(각 하위 지역의 총표면적 대비 백분율로 표시함)
 d: 에스파냐식 토지 보유 체계로 이전된 토지의 총면적(각 하위 지역의 총표면적 대비 백분율로 표시함)

메스키탈 계곡에서 16세기의 마지막 20년 동안 에스파냐식 토지 보유 체계로 편입된 토지의 대부분은 양 사육용 부지였다. 그럼에도 누에바 에스파냐의 다른 곳과 마찬가지로 이곳에서도 에스파냐인들이 원주민들의 농업 생산 감소를 보충하기 위해 농업에 적극적인 관심을 갖지 않을 수 없었기 때문에 농경지의 수 역시 증가했다. 이 시기에만 366.75카바

히 원주민 관리들이나 평민들이 실행하는 매각, 에스파냐인들이 강요하는 강제 매각, 공식적인 토지 하사 등 일반적인 방식으로 이뤄졌다". Gibson, *Aztecs*, p. 282.

표 5-12 원주민 공동체들이 제기한 가축 문제 관련 소송 건수

	1540년대	1550년대	1560년대	1570년대	1580년대	1590년대
툴라	0	2	4	1	3	0
남부 평원	3	0	4	1	0	5
남-북 평원	0	0	1	0	1	3
중앙 계곡	0	0	4	0	1	1
실로테펙	2	4	0	0	0	3
알파사유카	1	2	1	0	0	0
치아파데모타	0	0	0	1	0	0
북부 계곡	0	1	0	0	0	0
익스미킬판	0	0	1	1	0	1
지역 총계	6	9	15	4	5	13

자료: 2장 각주 92.

예리아(농장 또는 채굴장labores 27곳이 자리 잡은 54카바예리아를 포함해)의 새로운 농경지가 공식 서류에 기록되었다. 이는 앞선 수십 년 동안 등록된 총계의 두 배가 넘는 면적이다. 이 농경지들의 대다수는 에스파냐인들이 차지했는데, 그들은 밀, 보리, 옥수수, 포도 덩굴, 과실수를 재배해 농작물을 사카테카스와 멕시코시에 보냈을 뿐 아니라 인근의 시마판, 익스미킬판과 파추카에 있는 광산들에 판매했다.[47] 이렇게 농업에 대한 에스파냐인들의 관심이 더 커지기는 했지만, 이 장의 첫머리에서 검토한 바 있는 이유 때문에 16세기에 메스키탈 계곡의 개발에서 농업은 여전히 부차적인 요소에 지나지 않았다.

　환경 훼손은 방목장의 수용력 하락을 동반했다. 이는 결국 그 지역의 목축업자들이 방목지의 규모를 확대하고 따라서 가축 떼를 유지하기 위해 더 많은 땅을 취득하고 목초지의 배타적 이용권을 확보하도록 부추겼

47　2장 각주 81을 참조하라.

다. 방목장의 수용력이 하락했음에도 메스키탈 계곡의 목장 수는 1580~
1589년에 184곳이 늘었고 1590~1599년에는 278.5곳이 늘어나 믿기 어
려운 수준에 도달했다. 바꿔 말해 메스키탈 계곡에서 에스파냐식 목양
체계로 공식 이전된 지역의 총표면적은 1580년대에 46%가 증가했고
1590년대에는 또 한 번 47.7%가 늘었다. 동시에 다른 과정, 즉 토지 소
유자 한 명이 몇 개의 필지를 획득하고 라티푼디움(대토지 소유)을 형성
하는 과정이 시작되었다. 1570년대에 이 지역에서는 소규모 개인 보유지
들이 지배적이었으나 17세기 초에는 라티푼디움이 우위를 차지했다.

메스키탈 계곡에서 목축업자들의 최종적인 토지 인수는 1590년대에
완료되었다. 1599년까지 툴라, 남부 평원, 중앙 계곡과 남·북 평원의 토
지는 완전히 인수되었고, 실로테펙과 우이치아판에서는 거의 3/4, 치아
파데모타와 알파사유카에서는 대략 2/3 정도가 인수되었다. 16세기 말까
지 익스미킬판과 북부 계곡에서만 에스파냐식 토지 보유 체계로 이전된
토지가 지표면의 1/4에 미치지 못했다. 토지가 가득 채워지면서 법정 규
모보다 훨씬 더 작은 〔2000제곱파소 대신에 800제곱파소(파소는 보폭을 의미
하는데 여기서는 토지 측량 단위로 사용됨—옮긴이)〕양 목장 부지가 수여되
었고,[48] 일부 수여는 하사된 토지의 한 구역과 다른 구역 사이의 잔여지
(초과하고 남아 있는 부분sobras y demasias)를 대상으로 이뤄졌다.[49] 촌락들
을 에워싸고 있는 공유지를 침범하는 목장들이 수여되기도 했다.[50] 1590

---

48 AGNM, vol. 13, fols. 182r-v; vol. 19, fols. 206r, 207v-208r; vol. 21, fols.
    208r-209r; vol. 23, fol 26v. AGNT, vol. 2735 2a pte., exp. 9, fol. 1r; vol.
    3433, exp. 15, fol. 1r.

49 AGNT, vol. 3433, exp. 15, fol. 1r.

50 AGNM, vol. 17, fols. 63v-64r, 119v-120r; vol. 18, fols. 268v-269v. AGNT,
    vol. 2701, exp. 20, fol. 1r; vol. 1748, exp. 1, fol. 19r.

년대 초에 실행된 토지 하사에서 나온 두 인용문은 툴라 하위 지역에 새롭게 수여할 수 있는 토지가 거의 없었음을 보여준다.

〔툴라, 1593년〕 통상적인 규모인 2,000제곱파소를 수여할 수 있는 토지가 거의 없는 것으로 보인다. 따라서 나는 그 규모의 절반에 해당하는 목장을 〔신청자에게〕 하사할 수 있을 듯하다.[51]

〔툴라, 1594년〕 나는 〔툴라에서〕 다른 어떤 이에게도 목장을 하사할 공간이 없다고 선언해 왔는데 그 선언을 반복한다. 그리하여 나는 그렇게 공포하라고 명령했다.[52]

결국 그 지역 곳곳의 많은 생태 보전 구역에 목장들이 설치되었고, 원주민 농경지와 공동체로부터 목장들이 아주 멀리 떨어져 있도록 더 이상 주의를 기울이지 않았다. 1600년에 지역의 동남부 구역에는 카베세라의 에히도ejido〔(촌락의 공유지 — 옮긴이) 카베세라에 종속된 촌락들은 더 말할 것 없고〕를 위한 토지가 충분히 남아 있지 않았다. 툴라에는 이론상으로 열두 개의 카베세라가 210.7km²의 토지에 대한 소유권을 갖고 있었지만, 에스파냐식 토지 보유 체계로 전환되지 않고 남아 있었던 토지는 단지 9.7km²에 지나지 않은 것으로 추정된다. 남부 평원에서는 여섯 개의 카베세라에 이론상으로 105km²가 필요했을 테지만, 실제로 36.7km²가 남아 있었다. 아홉 개의 카베세라에 157km²가 필요했을 남-북 평원에는 129.5km²만 남아 있었고 중앙 계곡에도 에히도를 위한 토지가 충분히

51　"절반 정도의 목장 부지를 하사merced de medio sitio de estancia할 수 있을 듯하다." AGNT, vol. 2721, exp. 9, fol. 1.

52　"다른 어떤 이에게도 목장을 하사할 공간이 없다고no aver lugar de dar sitio de estancia en ella〔Tula〕a otra persona 선언해 왔다." AGNM, vol. 18, fol. 156v.

남아 있지 않았다.

어떻게 이런 상황이 벌어졌을까? 앞서 언급했듯이 1550년대에 부왕 벨라스코는 원주민 농업을 보호하는 조치를 취했다. 목축은 에스파냐 문화에서 필수적인 요소였고 신세계에서 목장 운영에 정성을 기울일 유인책이 강력했지만, 원주민들이 에스파냐인들을 부양할 식량을 공급했기 때문이다. 게다가 신민으로서 원주민들은 방해받지 않고 토지를 이용할 자격이 있었다. 하지만 메스키탈 계곡에서 이런 법령들은 소기의 성과를 거두지 못했다. 사실 1550년대 규정들은 원주민 농경민과 에스파냐인 목축업자 사이의 관계를 구축했다. 그에 따라 지정된 영역 밖의 토지에 대한 원주민들의 통제는 약해졌고 대신에 에스파냐인들의 약탈 가능성은 더 커졌다.

인구가 조밀한 지역에서 토지를 하사하는 방식으로부터 외딴 벽지에 목장용 부지를 하사하는 것으로 부왕의 수여 관행이 바뀌었다고 해서 메스키탈 계곡에 있는 촌락 주위에서 가축의 밀도가 완화된 것처럼 보이지 않는다. 그러나 그 결과 목장들은 야산, 삼림 지대와 불모지에 설치되었다. 삼림 지대와 예전의 농경지가 침식 불모지로 변모한 과정은 약초와 근채류, 가축과 새, 목공품같이 생계와 교환을 위한 원주민 공동체의 전통적 자원들이 상실된다는 것을 의미했다.[53] 그것은 또한 토지 인수의 과정을 촉진하는 결과를 낳았다. 실제로 그런 변모는 흔히 매우 완벽해서 예전의 토지 이용 양식의 흔적이 사라지고 그저 양 방목의 증거만 남았다. 그런 생태적 변화는 사용권에 의거한 에스파냐인들의 토지 소유권

---

[53] 예컨대 양들이 식용 근채류의 잎을 먹어치우는 바람에 수확할 근채류를 거의 찾을 수 없었고(AGNT, vol. 2697, exp. 11), 양들은 석회 생산에서 나무 대용물로 사용된 관목 틀라코틀의 잎분을 짓밟았다(AGNT, vol. 1525, exp. 1).

청구를 확정하고 원주민들의 권리를 부인하는 경향이 있었다.[54] 자연의 산물에 대한 공동의 권리를 토지 소유권으로부터 분리한 것은 에스파냐인들이 정복하고 지배한 수단이 되었다. 다시 말해 약탈 과정과 그와 연관된 환경 변화는 에스파냐식 토지 이용 체계로 토지의 이전을 촉진하기 위해 미경작지에 대한 원주민들의 통제를 제한하려는 규정들과 결합되었다. 공식적인 법적 소유권의 승인은 인수(또는 약탈)의 사실을 단지 확정해 줄 뿐이었다.

원주민 공동체로부터 지정된 먼 거리 밖으로 가축들의 울타리를 제한하는 법들이 일종의 완충 장치를 제공한 것은 사실이지만, 그 법들은 에스파냐인들이 경계 밖의 토지를 이용하고 약탈하기 쉽게 만들었기 때문에 공동 보유지에 대한 원주민들의 효과적인 통제를 한층 더 약화시키도록 작용하기도 했다.[55] 이런 추세는 1567년에 더 분명해졌다. 당시 하사받은 어떤 보유지와 대조적으로 원주민 공동체들이 합법적으로 권리를 주장할 수 있었던 토지는 법정 소유지fundo legal, 즉 규모가 "네 기본 방향 동서남북의 각각 500바라varas[(길이를 재는 나무 또는 쇠막대기에서 유래된 단위—옮긴이) 423m]"[56] 정도에 이르렀던 촌락이나 읍을 에워싼 구역으로 공식 제한되었다. 목축업이 공동 방목에서 배타적 접근으로, 그리고 땅과 그 산물의 공동 소유권이라는 추상적인 개념에서 사적 소유권으로 전환될 때, 원주민들의 자치권과 천연자원 통제에 대한 결정타가 터졌다. (이 두 과정은 다음 장에서 더 자세히 다룰 것이다.)

---

54 예컨대 AGNT, vol. 2678, exp. 16, 그리고 Gibson, *Aztecs*, p. 282를 참조하라.
55 에스파냐인들은 콜럼버스의 도래 이전에 설정된 자치체의 경계선들을 계속해서 이용했지만, 원주민 공동체들이 자신의 권리를 명확하게 확립해 왔던 곳을 제외하고 이 경계선 내의 토지는 수여되었다.
56 Taylor, *Landlord and Peasant*, p. 70.

1590년대에 이르러 이론상 에스파냐 법에 의해 보호받아 온 원주민 공유지들은 그것의 양도를 금지하는 법들을 회피할 수 있었던 원주민 귀족들에게 빈번히 방목용 부지로 하사되곤 했다.[57] 하지만 1600년 무렵에는 원주민 부족장들과 공동체들이 메스키탈 계곡에서 양 목장의 1/3 이상을 보유하고 있었다는 점에 주목해야 한다. 원주민들의 전통적인 자원 기반과 토지 이용 체계가 극적으로 바뀌었고 공동체들이 처분할 수 있는 토지의 총면적은 줄어들었지만, 동시에 원주민 부족장들은(그리고 그보다 정도는 덜하지만 촌락들도) 그들에게 합법적인 토지 보유를 허용한 에스파냐식 법률 체계로부터 혜택을 입었다. 1590년대에 에스파냐인들이 그랬듯이, 원주민들은 1560년대에 받았던 것보다 두 배에 달하는 토지 하사

---

57 인구가 줄어든 촌락의 토지가 원주민 귀족들에게 하사된 사례(별도의 언급이 없다면, 카베세라당 토지 하사 한 건)

1585년	오틀라스파	AGNT, vol. 3433, exp. 15, fol. 1r
1591년	실로테펙	AGNM, vol. 17, fols. 38r-v
1593년	치아파데모타	AGNT, vol. 3673, exp. 15, fol. 1r
	실로테펙 (토지 하사 5건)	AGNM, vol. 18, fols. 266r-v, 167v-269r, 281r
	실로테펙	AGNT, vol. 2742, exp. 10, fol. 1r
	우이치아판	AGNT, vol. 3568, fol. 43r
	우에이포스틀라	AGNM, vol. 19, fol. 121r
1594년	치아파데모타 (토지 하사 6건)	AGNM, vol. 19, fols. 202r, 203v, 206v-208r
	아티탈라키아	AGNT, vol. 2674, exp. 16, fol. 288r
	아티탈라키아	AGNT, vol. 69, exp. 4, fols. 1-10
1595년	실로테펙	AGNM, vol. 20, fols. 38v-39r
	치아파데모타 (토지 하사 3건)	AGNM, vol. 20, fols. 66v-69r
1596년	실로테펙	AGNM, vol. 21, fols. 121r-v
1601년	테페시	AGNT, vol. 2754, exp. 13, fol. 3r
	익스미킬판	AGNT, vol. 2756, exp. 7, fol. 16v

를 수여받았다. 그러나 1590년대에 원주민들이 더 많이 혜택을 받게 된 까닭을 1560년대의 경우와 마찬가지로 부왕의 자비심이나 에스파냐인 엘리트를 모방하려는 원주민의 욕구 덕택으로 간주할 수는 없을 것이다. 30년 뒤, 즉 1590년대의 사회 경제적 상황은 매우 달랐다. 부왕청은 더 이상 원주민 토지의 보호 정책을 적극적으로 추진하지 않았다. 그리고 에스파냐인 엘리트를 모방하려는 욕구가 양 목장 설립을 신청하려는 일부 원주민 귀족들의 결정에 아마 일정한 영향을 미치기는 했을 테지만, 경제적 필요성은 틀림없이 중요한 고려 사항이었다.

원주민 공동체들은 갈수록 더 만만찮은 문제들과 대면하게 되었다. 방목지가 더 가까이에서 촌락들에 압력을 가했고, 특히 툴라강 유역과 남-북 평원에서는 메스키트, 선인장, 야생 용설란과 엉겅퀴가 뒤덮는 바람에 많은 비옥한 땅들이 상실되었다.[58] 예컨대 가축 방목 문제에 대해 원주민들이 제기한 소송들에 관해서는 〈표 5-12〉를 참조하라. 관개용수가 마르거나 방향이 바뀌어 다른 데로 흘러갈 경우에 용수권을 둘러싼 법정 소송 ─ 어쨌든 규모가 급격하게 줄어든 경작지에 공급할 물이 충분하지 않다고 빈번히 주장하는 ─ 들이 벌어졌다.[59] 원주민 인구의 격감에서 비롯된 노동력 문제는 에스파냐인뿐 아니라 그들과 동일한 가용 노동력에 의존하고 있었던 원주민 공동체와 귀족들에게도 영향을 미쳤다. 원주민들은 에스파냐인들 ─ 레파르티미엔토 작업반으로 매주 광산과 지역 내 목장, 그리고 농장 또는 채굴장에 할당되어 온 노동력의 일부가 없어졌기 때문에 ─ 뿐 아니라 그

---

58 이런 생태계의 변화에 대한 더 완결된 서술은 4장을 참조하라.
59 AGIE, leg. 161-C, fol. 110v; AGNM, vol. 9, fol. 3r; AGNT, vol. 3, exp. 1, fols. 1-8; vol. 64, exp. 1, fols. 1-20; vol. 1486, exp. 8, fol. 17r; vol. 2284, exp. 1, fols. 743r-744r; vol. 2813, exp. 13; AGNI, vol. 6-1, exp. 291, fol. 79r-v; vol. 6-2, exp. 532, fol. 117r.

들 자신의 토지를 유지해야 하는 추가적인 문제에도 직면했다. 잡초가 무성하고 묵혀둔 땅들을 치우고 개간하기는커녕 잡초를 뽑으며 이미 농작물을 심어놓은 토지를 유지하는 데도 남아 있는 노동자들은 턱없이 부족했다. 이런 상황에서 토지 하사는 그렇지 않으면 상실될 공산이 큰 토지에 대해 소유권을 수여할 터였다. 목축업은 노동 집약적이지 않았기 때문에 갑절로 매력적이게 보였을 것이다.

1600년경 목축업자들은 메스키탈 계곡에서 생산 수단을 통제했다. 일부 원주민 공동체들이 지역의 최우량 토지 중 일부에 대한 통제권을 어떻게든 계속 유지해 냈다는 것은 사실이다. 인구 붕괴는 원주민들이 토지와 관개용수를 덜 필요로 했다는 것을 의미했다. 그러나 그들은 장래의 확장을 위한 땅을 상실해 왔고 수계의 훼손은 많은 공동체들이 남은 땅을 경작할 수단마저 상실했다는 것을 의미했다.

6장 식민 체제

    1600년에 이르러 정복의 시대는 누에바 에스파냐 중앙 산악 지대의 대부분에서 끝났고 아시엔다라는 농촌의 생산 체제로 대표되는 뚜렷하게 안정적인 식민 체제가 자리 잡았다. 지난 20년에 걸쳐 수행된 연구들이 아시엔다의 수많은 변형을 제시하면서 아시엔다의 본질, 내부 구조, 그리고 원주민 공동체, 소도시, 변모하는 국내외 시장과의 관계에 대한 우리의 이해는 나름의 변화를 겪었다. 생계를 위해 생산하고 주로 소유주의 위신을 위해 존재한 대규모의 개발되지 않고 충분히 자본이 투여되지 않은 농장이라는 식민 시대 아시엔다에 대한 전통적인 개념화는 더 이상 유지될 수 없었다. 지역과 아시엔다에 관한 연구에 따르면, 일부 지역들에 실제로 거대한 아시엔다들이 있었지만 다른 지역에서는 그 규모가 라보르(농장)보다 훨씬 더 크지 않았다. 아시엔다에는 흔히 상당한 운용 자금이 필요했고 아시엔다 소유주들은 시장을 위한 생산에 깊은 관심을 보였다. 아시엔다들은 채무 노예제에만 전적으로 의존하기보다 레파르티미엔토, 노예제, 임금 노동, 소작제와 같은 다양한 방법을 결합해 노동력을 모집하고 유지했다. 변하기 쉬운 증거가 제기하는 개념의 어려움에서 벗어나는 한 가지 방법은 아시엔다로부터 그것의 맥락으로 초점을 옮기는 것이었고 에릭 밴 영의 말을 빌리면, 연구자들은 아시엔다를 원인보다 결과로 취급하게 되었다.[1] 그리하여 예컨대 천연자원이 부족하고 인구 밀도가 낮은 지역에서는 매우 크고 폭넓게 활용되는 아시엔다들이 발달한 반면, 천연자원이 풍부하고 원주민 인구가 밀집한 지역에서는 더 규모가 작고 더 집약적으로 경작되는 농장들이 나타난 것으로 여겨진다.

에스파냐인들의 정착 시기와 궁극적으로 에스파냐인 소유 농장들의 확산은 천연자원 기반의 특성뿐 아니라 시장의 이용 가능성에 달려 있었다고 생각된다. 주요 시장에서 멀리 떨어져 있고 운송비를 충당할 귀중한 자원이 부족한 지역들은 그들의 자원을 위한 시장이 열리거나 통신수단이 개선될 때까지 자원 개발과 토지 보유에서 여전히 대부분 원주민적 방식이 두드러졌다.[2] 이용 가능한 노동력, 시장과 천연자원 기반은 아시엔다 형성에 관한 분석에서 분명히 중요한 발전의 변수이지만, 시장과 이용 가능한 노동력이 활성 변수active variable(연구자에 의해 조정되고 처리되는 변수―옮김이)로 취급되는 반면 천연자원 기반은 시종일관 수동적 변수로 남아 있다. 원주민들의 인구학적 붕괴에 따라 점점 더 희소해지는 노동 자원을 독점하려는 개별 토지 소유자들의 시도는 아시엔다의 형성, 내부 구성, 지역 경제와의 구조적 관계를 이해하는 데 중요한 요소로 간주된다. 시장 또한 변해 온 것으로 보이고 시장의 성장이나 쇠퇴는 발전의 활성 변수로 취급된다. 이와 대조적으로 자연환경은 대다수 역사가들의 눈에 인간 활동의 변하지 않는 배경으로 인식된다. 특정 지역들의 천연자원의 유용성에 대한 에스파냐인들의 인식은 시간이 지남에 따라 변해 왔다고 보이지만, 천연자원 기반 **자체**는 흔히 그저 수동적 제약 또

---

1 노동 체제의 다양한 형태에 대한 서술은 Van Young, "Mexican Rural History"를 참조하라.

2 Davies, *Landowners in Colonial Peru*, p. 158; Keith, *Conquest and Agrarian Change*, p. 136; Lockhart and Schwartz, *Early Latin America*, pp. 134~135; Lockhart, *Introduction to Provinces of Early Mexico*; Taylor, *Landlord and Peasant*에서 특히 그의 결론과 Van Young, *Hacienda and Market*에서 특히 6장 참조.

는 활성화 변수로 취급된다.[3]

메스키탈 계곡의 사례는 토지 이용의 변화가 신속하고 심각한 환경 변화로 이어질 수 있었다는 것을 분명히 보여준다. 또한 그것은 환경 변화가 옥수수 밭milpas과 나무들이 사라지고 양과 사막의 덤불이 추가되는 것같이 경관에 대한 표면적인 적응 이상을 의미할 수 있었다는 점을 보여준다. 메스키탈 계곡에서 16세기 마지막 사분기 동안의 환경 변화는 천연자원 기반의 중대한 변화를 의미했다. 토양 침식, 사막 덤불의 침입,

---

3   물론 몇 가지 주목할 만한 예외가 있다. 1952년에 레슬리 심프슨은 방목 동물들의 유입이 "진정으로 엄청난 규모의 생태 혁명을 일으켰고, 그 결과 멕시코의 경관과 사회 구조에 영구적이고 심각한 영향을 미쳤다"라는 의견을 제시했다. Simpson, *Exploitation of Land*, pp. 1~2. 날씨와 옥수수 가격의 관계에 대한 엔리케 플로레스카노Enrique Florescano의 연구 『옥수수의 가격Precios del Maiz』은 고전이 되었다. 중앙아메리카에 대한 머도 매클라우드Murdo MacLeod의 중대한 연구는 사회 경제적 변화의 분석에서 환경의 변화가 변수로서 중요하다는 점을 보여주었다. MacLeod, *Spanish Central America*. 찰스 깁슨은 에스파냐의 자원 이용 방식 탓에 멕시코 계곡의 건조화가 증대하고 토양 비옥도가 하락한 것에 주목했다. 그럼에도 그는 "원주민의 관점에서 볼 때 토양의 피폐보다 에스파냐인들의 선점의 결과로 훨씬 더 분명하게 토지를 상실했다"라고 서술하면서 그것의 역사적 중요성을 과장하지 말아야 한다고 경고했다. Gibson, *Aztecs*, p. 306. 허먼 콘래드는 산타 루시아Santa Lucia 아시엔다에 관한 연구의 결론에서 토지 보유 경계 내에서 발생한 생태적 변화를 서술할 때 다른 견해를 드러냈고, "남겨진 촌락들은 잔인하게 공격당하고 사정없이 착취당해 악화된 자원 기반에 대처해야 했다." Konrad, *A Jesuit Hacienda*, p. 340. 더 최근의 연구로는 사카테카스 주변의 삼림 벌채와 수은 중독에 관한 피터 베이크웰Peter Bakewell의 저작, 로버트 클랙스턴Robert Claxton의 기후와 자연 재해에 관한 연구, 유카탄 치클chicle 무역에 관해 허먼 콘래드가 진행 중인 연구, 18세기 푸에블라의 물 공급에 관한 소냐 립셋-리베라Sonya Lipsett-Rivera의 연구, 머도 매클라우드가 출판한 과달라하라의 가뭄과 인구 변동 연구, 마이클 메이어Michael Meyer의 북부 국경 지역의 물에 관한 연구, 마이클 머피Michael Murphy의 바히오의 물에 관한 연구, 기후와 옥수수 수확에 관한 아리즈 아위닐Arij Ouweneel의 연구, 소빙하기의 기후에 관한 수전 스완Susan Swan의 연구 등이 있다.

지하수면의 저하는 생산 잠재력의 손실을 의미했다. 생산성의 손실이 이 지역에서 발전하고 있었던 식민지 생산 체제의 변화와 궁극적으로 아시엔다의 출현에 어떤 영향을 미쳤는지를 상세히 설명하는 과제가 남아 있다.

아시엔다는 누에바 에스파냐에서 다른 것과 유사하게 일련의 식민지 생산 체제에 이어 1580년 이후 메스키탈 계곡에 출현했다. 1530년대부터 엔코미엔다와 더불어 목축업, 소규모 농업 보유지(라보르)들이 생겨났고 1570년대에 이르러 목장(에스탄시아)에 기반을 둔 집약적인 양 방목이 지역의 생산을 지배했다. 16세기의 마지막 20년 동안 지역 개발의 지배적인 형태는 집약적인 목축에서 대규모의 목축으로 바뀌었다. 동시에 개별 지주들은 (대개 인접해 있지만 반드시 그런 것만은 아닌) 몇 개의 목장을 취득하기 위해 이동하고 대규모 방목 아시엔다를 구성했다.

필자는 소규모 보유지(에스탄시아)에 기반을 둔 집약적인 목축에서 광범위하게 개발된 대규모 아시엔다로 전환하는 데 주된 변수가 수용력의 악화였다고 제안한다. 더 나아가 토지의 독점이 방목장의 변화하는 상태에 따라 달라지는 종속 변수라고 생각한다. 16세기의 마지막 40년 동안 메스키탈 계곡에서 수용력과 자원 개발의 양식 변화 사이의 관계를 더 면밀하게 살펴보면 이런 가설이 입증된다.

1560년대 말과 1570년대에 개별 목축업자들은 메스키탈 계곡에서 놀라울 정도로 많은 수의 양을 방목했다. 목축업자는 단 하나의 목장만을 소유했을지도 모르지만, 많은 수의 가축을 소유함으로써 이익을 얻을 수 있었다. 왜냐하면 처음에는 목장으로 둘러싸인 지역을 훨씬 초과하는 땅과 방목 가축이 체계적으로 이용한 적이 없는 목초지에 양 떼가 접근했기 때문이다. 공동 방목임에도 불구하고(또는 아마 그 때문에) 방목은 통제되지 않았다. 그리고 오늘날처럼 공동 방목은 모든 당사자가 특정 지역의 토지 사용을 결정하는 규칙에 동의할 때에만 작동한다. 그러나 에스파냐인들은 농작물을 심지 않은 모든 땅을 잠재적인 방목지로 여겼고, 에스파냐인 목축업자들은 정복자로서 자신에게 편리할 때에 자신의 법과 관습을 무시할 수 있었다. 그 결과 법적으로 목장당 2000두로 숫자가 제한되었지만, 한 목장에 2만 마리의 양을 몰아넣은 에스탄시아 소유주가 목격되었듯이 단위 면적당 방목률을 제한하려는 어떤 실질적인 시도도 이뤄지지 않았다. 팽창 기간 동안 극적인 수의 증가는 에스파냐인들에게 방목장이 무수히 많은 가축들을 돌볼 능력을 갖추고 있었음을 분명히 보여주었다. 에스파냐 정부와 그 대표들은 실제로 원주민 공동체들이 법규 위반에 대해 제기한 불만의 정당성을 인정했다. 그러나 식민지 상황의 불평등한 권력관계는 지방 권력자들의 영향력이 멀리 떨어져 있는 정부 당국의 선언보다 더 중요하다는 것을 의미했기 때문에 목축업자들은 가축의 과잉 사육과 과도한 방목을 멈추지 않았다.[4]

방대한 양 떼의 통제되지 않은 방목은 방목장을 훼손했고 그 결과 메스키탈 계곡에서 유지될 수 있었던 가축들의 수(수용력)는 16세기의 마지막 사분기에 줄어들었다. 이런 상황에서 두 가지 일이 벌어질 수도 있었을 것이다. 첫째, 양 떼는 새로운 방목지로 확산될 수 있었거나 둘째, 양의 개체 수가 감소하면서 생계 기반의 감소에 적응할 수도 있었다. 메스키탈 계곡에서 문제는 이동 방목과 인구 감소로 해결되었다. 그 지역의 대부분은 이미 공동으로 방목하는 양 떼가 이용하고 있었기 때문에 개별적인 양 떼가 풀을 뜯는 지역을 확대하기란 불가능했고 1570년대 말에 일부 목축업자들은 양 떼를 미초아칸과 과달라하라 서쪽의 여름 목초지

---

4   리처드 살부치는 작업장obraje 노동에 관한 국왕의 효력 없는 선언에 대해 논의하면서 동일한 사항을 강조한다. "많은 착취자와 정복의 대리인들이 바로 가까이에 있었던 반면에 보호와 권위의 원천은 멀리 떨어져 있었다." Salvucci, *Textiles and Capitalism*, p. 98.

로 이동시키고 있었다.[5] 메스키탈 계곡 자체 내에서 생계 기반에 대한 압박은 유제류 급증의 모델에 따라 양 개체 수의 감소로 줄어들었다. 16세기 말에 양 떼의 규모는 63% 감소했고, 이 지역 방목장들의 가축 밀도는 1570년대에 총계의 72% 수준으로 떨어졌다.[6]

양 떼의 규모를 유지하고 수익을 올리기 위해 개별 목축업자들 역시 메스키탈 계곡 내에서 목초지를 늘리려고 시도했다. 그러나 방목장의 수용력이 하락함에 따라 1570년대와 마찬가지로 1590년대에도 양 한 마리를 돌보는 데 훨씬 더 많은 토지가 필요했고 목축업자들은 양 떼의 수를 유지하기 위해 더 많은 토지에 접근해야만 했다.[7] 목초지에 대한 수요를 충족시키기 위해 1580년대에 두 가지 과정이 시작되었다. 이는 에스파냐식 토지 보유 체제로의 공식적인 토지 이전이 신속하게 완료된 것과 개별 목축업자들이 토지와 목초지를 독점한 것이었다.

북부 계곡과 익스미킬판같이 애당초 에스파냐 정착민에게 그다지 매력적이지 않았던 지역에서는 16세기의 마지막 20년과 17세기의 첫 10년

---

5   우이치아판에서 이동해 온 양의 두수는 1588년에 약 4만 마리에 이른 것으로 보인다. 우이치아판에서 미초아칸으로 가축들을 이동시킨 목축업자들의 이름에 관해서는 AGIM, leg. 111, ramo 2, doc. 12 참조. 이는 그 지역 밖의 이동 방목에 관해 필자가 갖고 있는 유일한 참고 자료이다. 그러나 부분적으로 메스키탈 계곡에 위치해 있던 산타 루시아 아시엔다의 예수회 소속 관리자들은 가축들을 여름 목초지로 보내곤 했는데, 이에 대한 논의는 Konrad, *A Jesuit Hacienda*, pp. 49~63을 참조하라. 또한 여름철 방목지와 이동 방목에 대한 논의는 이 책의 5장 각주 3과 4 참조.
6   목축업자들이 그 지역에서 계속 새로운 양 떼를 몰기 시작했기 때문에 전반적인 밀도는 여전히 높았다.
7   콘래드는 "방목, 건조 작용, 삼림 벌채의 누적된 영향 탓에 토양 생산성이 크게 하락해 한 세기 전(즉, 16세기)보다 가축 한 마리당 훨씬 더 많은 땅이 필요했다"라는 사실을 알아냈다. Konrad, 같은 책, p. 82.

동안 토지 하사를 취득하려는 수요가 급증했다. 1591년에 토지 소유권이 합법화된(그리고 에스파냐 정부에 수수료를 납부한) 토지 조성composición de tierras 과정이 시행됨에 따라 다양한 방법으로 취득된 토지에 대한 소유권이 표준화되고 원주민의 체제에서 에스파냐식 체제로 토지 보유권이 이전되는 과정의 최종 단계가 완료되었다. 1610년 무렵 메스키탈 계곡의 대부분은 개별 토지 소유자, 원주민 공동체, 수도회 같은 기관에 의해 에스파냐식 토지 보유 체제 내에서 공식적으로 유지되었다.

하지만 지표면의 높은 비율이 이미 보유 체제 내로 공식 이전된 지역에서는 다른 목축업자들을 희생시키면서 토지를 독점하는 것이 방목 면적을 늘리는 유일한 방법이었다. 1580년대부터 헤로니모 로페스 같은 개인들과 예수회 같은 기관들은 판매, 상속, 기부를 통해 수많은 에스탄시아를 취득하는 과정을 시작했다. 하지만 이런 대규모 보유지에서 목초지가 양 떼에게 확실히 이롭도록 만들기 위해 목축업자들은 더 넓은 목초지에 대한 공식적인 소유권을 취득해야 했을 뿐 아니라 공동 방목의 관습에 상반되는 배타적인 접근을 강제해야 했다. 이 과정에서 그들은 공동 방목으로부터 배타적인 접근으로의 전환에 대한 공식적인 태도의 애매모호함에 의해 도움을 받았다.[8]

1620년 무렵 광범위하게 방목이 이뤄지고 있던 아시엔다는 지역의 생산을 지배했다. 메스키탈 계곡의 아시엔다들은 대체로 광대한 북부의 라티푼디아만큼 크지는 않았지만, 멕시코 계곡에서 발달해 온 더 작고 더 집약적으로 경작된 아시엔다들보다 훨씬 더 컸으며 그런 이유로 필자는 그것 또한 라티푼디아라고 지칭하기로 결정했다. 메스키탈 계곡에는 원주민의 공동 생산 체제뿐 아니라 에스탄시아와 라보르 또한 여전히 존재

---

8   Miranda, "Notas," p. 24; Chevalier, *La formación*, p. 145 참조

했지만, 라티푼디아는 생산 수단의 뚜렷한 독점을 대표했다. 예컨대 예수회는 메스키탈 계곡의 동쪽에 길게 펼쳐져 있는 거대한 산타 루시아 아시엔다를 개발했고, 헤로니모 로페스는 동남쪽에 모두 500km²에 달하는 세 곳의 대농장을 양도했다.[9]

1580년부터 1620년까지 지역 생산의 지배권은 소규모 토지 소유를 기반으로 사업을 펼친 다수의 가축 소유자에서 넓은 지역을 차지한 소수의 지주들에게로 넘어갔다. 메스키탈 계곡에서 라티푼디아의 출현은 부를 얻기 위한 주요 수단이 동물에서 토지로 바뀐 정도를 보여주었다. 겉보기에 모순된 듯 보이지만 토지의 가격이 하락하면서 토지는 더욱 귀중하게 되었다. 이런 역설의 이면에 환경의 변화가 있었다. 생산 잠재력이 악화되면서 접근이 제한적인 토지가 더 많이 필요했기 때문에 개별 목축업자들은 토지를 독점하고자 활발히 움직였고 상품으로서 토지의 가치는 증가했다.

정복 이후의 개발은 실제로 메스키탈 계곡의 천연자원 기반으로 제약을 받았다. 하지만 이 지역의 환경은 고정적이지 않았다. 이 지역은 신속하고 극심하게 변했고 발전에 대한 제약뿐 아니라 변하기 쉬운 기회도 제공했다. 예컨대 생산 수단을 가축에서 토지로 바꾸고 그와 동시에 소

---

9   Konrad, *A Jesuit Hacienda*; Mendizábal, *Obras*, vol. 6, p. 112. 17세기 초 메스키탈 계곡에 있었던 다른 대규모 방목 아시엔다들의 면적은 421km²(AGNT, vol. 2711, exp. 10); 293km²(AGNT, vol. 1520, exp. 5); 180km²(AGNT, vol. 2692, exp. 6); 124km²(AGNT, vol. 2813, exp. 13); 104.4km²(AGNT, vol. 2813, exp. 13); 97.8km²(AGNT, vol. 1520, exp. 5) 등이었다. 1617년에 익스미킬판은 10개의 염소 사육 아시엔다들에 의해 독점되었는데, 그 평균 규모는 102.8km²였다(AGNC, vol. 77, exp. 11, fol. 80v). 중간 규모의 아시엔다들은 56km²(AGNT, vol. 1520, exp. 5, fols. 43v-44r); 32km²(AGNT, vol. 2284, exp. 1); 29km²(AGNT, vol. 2692, exp. 6) 등이었다.

규모 토지를 수익성 없게 만듦으로써 천연자원 기반의 악화는 일부 개인에게 시장을 독점할 수 있는 기회를 제공했다. 허먼 콘래드가 산타 루시아 아시엔다에 대한 연구에서 주목하듯이, "지역 특유의 불운과 새로운 경제적 기회들이 결합되어 위치가 좋고 잘 관리되는 아시엔다가 운수 좋은 상황을 맞게 되었다".[10]

16세기 말에 이르러 신속한 환경 변화의 과정이 진행되었고 20년 뒤인 1620년대에 인구 붕괴도 멈췄다. 노동과 천연자원은 주요 발전 변수로서 발군의 지위로부터 물러났고 대신에 놀랍도록 안정적인 식민 체제에서 천천히 변화하는 생산 요소가 되었다. 에릭 밴 영의 말을 다르게 바꿔 표현하면, 아시엔다 체제는 줄어든 환경 자원을 활용하는 인간의 능력을 반영했을지도 모른다.[11]

메스키탈 계곡이 비옥하고 생산적인 농업 지역에서 메스키트가 우세한 황무지로 변모한 것, 공동 방목에서 배타적 접근으로 바뀐 것, 개인 보유 자산이 점차 진전된 것은 공유지에서의 과도한 방목, 환경 훼손과 재산권 사유화 사이의 인과 관계를 시사한다. 즉, '공유지의 비극'이 벌어지고 있는 셈이다. 1968년 개릿 하딘Garrett Hardin은 인구 통제에 대한 찬성론을 펴기 위해 '공유지의 비극' 모델을 개발했다. 하딘은 자원에 공동으로 접근하는 상황에서는 사리사욕이 공익을 희생시키면서 작동하고 미래를 생각하지 않은 채 자원이 착취될 수밖에 없을 것이라고 주장했다. 게다가 그는 사유 재산이 자원을 보호하는 최선의 수단이라고 제시했다. 왜냐하면 사리사욕은 단기적 이득을 위해 장기적 이익이 희생되지 않고 사유 재산이 과도하게 착취당하지 않도록 반드시 조치할 것이기 때

---

10   Konrad, 같은 책, p. 42
11   Van Young, "Rural History," p. 26.

문이다. 하딘은 인간 행동의 보편적 원동력인 사리사욕을 강조하고 개방형 공유지를 모든 유형의 공동 소유 재산과 혼동했다는 이유로 비판을 받아왔다. 그럼에도 그의 논지는 개방형 공유지가 규칙이라기보다 예외이고, 공유 자원이 훼손되는 경우에 그 까닭은 공유지라는 사실 자체보다 그 맥락에서 찾아야 한다는 것을 보여주는 다수의 연구를 독려했다.[12]

토지 보유와 토지 이용의 변화, 그리고 메스키탈 계곡의 식민지 생산 체제 형성을 더 자세히 살펴보면, 공동 방목 그 자체만으로는 이 지역의 발전을 만족스럽게 설명하지 못한다는 것이 분명해진다. 우선 하나가 아니라 두 가지 별개의 공동 이용권 체제가 있었다. 첫 번째는 에스파냐인들이 도래했을 때 가동 중이었던 원주민의 공유 자원 체제이다. 두 번째는 에스파냐인들이 도입한 공동 방목 관습이다. 또한 공동 이용권이 사유재산권으로 바뀌는 데에는 두 가지 과정이 있었다. 그것은 공유 자원에서 사적인 토지 보유로의 전환, 그리고 개방형 방목에서 배타적 접근을 바탕으로 한 방목으로의 변화였다.

더욱이 16세기 마지막 사분기까지 훼손이 나타나지 않았기 때문에 원주민 공유지의 존재가 과도한 개발로 이어져왔다는 증거는 없다. 토지에 대한 권리의 사유화는 원주민 자원의 전반적인 탈취의 일부였고 방목장이 압박에 시달리는 조짐을 보여주기 훨씬 전에 시작되었다. 과도한 방목에 따른 방목장의 악화와 목초지에 대한 접근을 제한하려는 움직임 사이에는 명확한 상관관계가 있지만, 이 과정은 사유화 자체가 아니라 이

---

12 Hardin, "The Tragedy of the Commons." 매케이와 애치슨은 다음과 같이 서술한다. "맥락과 관련된 요인 가운데 많은 것이 〔공유지의 비극〕 모델에 내재된 가정들인데 그것들을 무시한다면, 사람들이 공유 재산과 연관된 활동에 참여하기 때문에 공유지의 비극에 연루된다고 가정하는 실수를 초래하게 된다." McKay and Acheson, *The Question of the Commons*, p. 7. 이 경우에 맥락은 정복이다.

미 사유 재산으로 보유된 토지에서 벌어지는 목초지의 독점과 연관되었다.

개방형 공유지는 의심의 여지 없이 문제가 있다. 그것은 당연히 이용을 통제하는 규칙이 없기 때문에, 하딘의 모델이 기술하는 방식으로 과도하게 개발될 가능성이 매우 높을 것이다. 사실 개방형 공유지는 꽤 드문데, 존재할 경우 그렇게 된 이유를 이해하는 것이 중요하다. 이 연구가 주목하는 사례에서는 식민지 초기에 정복자와 피정복자 사이의 불평등한 권력관계와 원주민들이 에스파냐인 목축업자들을 효과적으로 견제할 수 없었던 사정 때문에 개방형 공유지가 존재했지만, 목축업자들이 과도하게 개발하고 그리하여 환경 훼손을 초래한 동기가 무엇이었는지에 대한 의문이 남는다. 하딘의 모델이 제시한 것처럼, 과잉 사육과 그에 결과로 발생한 과도한 방목은 장기적 이익을 희생하면서 단기적 이득을 얻으려는 욕구에서만 비롯되었을까? 이는 목축업자들이 완벽한 정보를 갖고 있었음을 시사한다. 즉, 자신들의 행동이 훼손을 초래하리라는 것을 알고 있었고 개의치 않고 계속 그랬다는 것이다. 필자는 과잉 사육의 결정이 주로 방목지가 집약적인 농업과 집약적인 방목을 모두 견딜 수 있으리라는 잘못된 인식에 근거했다고 제안한다. 즉, 환경 훼손은 결국 무지에서 비롯되었다.

메스키탈 계곡에 대한 에스파냐인들의 초기 인식의 증거는 1548년경의 지리 보고서에 포함되어 있다. 에스파냐인들은 생계, 교환, 공납을 위해 곡물이 대량으로 재배되는 인구 밀도가 높은 지역을 묘사했다. 그곳은 숲이 상당히 우거져 있었고 적절한 샘물과 지표면을 따라 흐르는 물을 가둬놓은 둑이 있어서 광범위한 관개 체제를 유지하고 있었다. 기후가 혹독하다고 알려졌지만, 그럼에도 그 지역은 비옥하고 생산성이 매우 높은 것으로 묘사되었으며 건조한 동북부 구역을 제외한 모든 곳에서 밀이 자라기에 충분한 가능성을 지니고 있었다. 제한된 규모의 야초지와 밀집된 농업 인구 탓에 목축업의 발전을 저해하는 것처럼 보였지만, 목축업은 에스파냐 문화의 필수 요소였기 때문에 불완전해 보였음에 틀림없는 경관에 방목 가축들이 추가되었다. 동물들이 새로운 생태적 적소로 확산되면서 그 개체 수는 급증했다.

그대로 두기만 했다면 원래의 양 떼는 아마 처음에 도달했던 것보다 약간 낮은 수용력에서, 그러나 방목장에 심각하거나 지속적인 피해를 입히지 않고 토착종 식물에 어느 정도 적응해 왔을 것이다. 하지만 목축업자들은 초기 증가 기간에 더 많은 양 떼를 추가하고 지속적으로 양 떼를 매우 높은 밀도로 유지함으로써 개체 수 증가 속도와 정도를 증폭시키고 식생과 토양 변화의 속도와 심도를 대등하게 증가시켰다. 환경 변화는 이 반건조 지역 식생의 재생 능력을 능가했고 목축업이 지역의 생산을 지배하게 된 바로 그때에 목초지는 나빠졌으며 수용력은 하락하기 시작했다. 하지만 방목장의 악화와 생산성 하락의 분명한 증거에도 불구하고 더 많은 목장이 승인되었고 더 많은 양 떼가 출현했다. 이미 살펴본 바와 같이, 1580년대와 1590년대에 앞선 50년의 목장 수를 합친 것보다 더 많은 목장이 공간을 차지했다. 수용력이 급격하게 감소하는 지역에 더 많은 양 떼를 추가하기로 한 것은 시장의 힘에 반응하는 개별 목축업자들이 내린 결정이었다. 1563년경부터 1580년까지 축산물 시장은 공급량이 풍부하고 가격이 낮은 구매자의 시장에서 공급량이 떨어지고 가격이 상승하는 판매자의 시장으로 변화했다.[13]

그들은 또한 지역의 잠재력에 대한 인식의 변화에 대응하고 있었다. 1579~1581년의 지리 보고서에 나타난 의견과 16세기 마지막 사분기에

---

13 Chevalier, *La formación*, pp. 139~140; Simpson, *Exploitation of Land*, p. 22; Andre Gunder Frank, *Mexican Agriculture*, 6장.

수행된 조사 기록에 따르면, 메스키탈 계곡의 잠재력에 대한 에스파냐인들의 평가가 근본적으로 바뀌었음이 분명히 드러난다. 그곳은 더 이상 밀 재배 지역이라고 볼 수 없었고 그리하여 양 사육에만 적합하다고 간주되며 기술되었다.[14] 그 지역의 잠재력에 대한 이런 재평가는 방목 가축에 적합한 사료가 무엇인지의 인식이 풀에서 사막 종으로 바뀌는 것과 분명히 연관되어 있었다. 1548년경 어떤 지역들은 목초지, 물, 확장할 공간의 부족 등으로 방목에 부적합하다고 간주되었다. 당시에 목초지는 풀을 의미했다. 하지만 1580년에 이 동일한 지역들이 건조 지대 종들의 이차 생장에 의해 침입당했을 때, 그곳들은 방목 가축에게 적절한 사료를 제공할 수 있다고 묘사되었다. 사실 그곳들은 항상 방목지로 활용되어 왔다고 알려져 있었다.[15] 사막 종들이 더 적은 수의 동물을 부양했다는 것은 그 지역이 본질적으로 열악해 양 방목 외에는 거의 적합하지 않다는 평가를 확인시켜 줄 뿐이다. 또한 1570년대 말에는 방목장의 악화가 분명하지 않았을 수도 있다. 오스트레일리아 알프스에서 방목이 미치는 영향을 고찰한 코스틴의 연구는 토양 침식이 뚜렷한 지역에서 방목이 지속될 수 있음을 분명히 보여준다. 그렇지 않았다면 황폐화된 지역에서 초목의 존재가 토양 변화의 심각성을 가리기 때문이다.[16]

목초지가 계속 유지되고 양 떼가 늘어나는 동안에 에스파냐인들은 이곳을 줄곧 비옥하고 생산적인 지역이라고 생각했다. 그들은 땅을 독점하

---

14   AGNT, vol. 2735, 2ª pte., exp. 9, fol. 1r.

15   PNE vol. I, nos. 9, 347, 555; PNE vol. 6, pp. 14, 18, 20, 24, 25, 27, 201~
     202; AGNT, vol. 1106, quad. 3, fol. 16; vol. 1728, exp. 2, fol. 15v; vol.
     2672, exp. 15, fol. 25v; vol. 2777, exp. 14, fols. 2r-16r.

16   A. B. Costin, *Grazing Factor*, p. 9; Costin et al., *Studies in Catchment
     Hydrology*, p. 31.

고자 시도하지 않았고 계속해서 공동으로 방목했다. 가축 소유주señor de ganado로서 성공적인 목축업자의 이상은 여전히 유효했다. 원주민 세계나 에스파냐인 세계에는 이 특정 지역이 그런 압력을 견딜 수 없었다는 것을 보여주는 지식이 축적되어 있지 않았다. 사실 1570년대 중반까지 모든 경험은 지속적인 성공을 가리키는 것처럼 보였다.

그러나 경험상 방목장이 목초지의 무한한 증가를 제공할 수 없었다는 점이 분명해지자 개별 목축업자들은 목초지의 보전에 관심을 갖게 되었다. 앞서 언급한 바와 같이 메스키탈 계곡의 계절적 이동 방목은 방목장의 악화에 대응해 1570년대 말에 시작되었고 목축업자들은 자신의 보유지에 배타적 접근을 역설함으로써 계곡 내 그들의 땅에서 목초지의 이용을 통제하기 시작했다. 그 결과 소유 재산의 경계가 어느 때보다 더 명확히 규정되었다.[17] 하지만 이런 작은 보유지는 수익을 유지하는 데 필요한 대규모 양 떼에게 방목지를 제공하기에 충분하지 않았고, 막대한 수의 가축 소유와 고수익에 딸려 오는 명망을 얻기에도 충분하지 않았다. 그 결과 개별 목축업자들은 토지를 독점하고 라티푼디아를 만들어내기 시작했다. 성공적인 목축업자는 이제 지주terratenientes로 알려졌다.[18] 최

---

17 듀젠베리는 멕시코인들이 1570년대에 목초지 보전에 관심을 갖게 되었다고 서술했다. Dusenberry, *The Mexican Mesta*, p. 113. 이 지역부터 미초아칸까지 실행된 계절적 이동 방목은 1585년 이 지역 서북부 구역의 에스파냐인 보유지를 대상으로 한 호구 조사에서 보고된 바 있다. AGIM, leg. 111, ramo 2, doc. 12. 슈발리에는 부왕들과 목장주 조합 임원들이 공동 방목 관습과 상반되게 배타적 접근을 강요하는 목축업자들의 문제에 직면했을 때 드러낸 양면적 감정에 주목한다. Chevalier, *La formación*, p. 145. 1580년대와 1590년대의 토지 하사와 토지 소송은 경계에 대한 엄밀한 규정에 대한 관심이 증대했다는 증거를 보여준다. 〈부록 C〉 참조.

18 가축에서 토지로의 변화 양상은 누에바 에스파냐 전역에서 발생했고 이는 목장주 조합의 구성이 가축 소유자로부터 지주로 전환되는 과정에 반영되었다.

근의 경험이 보여준 것처럼 방목은 본래 열악하다고 인식된 지역에서 수익을 낼 수 있는 유일한 방법이었기 때문에 더 많은 양 떼가 추가되었다. 시장의 사정과 지역의 잠재력에 대한 당대의 이해를 고려할 때 이는 논리적이고 합리적인 대응이었다.

목축업자들은 장기적 이익을 희생하면서 이기적으로 단기적 이득을 극대화하려는 모든 징후를 선보였고, 환경 훼손은 분명히 과도한 이용의 결과로 발생했다. 이로써 '공유지의 비극' 모델의 기초가 되는 가정 가운데 하나만 빼고 모두 입증되었다.[19] 하지만 이런 환경 훼손 과정의 구체적인 역사적 맥락은 공유지의 사용자들이 완벽한 정보를 가지고 있다는 그 모델의 가정들에 이의를 제기한다. 실제로 신세계 정복의 맥락에서 완벽한 정보는 불가능했을 것이다. 결국 이는 에스파냐인들에게 생소한 세계였고 목축업은 원주민들에게 이질적인 관습이었다. 에스파냐인들이 카리브해 지역에서 신세계 환경을 얼마간 경험한 것은 사실이지만, 그들은 외래종이 새로운 생태계로 확장되는 과정을 분명히 이해하지 못했다. 아마 자신들을 둘러싼 환경의 특성을 이해하고 있었던 원주민 귀족들은 이 반건조 지역에 양이 유입된 결과를 예측할 수 없었을 것이다.

이런 사건들의 맥락은 상당히 다른 설명 모델을 시사한다. 필자는 이 지역이 복잡한 농경의 조합에서 개인 소유의 방목 라티푼디아가 지배하는 메스키트 사막으로 변모한 것이 '공유지'의 존재에서 비롯된 불가피한

Dusenberry, 앞의 책, p. 59; Miranda, "Notas," p. 24.

19 '공유지의 비극' 모델에 내재된 가정 중에서 매케이와 애치슨은 다음과 같은 사항을 열거한다. "공유 재산은 항상 누구나 공개적으로 접근할 수 있는 다양성을 지닌다. …… 사용자들은 이기적이고 공동체의 사회적 규범에 의해 제한을 받지 않으며 단기적 이득을 극대화하고자 노력한다. …… 사용자들은 완벽한 정보를 가지고 있고 …… 자원이 너무 집중적으로 사용되어 과도한 이용과 고갈이 있을 수 있다." McKay and Acheson, *Question of the Commons*, p. 7.

결과가 아니었다고 주장한다. 오히려 그것은 정복 과정에 내재된 유동적이고 불평등한 권력관계, 그리고 가장 중요하게는 신세계 환경의 특성에 대한 무지로부터 발생했다. 메스키탈 계곡 환경의 훼손을 정복과 정착의 불가피한 결과라고 여기고, 이 지역 라티푼디아의 발전을 계절에 따라 강우량이 뚜렷하게 다르며 높고 가파른 야산이 있는 반건조 아열대 지역에 양을 유입시킨 불가피한 결과로 보는 것은 솔깃한 이야기이다. 하지만 신세계 환경에 대한 무지가 예기치 않은 결과를 초래할 수밖에 없었다는 의미에서 환경 훼손은 불가피했을 뿐이다. 왜냐하면 과거의 경험을 토대로 변화하는 토지 이용의 결과를 아무도 예측할 수 없었기 때문이다. 그 땅을 알지 못했던 에스파냐인도, 양을 알지 못했던 원주민도 예측하지 못했다. 따라서 이 지역의 훼손을 초래한 궁극적인 유발 요인은 인간의 선택이었다. 알려지지 않고 거의 이해할 수 없었던 지역에 양을 들여오기로 결정한 것은 환경 변화 과정에 시동을 건 최초의 자극으로 간주될 수 있다. 그러나 이런 과정들이 전개된 방식에서 가장 중요한 요인은 유럽인들이 방목을 규제하는 자신들의 관습을 무시하고자 내린 결정이었다. 개별 보유지의 방목률을 통제하는 규정을 무시하고자 내린 결정은 메스키탈 계곡을 처음에는 풍족하고 비옥한 지역으로, 그다음에는 과도한 이용의 결과가 명백해지면서 양에게만 적합한 지역으로 인식한 데에 근거를 둔 것이었다. 이 결정은 목초지에 접근하려는 권한의 행사와 결합되었고, 따라서 개인들은 공유 재산을 희생하면서 이득을 볼 수 있었다. 동시에, 그리고 거의 우연히도 장기적 이익은 단기적 이득을 위해 희생되었다.

메스키탈 계곡은 고립된 단 하나의 사례였는가? 이 질문에 자신 있게 대답하려면 분명히 많은 연구가 이뤄질 필요가 있지만, 현재 이용 가능한 그런 당대의 증거를 검토해 보면 그렇지 않았음을 알게 된다. 우리가 여기서 검토할 이 증거는 누에바 에스파냐 전역에서 목축 지역의 전반적인 악화 과정과 16세기 말 축산물의 구매자 시장에서 판매자 시장으로의 변화 사이의 밀접한 상관관계를 시사한다. 필자는 이런 시장 지향의 변화가 메스키탈 계곡의 생산성 하락을 초래한 것과 유사한 환경 변화의 과정에서 비롯되었다는 작업가설을 제안한다.

이 제안을 뒷받침하는 가장 강력한 증거는 다음과 같은 두 가지 사실에서 찾을 수 있다. 첫째, 유제류 급증의 모델에 의해 예측된 바와 같이 누에바 에스파냐에서 방목 가축들이 유입된 곳은 어디든지 그 개체 수의 이력은 메스키탈 계곡의 경험을 잘 보여주었다. 즉, 그 동물들은 기하급수적으로 증가했고 정점에 도달한 뒤 폭락했으며 결국 안정되었다. 실제로 유입된 동물들의 이력이 모델 자체를 입증한다. 둘째, 당대인들은 동물 개체 수의 하락을 환경 악화와 과도한 개발과 연관시켰다.

유입된 가축 떼의 극적인 증가는 메스키탈 계곡에 특유한 현상이 아니라 오히려 많은 당대 저술가들이 주목한 전반적인 현상이었고, 일부 지역들에서 동물의 밀도는 메스키탈 계곡에서 도달한 밀도를 초과했다.[20] 양 떼 규모의 돌연한 감소 역시 모든 지역에서 보고되었는데 붕괴의 시점은 분명히 원래의 침입 시기와 유입된 동물의 유형에 따라 달랐다.[21] 돼지, 양, 소, 말은 거의 그 순서대로 적응하고 확대된 것처럼 보인다.

---

20 방목 동물들의 증가에 대한 당대의 목격담에 관해서는 Simpson, *Exploitation of Land*, pp. 2~6을 참조하라. 다른 지역들에서 추산된 밀도에 대해서는 또한 이 책의 4장 주 1을 보라.

21 이런 붕괴는 중앙 산악 지대에서 1560년대 초부터 1570년대 중반까지 거의 같은 시기에 발생했고, 10년 또는 20년 뒤에는 동물들이 북쪽으로 이동해 개체 수가 급증하는 순환을 반복하면서 인접한 북부 지역에서도 발생했다. Chevalier, *La formación*, pp. 137~140.

돼지는 구세계 동물이 신세계 환경에 적응할 수 있다는 것을 보여준 첫 번째 사례였다. 카리브해의 여러 섬에서 잘 자라지 못했던 양조차도 중앙 산악 지대의 더 온난한 환경에서는 그 수가 급속히 늘어났다. 이런 엄청난 증가세가 갑작스럽게 중단되고 가축 떼가 쇠약해진 것은 개별 목축업자들에게 손실을 의미했을 뿐 아니라 성장하고 있던 식민지의 경제에도 영향을 미쳤다. 광산의 노동을 유지하는 데 필요할 만큼의 충분한 육류 공급이 위협받았듯이 직물 산업은 위험에 빠졌다.[22] 당대의 목격자들은 동물 개체 수의 갑작스러운 감소가 두 가지 별개의 과정에서 비롯되었다고 파악했다. 첫 번째는 가축 떼의 과도한 이용이었고 두 번째는 동물의 생존 기반 악화에 따른 번식력의 저하와 손실이 발생한 숫자를 대체할 수 없는 불능 상태였다.

16세기의 많은 에스파냐인들은 가죽이나 수지만을 얻기 위해 엄청난 수의 동물을 살육한 것, 원주민들의 과도한 육류 소비, 도둑과 들개 떼(유입된 종이 야생 상태로 돌아간)에 의한 양 떼의 격감이 개체 수의 하락 이유를 설명한다고 생각했다. 다른 이들은 양 떼의 분명한 번식 불능에 대해 우려했고 개체 수 하락을 방목지의 악화 탓으로 돌렸다. 1574년에 부왕 마르틴 엔리케스가 "가축이 예전처럼 번식하지 않는다. 땅이 짓밟히지 않았고 목초지가 비옥하고 넓었기 때문에 암소들은 두 살이 되기 전에 새끼를 낳곤 했다. 하지만 지금은 목초지가 나빠져서 암소들이 서너 살이 되기 전에 새끼를 낳지 못한다"라고 기록했을 때, 그는 동물의

---

22 1530년대에 시작된 작업장(오브라헤)의 모직물 생산 체제는 (한 철에 깎은) 양 털의 분량에 좌우되었다. Salvucci, *Textiles and Capitalism*. 광산은 주로 가죽에 의존했지만 풍부한 육류 공급에도 의존했는데, 당시에는 그 덕분에 육체적으로 그런 힘든 작업을 수행하는 것이 가능하게 되었다고 여겨졌다. Chevalier, 같은 책, p. 141.

번식력 저하와 방목장의 악화를 분명하게 연관시켰다.[23] 현대의 학자들 또한 방목장의 악화와 개체 수의 감소가 관련이 있었다고 결론지었다. 예를 들어 슈발리에는 천연자원 기반의 악화가 멕시코 중부뿐 아니라 북부의 소 떼 감소의 원인이 되었다고 생각했다. 심프슨은 양과 염소 들이 스스로의 생존 기반을 파괴하기 때문에 가축 떼 규모의 축소가 과도한 방목의 직접적인 결과라고 서술했다. 심프슨은 또한 식민 시대 초기에 양의 사육에 이용된 대다수 지역이 현재 광범위한 침식으로 훼손되어 있음을 지적했다.[24]

관리들과 개별 목축업자들은 목축 경제 부문이 직면한 문제를 바로잡기 위해 여러 가지 조치를 시도했다. 앞서 언급했듯이 멕시코인들은 1570년대에 목초지 보전에 관심을 갖게 되었다. 그리고 메스타(목장주 조합)는 그 시기에 초원을 불태우는 관행을 규제하고 가축 암컷의 도살, 도살되는 가축의 수, 원주민들의 육류 소비를 제한하는 여러 가지의 조례를 통과시켰다.[25] (실제로 1570년대에 동물들이 도살되는 비율이 상당히 증가했을 가능성은 거의 없을 것이다. 왜냐하면 1576~1581년에 원주민의 인구가 갑자기 하락했고 그와 더불어 신선한 육류 시장이 적잖게 활동을 개시했기 때문이다.[26]) 방목장의 악화에 대한 수많은 개별 목축업자들의 반응은 유형화된 대응

---

23 Chevalier, 같은 책, p. 138에서 재인용.

24 Chevalier, 같은 책, p. 139; Simpson, *Exploitation of Land*, p. 23.

25 Dusenberry, *Mexican Mesta,* p. 111; Chevalier, 같은 책, p. 138.

26 깁슨은 원주민들의 육식에 대한 집착이 주로 양고기라기보다 쇠고기를 대상으로 했다고 언급한다(Gibson, *Aztecs*, p. 346). 그러나 슈발리에의 서술에 따르면, 중앙 고원Meseta Central(이는 주로 에스파냐의 지형을 설명할 때 많이 쓰이는 표현이지만 여기서는 물론 멕시코의 중부 지역을 의미한다 ─ 옮긴이)에서 양고기는 쇠고기보다 20배나 더 많이 소비되었다(Chevalier, 같은 책, pp. 142~143).

을 낳았다. 중앙 산악 지대로부터 전개되는 계절적 이동 방목은 이 무렵에 목축이 처음으로 시행된 지역에서 방목장의 악화에 대응해 시작되었고, 목축업자들은 배타적 접근을 시행하기 시작했다.[27] 또한 부와 명망을 얻기 위한 수단이 동물에서 토지로 변화하는 전반적인 경향이 포착되었다. 사실 1570년대 이후 목장주 조합의 구성이 가축 소유자에서 지주로 바뀌었는데, 이는 필자가 메스키탈 계곡에 대해 제안해 왔듯이, 목초지의 악화와 가축 떼를 유지하기 위해 토지를 독점해야 할 필요성을 반영할 수도 있는 과정이다.[28] 이런 공식적이고 개별적인 대응에도 불구하고, 상황은 1590년대에 이르기까지 개선되지 않았다. 1595년 벨라스코 부왕이 그의 후임자에게 보낸 편지에 썼듯이, 가축 떼의 과도한 이용을 규제하는 조치들은 성공하지 못했고 가축 떼도 늘어나지 않았다. 멕시코는 더 이상 그가 어린 소년이었을 때처럼 육류가 풍부하고 저렴한 곳이 아니었다.[29]

1570년대 말에 두 가지 과정, 즉 가축 떼와 방목장의 과도한 이용이 결합되면서 목축업자들에게는 승산이 없는 절망적인 상황이 초래되었다. 목축업자들은 덫에 걸렸다. 높은 가격을 만들어낸 힘은 또한 그들이 생산량을 늘려 수요를 맞추는 것을 불가능하게 했고 실제로 그들의 생산성은 떨어지고 있었다. 방목장의 급속한 악화는 가축 떼가 스스로를 대체할 수 없었음을 의미했다. 그러나 방목장은 너무 빨리 악화되고 있었기 때문에 가축들이 굶어 죽기 전에 도살하는 것이 더 타당했다. 특히 가격의 상승은 높은 수익을 의미했기 때문이다. 1580년대에 목축업자들은 그

---

27   이 사안을 다루는 슈발리에의 논의를 참조하라. Chevalier, 같은 책, p. 129.
28   주 18을 참조하라.
29   Simpson, *Exploitation of Land*, p. 22에서 재인용.

런 관행을 금지하는 부왕의 명령을 무시하고 가축 암컷까지도 무모한 살육을 자행했다.[30]

목축업자들이 어디서나 메스키탈 계곡에서처럼 토지와 목초지를 독점함으로써 이런 상황에 대응했는지의 여부는 향후 연구의 주제이다. 그들이 얼마간 그렇게 했다는 것은 아시엔다의 형성에서 분명히 드러난다. 그러나 이 아시엔다들은 라티푼디아였는가? 즉 그것들은 이례적으로 큰 규모였는가? 엄청나게 많은 수의 소규모 지주와 높은 생산성에서 소수의 대지주와 낮은 생산성으로의 변화는 일반적인 현상이었는가? 필자가 다른 곳에서 제안했듯이 결국 환경 변화에 기반을 둔 누에바 에스파냐 정치 경제의 목축 부문에서 엄청난 구조적 변화가 있었는가?[31]

더불어 이 연구가 누에바 에스파냐 정치 경제의 변화에 대해 제기하는 질문들은 신세계 사회의 성장과 발전에 관한 최근의 토론에 영향을 준다. 시장 지향의 전환과 환경 변화 사이의 상관관계를 가리키는 증거는 지역적 변수(이 경우 자연 환경)들이 누에바 에스파냐 정치 경제 발전의 중요한 지점에서 주된 역할을 맡았다는 추가적인 증거를 제공함으로써 이 토론에 영향을 준다. 하지만 그것은 이런 특정한 변수가 계속해서 가장 중요한 것이었음을 의미하지 않는다. 메스키탈 계곡의 역사는 환경이 발전을 제약하거나 가능하게 만드는 불변의 변수로 여겨질 수 없다는 것을 보여주는 반면에 환경 변화가 같은 속도로 끊임없이 일어나지 않는다는 것도 동일하게 분명하다. 환경 변화가 항상 훼손을 의미하는 것도 아니다. 메스키탈 계곡과 마찬가지로 누에바 에스파냐 전역에서 유럽인들의 침입으로 개시된 과정들은 16세기 이후에 둔화된 것으로 보인다. 인

---

30 Chevalier, 같은 책, p. 140

31 Melville, "Environmental and Social Change," p. 53.

간은 결국 배우기 마련이고, 사회적 변화에서 다른 덜 즉각적인 영향이 우위를 차지했듯이 누에바 에스파냐의 주민들은 땅을 이용하는 안정적인 체계를 발전시키기 위해 급속한 변화의 시대에 얻은 지식을 활용했다.

유럽인들은 낙원을 정복하지 않았다. 원주민들이 낙원의 관리인이었다는 견해를 유지하는 것은 그들의 역사를 부인하고 그들을 정형화된 성인聖人 같은 인물로 격하하는 것이다. 하지만 유럽인들은 이미 진행 중인 과정을 단순히 강화하는 데 그치지 않았다. 오히려 사회적이고 생태적인 변화의 원동력에 완전히 새롭고 이질적인 요소들을 추가함으로써 그들은 무의식적으로 마치 폭포처럼 쏟아지는 과정들을 촉발시켰고 그 결과 유럽인들 자신뿐 아니라 원주민들에게도 이질적인 세계가 생겨났다. 더욱이 그것은 축소된 세계였다.

부록 A 하위 지역들

남부 평원: 표면적 483km², 카베세라: 아파스코, 우에이포스틀라, 테킥스키악, 테스카테펙과 투산틀랄파(쌍둥이 카베세라), 틀라파날로야.

남부 평원은 멕시코 계곡의 최북단에 위치해 있고 자연스럽게 그 경계 내에 속하는 듯이 보이지만, 사실 이 하위 지역은 툴라강의 배수 체계의 일부이므로 메스키탈 계곡에 포함된다. 지리적 기준에 따라 남부 평원을 메스키탈 계곡에 포함하려는 결정은 이 평원 내의 카베세라들이 테오틀랄판으로 알려진 정복 이전의 지정학적 구획에 소속됨으로써 보강되었다.[1]

우에이포스틀라의 권한 아래에 있는 푸에블로 두 곳, 틀라코틀라필코와 테스카테펙은 남-북 평원의 카베세라에서 수 킬로미터 떨어져 있고 남부 평원에는 포함되지 않는다. 중앙 계곡의 동단에 위치해 있는 틀릴콰우틀라(테스카테펙과 투산틀랄파의 권한 아래 종속됨)[2] 또한 남부 평원에서 제외되었다.

남-북 평원: 표면적 753km², 카베세라: 아티탈라키아, 아토토닐코, 칠콰우틀라, 미스키아괄라, 테손테펙, 틀라코틀라필코, 틀라우엘릴파, 틀라

---

[1] 남부 평원, 중앙 계곡, 남-북 평원, 북부 계곡은 셔번 쿡이 이 지역들에 붙인 이름이다. 그곳들은 에스파냐인들의 정복 이전에 테오틀랄판으로 알려진 지역을 구성한다. Cook, *Historical Demography*.

[2] Gerhard, *Guide*, p. 299.

마코.

여기서 주된 문제는 남-북 평원에 위치한 테스카테펙 푸에블로(소도시/읍)에 관한 문서 기록과 남부 평원에 위치한 동일한 명칭의 카베세라에 속하는 문서 기록을 분리하는 것이었다. 북부 푸에블로와 관련된 문서들은 미스키아괄라, 테손테펙, 칠콰우틀라 카베세라들과의 경계, 그리고 우에이포스틀라의 권한 아래에 있는 구역으로서의 지위에 대한 언급을 통해 확인되었다. 남부 카베세라에 대한 문서 기록은 엔코멘데로의 이름, 카베세라로서의 지위, 투산틀랄파와의 경계에 대한 언급을 통해 확인되었다. 칠콰우틀라(익스미킬판에 종속된)에 관한 문서들은 틀라코틀라필코와의 공통 경계들과 엔코멘데로의 이름에 대한 언급을 통해 확인되었다.[3]

중앙 계곡: 표면적 603km², 카베세라: 악사쿠바, 이스킨키틀라필코, 테테팡고, 토르나쿠스틀라.

중앙 계곡 동쪽 끝에 있는 틀릴콰우틀라 푸에블로는 남부 평원의 쌍둥이 카베세라인 테스카테펙과 투산틀랄파의 권한 아래 종속되어 있었고,[4] 그 경계 내에 속하는 토지에 대한 문서 기록은 푸에블로의 이름과 토르나쿠스틀라와의 공통 경계들에 대한 언급을 통해 확인되었다.

북부 계곡: 표면적 1017km², 카베세라: 악토판, 테카시케-치카바스코 Tecaxique-Chicavasco, 텍파테펙, 틀라노코판, 예테코막.

이 계곡은 일련의 높은 언덕 북쪽에 있는 중앙 계곡과 나란히 놓여 있다. 중앙 계곡과 북부 계곡은 모두 서쪽에서 남-북 평원과 연결되고, 그

---

3   Gerhard, 같은 책, p. 156.
4   Gerhard, 같은 책, p. 299.

동쪽 끝은 시에라마드레오리엔탈Sierra Madre Oriental산맥 기슭의 작은 언덕에서 끝난다.

익스미킬판: 표면적 1028km², 카베세라: 익스미킬판, 틀라신틀라Tlacintla.

익스미킬판은 남-북 평원의 북쪽에 위치해 있고 낮은 산등성이에 의해 분리되어 있다. 이 하위 지역의 북쪽 경계는 16세기와 17세기에는 분명히 규정하기가 어려웠다. 거하드Gerhard는 익스미킬판의 영토 관할권이 시마판보다 더 멀리 북쪽으로, 대략 북위 20° 55′까지 확대되었다고 생각했다.[5] 하지만 필자는 그 영토가 이렇게 멀리 북쪽까지 확대되었다는 증거를 찾지 못했고, 『정기 시찰 전집』에는 익스미킬판이 언덕과 산 들로 둘러싸인 평평한 평지에 위치해 있었다고 적혀 있다.[6] 오늘날의 익스미킬판과 카르도날Cardonal 자치체는 후자의 설명과 거의 일치하며, 그러므로 익스미킬판의 영토 확대를 표현하는 데 사용되어왔다. 칠콰우틀라는 익스미킬판에 종속되었지만 남-북 평원에 포함된다.

알파사유카: 표면적 634km², 카베세라: 알파사유카.

알파사유카 계곡은 남-북 평원과 나란하게, 높은 언덕들로 이뤄진 분수산맥의 서쪽으로 뻗어 있다. 알파사유카는 16세기에 실로테펙의 권한 아래 종속되어 있었지만, 알파사유카 계곡의 토지에 관한 문서 기록은 그 경계 내에 있는 카베세라 또는 푸에블로에 대한 언급을 통해 확인되었다.[7]

---

5   Gerhard, 같은 책, p. 155.
6   PNE vol. 1, no. 293.
7   Gerhard, *Guide*, p. 386.

우이치아판: 표면적 1697km², 카베세라: 우이치아판.

우이치아판 고원은 알파사유카 서쪽 야산의 높은 곳에서 시작해 서쪽으로 기울어져 산후안델리오강 동쪽의 야산들과 합쳐진다. 그 북쪽 경계는 목테수마강에 의해 뚜렷해지고, 고원의 남쪽 끝은 실로테펙 고원과 그곳을 분리하는 낮은 언덕들에 의해 연결되어 있다. 그 언덕들은 일반적으로 우이치아판의 관할권 내에 있다. 알파사유카와 마찬가지로, 우이치아판은 16세기에 실로테펙의 권한 아래 종속되어 있었다.[8] 우이치아판의 토지와 관련된 문서 기록은 그 카베세라나 관할권 내에 속한다고 확인된 푸에블로들에 대한 언급을 통해 확인되었다.

실로테펙: 표면적 1898km², 카베세라: 실로테펙

실로테펙 고원은 동남쪽에서 동북쪽으로(실로테펙에서 폴로티틀란Polotitlan까지) 뻗어 있고 긴 축선을 따라 동북쪽으로 기울어져 있다. 실제로 실로테펙 고원은 산후안델리오강의 바로 앞에서 멈춘다. 실로테펙 프로빈시아의 관할권은 정복 당시 시마판과 케레타로를 포함해 북쪽으로 확대되었지만,[9] 이 연구의 영역은 1552년 이후 실로테펙 프로빈시아로 알려진 지역에 국한되었다.

에스파냐인들에게 테노치티틀란이 패배당한 뒤 정복 이전 형태의 실로테펙 프로빈시아는 네 명에게 엔코미엔다로 하사되었지만, 1520년대의 더 나중 시점에 코르테스의 통역사 마리나의 남편인 후안 하라미요에게 다시 양도되었다. 1552년까지 이 거대한 엔코미엔다는 하라미요의 미망인(그의 두 번째 아내 베아트리스 데 안드라다와 그의 딸 마리아 하라미요(마

---

8   Gerhard, 같은 책, p. 386.
9   Gerhard, 같은 책, p. 383.

리나의 딸)] 사이에 분할되었다. 베아트리스 데 안드라다는 그때부터 '실로테펙 구역'으로 알려진 그 절반을 보유했는데, 여기에는 실로테펙, 알파사유카, 우이치아판 카베세라들이 포함되었다. 마리아 하라미요는 산후안델리오강 북쪽의 읍들이 포함된 '케레타로 구역'을 유지했다.[10]

알파사유카와 우이치아판에 관한 문서 기록은 실로테펙의 문서 기록과 꽤 쉽게 구별된다. 하지만 '치치메카족'에게 속하는 것으로 언급된 땅들은 약간의 어려움을 야기했는데, 그것은 단순히 '치치메카족'에 대한 모든 언급을 도외시함으로써 해결되었다. 그런 땅들이 알파사유카나 우이치아판의 치치메카족에게 속했다는 것이 분명하게 명시된 경우에만 그것들은 유지되고 활용되었다. 많은 경우에 '치치메카족'에 대한 대부분의 언급은 산후안델리오강 북쪽의 땅에 적용되므로 연구의 영역 밖에 놓여 있는 듯 보인다.

세 개의 카베세라, 즉 치아파데모타(별개의 하위 지역)뿐 아니라 사야나킬파와 차판통고(두 곳 모두 툴라 하위 지역에 포함)도 정복 당시 실로테펙의 권한 아래 종속되어 있었다.[11] 하지만 그곳들은 별개의 엔코미엔다로 승인되었고, 그에 대한 문서 기록은 쉽게 확인된다.

치아파데모타: 표면적 694km², 카베세라: 치아파데모타

이 산악 지역은 멕시코 계곡의 높은 서쪽 경계를 이루는 언덕과 산들과 조화를 이루고 있으며, 정복 당시 북쪽에 있는 실로테펙 프로빈시아와 정치적 유대 관계를 맺고 있었기 때문에 연구에 포함되었다.[12]

---

10   AGIJ, leg. 129. exp. 5; AGIJ, leg. 148, exp. 1; leg. 168; Gerhard, 같은 책, pp. 383~384. 또한 Melville, "Elite Formation"을 참조하라.
11   Gerhard, 같은 책, pp. 385~386.
12   Gerhard, 같은 책.

툴라: 표면적 1222km², 카베세라: 아텡고, 차판통고, 미치말로야Michimaloya, 넥스틀랄판Nextlalpan, 오틀라스파, 사율라, 수치틀란, 테페티틀란, 테페시, 툴라, 시파코야, 사야나킬파.

차판통고를 제외한 모든 카베세라들은 툴라강 상류의 야산과 계곡 내에 있다. 차판통고는 우이치아판 고원의 동쪽 야산들을 남-북 평야와 알파사유카 계곡 사이에 있는 높은 야산들로부터 구분하는 산등성이 위의 사율라 북쪽에 위치해 있다. 주된 배수는 서남쪽으로 향한다. 그러므로 차판통고는 엄밀히 말해 툴라강 상류에 속하지 않는다. 하지만 차판통고와 사율라의 영토 관할권을 구분하는 것은 대단히 어렵다. 왜냐하면 두 카베세라를 제외하고 촌락이나 장소들의 16세기 명칭이 현대의 명칭과 일치하지 않기 때문이다. 겉보기에는 사율라의 영토 관할권이 북쪽과 서쪽의 산악 지대까지 확대되었고 차판통고의 영토 관할권은 남쪽으로 확대되었지만, 두 지역 사이의 경계선은 명확하지 않다. 이런 이유로 차판통고는 실로테펙보다 툴라 하위 지역에 포함되었다.

부록 B 인구 추정치

표 B-1 카베세라별, 시기별(10년 단위) 공물 납부 인구

카베세라	1570년대		1580년대		1590년대	
악토판	1570	(7,500)	1587	4,853[a]	1596 1599	3,818[b] 2,984
아파스코	1570	(1,210.5)	-		1592 1593	2,984 331.5
아텡고	1570 1570 1578	456 463.5 302	1584	171.5	1592	171.5
아티탈라키아	1570 1577	(1,409) 1,223	1580 1584	834 633	1592 1594 1599	532.5 514.5 425
(카베세라에) 종속된 촌락	1570	(1,616)	-	-	아티탈라키아에 포함	
아토토닐코	1570	(1,810)	-	-	1592	363.5
악사쿠바	1570	(4,284)	-	-	1592 1594 1599	1,003.5 747 604.5
치아파데모타	1570	(3,320)	-	-	1592 1599	975 644
차판통고	1570 1577 1578	(1,578) 1,253 828	1581	660	1592 1592	540.5 374.5
칠콰우틀라	1570	(1,218)	-	-	1592 1597 1599	150 346.5 228.5
우에이포스틀라	1570	(1,818.5)	-	-	1592 1598	928.5 789.5[b]
익스미킬판	1570	(2,697)	1583	2,609	1590 1592 1595 1599	2,332 2,202 1,727 1,597
익스미킬판 광산	1570	(52)	-	-	익스미킬판에 포함	
이스킨키 틀라필코	1570 1578	(4,000) 1,983	1587	1,322	1592 1599	1,111.5 669

카베세라	1570년대		1580년대		1590년대	
미치말로야	1570	(1,600)	-	-	1592	249.5
미스키아괄라	1570 1578	(806) 538.5	1581	315.5	1592	315.5
절반은 엔코미엔다	-	-	-	-	1598	438.5[b]
넥스틀랄판	1570	(600)	-	-	1592 1599	253.5 188
오틀라스파	테페시에 포함		-	-	1599	549.5
사율라	1570 1577	(300) 246	1581 1589	163 104.5	1592	104.5
수치틀란	1570	(900)	-	-	1592	357
테카시케	-	-	-	-	1592	147.5
텍파테펙/틀라노코판	1570	(588)	-	-	1592	234.5 88.5
베페티틀란	1570	(900)	-	-	1592	324
(카베세라에) 종속된 촌락	1570	(1,560)	-	-	테페티틀란에 포함	
테페시델리오	1570	(3,500)	-	-	1592 1599	748 715
테킥스키악	1570	(1,909.5)	-	-	1592 1598	416 226b
테테팡고	1570	(488)	1584	231	1592 1595 1596 1598	230.5 268.5 312 142
테스카테펙(북부)	1570	(200)	-	-	우에이포스틀라에 포함	
테스카테펙과 투산틀랄파(남부)	1570	(2,365.5)	-	-	1592 1594	449 286.5
테손테페케	1570	(487)	-	-	1592	195.5
티안기스통고	1570	(245.5)	-	-	1592 1597	624.5 574
틀라신틀라	1570	(1,280)	1582	947.5	1590 1592 1598	711.5 659.5 245.5
틀라코틀라필코	1570	(800)	-	-	우에이포스틀라에 포함	
틀라우엘릴파	1581	419.5	1592	415.5		

카베세라	1570년대		1580년대		1590년대	
틀라마코	1570	(900)	-	-	1592	232
틀라파날로야	1570	(345)	-	-	1592	132.5
토르나쿠스틀라	1570	(800)	1579	400c	1592 1598	200.5 147
툴라	1570 1577 1578	(2,800) 2,721 1,434	1580 1583 1589	903 767 601	1592	601
(카베세라에) 종속된 촌락	1570	(1,480)	-	-	툴라에 포함	
목테수마 목장	1576	424	-	-	1592	281
실로테펙	1570	(6,065)	1583 1585	5,096 3,658.5	1590 1592	3,504.5 3,414
알파사유카	1570	(2,361)	1585	1,378d	실로테펙에 포함?	
우이치아판	1570	(5,125)	1585	1,644	실로테펙에 포함?	
시파코야	1570	(2,200)	-	-	1592	373.5
예이테코마틀	1570 1570 1577	(380) 363.5 204.5	1581	106	1592	106
사야나킬파	1571 1578	803.5 461.5	1582	350.5	1592	235.5

주: a: AGNG, vol. 3, expo 39
  b: AGII, leg. 1530
  c: AGII, leg. 1529
  d: AGIM, leg. 111, ramo 2, doc. 12
  괄호 안의 숫자들은 1569년부터 1571년까지 시행된 교회의 시찰 자료로부터 도출한 것이다. 이
  자료는 국왕의 재무 관리들이 실행하는 사정查定의 원천이다.(AGIM, leg. 336A, ptes. 1 and
  2). 이 총계들은 1570년 전체 지역을 위한 기준치를 제시하곤 했다.
  포함?: 관련 정보를 구할 수 없으나 아마 카베세라에 포함되었을 듯하다.
  (카베세라에) 종속된 촌락: 다음에 나오는 카베세라에 종속된 촌락들의 총계
  -: 관련 정보를 구할 수 없음
자료: 1548년 무렵과 1550~1560년대의 총계는 <표 B-1>과 <표 B-2> 자료 참조. 또한 Melville,
  "The Pastoral Economy," 부록 A 참조.

표 B-2 12개 카베세라의 공물 납부 인구의 변화(1560~1599)

카베세라	1560 년대	공물 납부 인구	1570 년대	공물 납부 인구	1580 년대	공물 납부 인구	1590 년대	공물 납부 인구
아텡코	1567	618.5	1578	302	1584	171.5	1592	171.5
아티탈라키아	1569	1,409	1577	1,223	1584	633	1599	425
차판통고	1564	1,578	1578	282	1581	660	1592	374.5
익스미킬파	1566	2,713	1570	2,697	1583	2,609	1599	1,597
이스킨키 틀라필코	1568	3,873	1578	1,983	1584	1,322	1599	669
미스키아괄라	1564	806	1578	538.5	1581	315.5	1592	315.5
사율라	1564	352.5	1577	246	1589	104.5	1592	104.8
테테팡고	1564	495	1578	578	1584	231	1598	142
틀라신틀라	1562	1,233.5	1570	1,280	1582	947.5	1598	425.5
툴라	1566	3,089.5	1578	1,434	1589	601	1592	601
예테코막	1569/71	380	1577	204.5	1581	106	1592	106
사야나킬파	1568	803.5	1578	461.5	1582	350.5	1592	235.5
총계	17,352.5		11,755.5		8,051.5		5,167	

자료: <표 B-1>과 <표 B-2> 자료 참조.

<표 B-1>과 <표 B-2>의 자료

1560년대

AGIC, leg. 664, "Quenta y Averiguacion (1553-69): Izcuinquitlapilco."

AGIC, leg. 665, "Relación y averiguación (1553-69): Tula, Taymeo y Yeytecomatl, Tlaçintla y Izmiquilpa."

AGIC, leg. 670.

AGIC, leg. 678, continuation oflegajo 665: "Yeytecomatl, Yzmiquilpa y Tlaçintla, Ixquinquitlapilco."

AGIC, leg. 785, "Cargo: Tributos y Tasaciones, Pueblos en la real corona (1531-69): Atitalaquia, Atengo, Axacuba, Çayanaquilpa, Yzquinquitlapilco, Mesquiaguala, Yzmiquilpa, Tlaçintla, Çayula."

AGIC, legs. 786A and B, "Copias autorizadas por Yrigoyan en 1574"; "Quentas y averiguaciones (1553-69) leg. 786A: Atitalaquia, Chapatongo, Tabalilpa, Tula, Çayula; leg. 786B (burnt): Atengo, Tetavanco."

1570년대

AGIM, leg. 336A, ramo 2, 104(7), fols. 3r-28r, Ecclesiastical Visita 1569-71. Same as PNE vol. 3, with additional information in a section not published in PNE: AGIM, leg. 336A, ramo 2, 104(5), 2ª pte., fols. 3r-4v: Chiapa, Tepexi y Otlazpa, Huichiapan, Xilotepec.

AGIC, leg. 679.

AGIC, leg. 692, "Tributos y Tasaciones (1 Jan. 1573-31 Dec. 1584): Atitalaquia, Atengo, Chapantongo, Çayula, Çayanaquilpa, yzquinquitlapilco, Yeytecomatl,

Mezquiaguala, Tetabanco, Tula."

1580년대

AGIC, leg. 668, "Cargo: tributos reçagados (30 Jan. 1586-30 Apr. 1590; 1 May
1590-30 Apr. 1591): Atitalaquia, Atengo, Chapantongo, Çayula, Çayanaquilpa,
Izmiquilpa, Tlaçintla, Yeytecomatl, Yzquinquitlapilco, Mizquiaguala, Tlahuilipa,
Tetavanco, Tula, Xilotepeque la mitad, Atengo."

AGIC, leg. 677, "Resultas: Averiguacion que haze Juan Martinez de Fuyca de los
tributos de Pueblos que estan en la rreal corona para la satisfaccion de la
quenta que se va tomando a los oficiales de la real hacienda (12 Nov. 1576-1
Apr. 1577): Atengo, Atitalaquia, Çayula, Çayanaquilpa, Yzmiquilpa y Tlaçintla,
Tlazintla, Yzmiquilpa, Yeytecomatl, Mezquiaguala, Tavalilpa, Tula, Tetavanco,
Xilotepeque."

AGIC, leg. 692.

AGIC, leg. 785.

AGNG, vol. 3, exp. 29, fols. 15v- 16r: Actopan, 1587.

AGIM, leg. 111, ramo 2, doc. 12.

AGII, leg. 1529. (Same as PNE vol. 6.)

1590년대

AGIC, leg. 688.

AGIC, leg. 692.

AGIC, leg. 694, "Cargo: Servicio real, (1592-94): Pueblos en la real corona:
Atitalaquia, Atengo, Chapantongo, Çayula, Çayanaquilpa, Yeytecomatl,
Yzquinquitlapilco, Mizquiaguala, Izmiquilpa y Tlaçintla, Tlahuelilpa,
Tetepango, Tula, Xilotepeque la mitad. Pueblos de encomenderos:
Atotonilco, Zacomulco, Asuchitlan, Chiapa, Tula, Michimaloya, Mizquiaguala,
Teçontepeque, Tequixquiac, Tecaxique, Tornacustla, Tecpatepeque,
Tianquistongo, Tlamaco, Tlapanaloya, Tuçantlalpa y Tezcatepeque, Xipacoya,

Xilotepeque, Apasco, Axacuba, Chilcuautla, Hueypustla e Tlacotlapilco y Tianguistongo."

AGIC, leg. 694, "Cargo y Tributos."

AGIC, leg. 695A and B, "Cargo: servicio real, tributos," (1594-5).

AGIC, leg. 696, "Cargo: Servicio Real, Tributos," (1595-6).

AGIC, leg. 697, "Cargo: Servicio Real, Tributos," (1596-7).

AGIC, leg. 698A, "Cargo: Servicio Real, Tributos," (1597-8).

AGIC, leg. 699, "Cargo: Servicio Real, Tributos," (1598-9).

AGIC, leg. 700, "Cargo: Servicio Real, Tributos," (1599-1600).

AGIC, leg. 701, "Cargo: Servicio Real, Tributos," (1600-1).

AGII, leg. 1530, fols. 13v-19r; *encomiendas*, their *encomenderos* and tributaries ca. 1597.

부록 C 토지 보유와 토지 이용 자료

넥스틀랄판: **AGNM**, vol. 12, fols. 448v-449r; vol. 17, fols. 218r-v; vol. 20, fols. 208v-209r.

미스키아괄라: **AGNM**, vol. 11, fols. 216v; vol. 12, fols. 367r; vol. 13, fols. 15r-v; 71r-v, 88r-v; vol. 14, fols. 344r-v; vol. 15, fols. 9v; vol. 16, fols. 105r-107r; vol. 20, fols. 165r-v; fols. 271v-272r. **AGNT**, vol. 1106, quad. 3, fol. 11; vol. 1519, exp. 4, fols. 1r-199r; vol. 1520, exp. 4, fol. 1r; exp. 5, fols. 48r, 49r , 51v; vol. 2777, exp. 14. **AGNI**, vol. 6 pte. 2, exp. 351. **Mendizábal**, vol. 6, pp. 114-16.

미치말로야: **AGNM**, vol. 6, fols. 528v; vol. 11, fols. 206r-v; vol. 13, fols. 86r-v. **AGNT**, vol. 2337, exp. 1, fol. 391r.

사야나킬파: **AGNM**, vol. 6, fols. 402r, 402v-403r; vol. 13, fols. 7v-8r; vol. 14, fol. 51r; vol. 16, fols. 89r-v; vol. 19, fols. 171v, 186v. **AGNT**, vol. 2337, exp. 1, fol. 392v; vol. 2684, exp. 12, fol. 1r.

사율라: **AGNM**, vol. 6, fols. 369r-v; vol. 7, fols. 164r-v; vol. 9, fols. 277r-v; vol. 12, fols. 411r-v, 451r-v; vol. 13, 209r-v.

수치틀란: **AGNM**, vol. 9, fols. 132v-133r. **AGNT**, vol. 2334, exp. 1, fol. 396r; vol. 2337, exp. 1, fols. 392r-393v.

실로테펙: **AGNM**, vol. 1, fols. 3v-4r, 11r-v, 20r-v, 111r-112r, 113r-v, 143r-v, 168r-v, 210, 218,; vol. 2, fols. 29, 76, 207, 217r, 233r; vol. 3, fols. 85r-v, 195v-196r, 283v-284v; vol. 4, fols. 126v, 291r-292r, 293r, 330v-332r; vol. 5, fols. 164v-166v; vol. 6, fols. 404v-405r , 541r-v; vol. 8, fols. 54r,

59r, 98r, 244r; vol. 1, fols. 64r, 262v-263r, 122v-123r; vol. 12, fols. 305v-306r; vol. 13, fols. 1r-v, 13v-14r, 86v; vol. 14, fols. 84r-85r, 142v, 233v-234v; vol. 15, fols. 286r-v; vol. 16, fols. 112r, 129r, 129v-130v, 170v; vol. 17, fols. 15v-16r, 37v-40r, 63v-64r, 103r-v, 118v-120r; vol. 18, fols. 41r-42r, 81v-82r, 236r-v, 246r, 266r-269r, 281r-v, 327r; vol. 19, fols. 85v-86v, 239r-240v; vol. 21, fols. 112r, 115r, 121v-122, 133r-v, 208r-209r, 211v-212r; vol. 22, fols. 208r-209r, 297v-299r; vol. 23, fols. 45v-46r. **AGNT**, vol. 1486, exp. 8, fol. 30-36r; vol. 1538, exp. 10, fols. 1r-5v; vol. 1588, exp. 2 bis., fols. 1-5; vol. 1652, exp. 6, fols. 10r-v; vol. 1698, exp. 1, fol. 1; vol. 1794, exp. 1, fol. 8; vol. 1857, exp. 5, fol. 1r; vol. 2118, exp. 1, quad. 3, fols. 1r-9r; vol. 2177, exp. 1, fol. 2r; vol. 2337, exp. 1, fol. 390r-392v; vol. 2674, exp. 22, fols. 1, 2r, 334r; vol. 2688, exp. 2, fol. 1r; vol. 2674, exp. 21, fols. 325r-331r; vol. 2704, exp. 23, fols. 1r-4r; vol. 2757, exp. 5, fols. 1r-16v; vol. 2764, exp. 2, fol. 18r; exp. 4, fol. 46r; exp. 5, fols. 1r-10r; exp. 8, fol. 82v; exp. 22, fols. 333r-343r; exp. 26, fols. 321r, 335; vol. 3568, fols. 1r, 5r. **AGNI**, vol. 2, exps. 46, 353; vol. 3, exp. 150; vol. 5, exp. 9; vol. 6, pte. 1, exp. 863, 865, 1000, 1001. **AGNG**, vol. 1, exps. 532, 724, 964, 1087; vol. 3, exp. 426; vol. 5, exp. 116. **AGIM**, leg. 96, ramo 1; leg. 1841, fols. 1r-8r.

실파코야: **AGNM**, vol. 2, fols. 141v-142r. **AGNT**, vol. 1873, exp. 12, fol. 1r; vol. 2284, exp. 1, fols. 743r-744r, 798v-799r, 815r-v; vol. 2721, exp. 19, fol. 8v; vol. 2812, exp. 13, fol. 412r.

아텡고: **AGNM**, vol. 4, fol. 345r ; vol. 7, fols. 30r, 317r; vol. 12, fols. 448v-449r; vol. 14, fols. 66r-67r; vol. 18, fols. 310v-311rv; vol. 22, fol. 382r. **AGNT**, vol. 1106, quad 2, fols. 1v, 55r-56v; vol. 2337, exp. 1, fol. 394v. **AGNI**, vol. 4, exp. 62. **PNE**, vol. 1, p. 22.

아토토닐코: **AGNM**, vol. 8, fols. 84r-v, 255r-v; vol. 14, fols. 1r, 292rv; vol. 15, fols. 28r-v; vol. 16, fols. 77v-78v; vol. 23, fols. 124r-v. **AGNT**, vol. 2735 pte. 2, exp. 8, fol. 1r. **AGNI**, vol. 2, exp. 771. **AGIE**, vol. 161 pte. C, fol. 195.

아티탈라키아: **AGNM**, vol. 5, fols. 100r-v; vol. 6, fol. 452r; vol. 12, fols. 449r-450v, 295r-v; vol. 13, fols. 174v, 186v-187r; vol. 14, fols. 43v, 59r-v, 152r-153r; vol. 15, fols. 277r-v; vol. 16, fols. 86r-v; vol. 19, fol. 228v; vol. 20, fols. 60r, 61r-v. **AGNT**, vol. 69, exp. 4, fols. 1-10; vol. 1873, exp. 8, fol. 1r; vol. 2413, exp. 1, fols. 2r, 80r, 87-92; vol. 2672, exp. 15, fols. 1r, 31r; vol. 2672, exp. 16, fol. 1r; vol. 2674, exp. 16, fol. 288r. **AGNG**, vol. 1, exps. 88, 89. **AGNI**, vol. 3, exp. 789; vol. 4, exp. 868, 873; vol. 6, pte. 2, exp. 207, 231, 469, 590. **Mendizábal**, vol. 6, pp. 114-16.

아파스코: **AGNM**, vol. 6, fols. 455r-456r; vol. 7, fols. 187v-188r; vol. 8, fols. 227v-228r; vol. 12, fols. 60v-61; vol. 13, fols. 41r-v. **AGNT**, vol. 1896, exp. 2, fols. 17r-18r; vol. 2764, exp. 18, fol. 307r.

악사쿠바: **AGNM**, vol. 5, fols. 254r-255r ; vol. 7, fols. 30v-31r, 31v, 295v-296r; vol. 9, fol. 35r . **AGNT**, vol. 2354, exp. 1, fols. 2r, 9v. **AGIE**, vol. 161, pte. C, fol. 195r. **Mendizábal**, vol. 6, pp. 114-16.

악토판: **AGNM**, vol. 3, fols. 81r-v; vol. 6, fols. 327v-328r. **AGNT**, vol. 1486, exp. 2, fols. 4r-8. **AGNG**, vol. 2, exp. 1341, fols. 281v-282r.

알파사유카: **AGNM**, vol. 1, fols. 209r-210r; vol. 3, fols. 100v-101r, 112r-v; vol. 5, fols. 170v, 257v; vol. 6, fols. 330v-331r; vol. 7, fols. 117r, 123v, 318r-v, 353r; vol. 8, fols. 8r, 74v-75r; vol. 10, fols. 21r-v, 88r-89r; vol. 11, fols. 215r-v; vol. 13, fols. 7v-8r; vol. 18, fol. 322r; vol. 19, fols. 23v-24r, 24v; vol. 20, fols. 24v, 38v-39r. **AGNT**, vol. 1583, exp. 1, fols. 290, 291r; 294; vol. 1872, exp. 10, fol. 3r; vol. 2105, exp. 1, fol. 15r; vol. 2674, exp. 21, fol. 325r; vol. 2678, exp. 35, fols. 1r-11r; exp. 36, fols. 1r-10r; vol. 2764, exp. 4, fol. 43r; vol. 3663, exp. 3, fols. 1r. **AGNG**, vol. 1, exp. 883. **AGNI**, vol. 5, exps. 908, 1046. **AGIM**, leg. 111, ramo 2, doc. 12.

예테코막: **AGNM**, vol. 13, fol. 7r. **Mendizábal**, vol. 6, pp. 114-16.

오스틀라스파: **AGNM**, vol. 3, fols. 176r-v; vol. 5, fols. 167r-v, 168r-v, 258v-260v, 262r-v; vol. 10, fols. 104r-v; vol. 17, fols. 224r-v. **AGNT**, vol. 45, exp. 1, fols. 2, 7v; vol. 2354, exp. 1, fol. 27; vol. 2735, pte. 2, exp. 8, fol.

1r; exp. 9, fol. 1r; vol. 2782, exp. 9, fol. 1r; vol. 3433, exp. 1, fol. 1r; vol. 3517, exp. 1, fols. 11r, 12r, 14r; vol. 3670, exp. 19, fol. 1r. **AGNG**, vol. 1, exp. 1002, 1185. .

우에이포스틀라: **AGNM**, vol. 12, fols. 281v-282r, 333r; vol. 18, fols. 278v-279r; vol. 19, fols. 121r, 165; vol. 22, 331v-332r; vol. 23, fols. 87v-88r. **AGNI**, vol. 6 pte. 2, exp. 998, fols. 260r-v. **AGIJ**, leg. 154, no. 3, 3a pte., fol. 460v.

우이치아판: **AGNM**, vol. 3, fols. 193r- 194r ; vol. 5, fols. 166r, 257v-258r; vol. 7, fols. 227v-228r; vol. 8, fols. 50v, 177v-178r; vol. 10, fols. 46v-47r, 63r-v, 82r-v, 237r-238r; vol. 11, fols. 100r-v, 238v, 245r-v; vol. 12, fols. 37r-v, 296v-297r; vol. 13, fols. 22v-23r, 38r-v, 61r, 144r-145r , 404v-405r; vol. 14, fols. 70r, 71v-72r, 230r-231r, 232v-233v; vol. 15, fols. 221v-222r, 256v; vol. 16, fols. 5r-v, 25r-26v, 70v, 72r-v, 112, 201v-202r; vol. 17, fols. 38r-v; vol. 18, fols. 97r-v, 127r-v, 247r-v, 264r, 269v, 285; vol. 19, fols. 249r; vol. 20, fols. 60v-61r, 61v, 98r-v, 186v-187r, 209v; vol. 22, fols. 268v, 299r-v, 321v-322r, 359r-v, 375r-v, 443v-444r , 447v-448v. **AGNT**, vol. 1486, exp. 8, fol. 30r; vol. 1791, exp. 1, fols. 135r-v; vol. 1867, exp. 1, fol. 1r; vol. 1872, exp. 10, fol. 1r; vol. 2092, exp. 2, fols. 1r-v, 2r, 22r; vol. 2102, exp. 1, fols. 7r, 8r; vol. 2105, exp. 1, fols. 2r, 8r; vol. 2177, exp. 1, fols. 4r; vol. 2337, exp. 1, fols. 390v, 391r; vol. 2701, exp. 20, fol. 1r; vol. 2703, exp. 4, fol. 1r; vol. 2718, exp. 15, fols. 1r-6v; vol. 2719, exp. 39, fol. 1r; vol. 2762, exp. 11, fol. 1r; vol. 2764, exp. 5, fols. 1r-10r; vol. 2777, exp. 1, fol. 2r; vol. 3541, exp. 10, fols. 1r-v 14r; vol. 3568, fols. 4r, 22r, 34r, 35r, 40r, 42r, 43r. **AGNI**, vol. 2, exp. 379; vol. 6 pte 2, exp. 1086. **AGNG**, vol. 1, exp. 193; vol. 2, exps. 88, 161, 214, 674, 923; vol. 4, exp. 292. **AGIM**, leg. 111, ramo 2, doc. 12.

이스킨키틀라필코: **AGNM**, vol. 6, fols. 322v-323r; vol. 7, fol. 349r; vol. 8, fol. 42r; vol. 9, fols. 3r, 185v-186r; vol. 9, fols. 221 v-222r; vol. 10, fols. 6v-8r, 100r; vol. 21, fols. 14v-15r. **AGNT**, vol. 1792, exp. 1, fol. 64r. **Mendizábal**, vol. 6, pp. 114-16.

익스미킬판: **AGNM**, vol. 3, fols. 171, 302r, 323r; vol. 6, fols. 546r-v; vol. 7, fols. 192v-193r; vol. 8, fols. 64v, 208r-v; vol. 22, fols. 258r-v. **AGNT**, vol. 1527, exp. 1, fols. 3r-4r; vol. 2692, exp. 12, fol. 1r; vol. 3663, exp. 6, fol. 148r; exp. 9, fol. 156r; exp. 12, fol. 163r. **AGNI**, vol. 2, exp. 620; vol. 6, pte. 2, exp. 532. **AGNG**, vol. 2, exp. 1247; vol. 4, exp. 43.

차판통고: **AGNM**, vol. 4, fols. 290v, 370r-v; vol. 13, fols. 15v-16r, 182r-v; vol. 17, fol. 113. **AGNT**, vol. 1708-2, ult. quad., fol. 1; vol. 2117, exp. 1, fol. 53v; vol. 2764, exp. 11, fol. 1; vol. 3542, exp. 16, fols. 4r- v.

치아파데모타: **AGNM**, vol. 3, fol. 144; vol. 5, fols. 154r-157r; vol. 7, fols. 52r-v; vol. 8, fols. 29r , 191r, 228r-v; vol. 11, fols. 1173r-v; vol. 12, fols. 303v-304r; vol. 13, fols. 210v-211r; vol. 14, fols. 26v, 27r, 77v, 249v-250r; vol. 17, fols. 103v-104r; vol. 19, fols. 103v-104r, 202r, 203r, 206r-208v, 210v-211r; vol. 20, fols. 66r-69r , 78r-79r; vol. 22, fol. 244r. **AGNT**, vol. 65, exp. 1, fol. 1; vol. 2686, exp. 14, fol. 1r; vol. 3673, exp. 15, fol. 1r.

칠콰우틀라: **AGNT** vol. 1105, quad. 10, fol. 26r; vol. 1103, fol. 1; vol. 1104, quad. 22. **PNE**, vol. 1, p. 60.

테손테펙: **AGNM**, vol. 1, fol. 214; vol. 5, fols. 317r-v; vol. 18, fols. 184v-185v; vol. 22, fols. 440v-441r. **AGNT**, vol. 1103, quad. 3; vol. 1106, quad. 3, fol. 16; vol. 1721, exp. 11, fol. 27r ; vol. 1728, vol. 2, fols. 1r-v. **AGNG**, vol. 1, exp. 716; vol. 2, exps. 245, 246, 793.

테스카테펙(N): **AGNT**, vol. 1106, quad. 2, fols. 1-9; vol. 1106, quad 3, fol. 11; vol. 1104, quad. 22.

테스카테펙(S): **AGNM**, vol. 2, fols. 11v-12r; vol. 8, fols. 409v-410v; vol. 23, fols. 113r- v.

테카시케: **AGNM**, vol. 19, fol. 138r; vol. 23, fols. 42r-v.

테킥스키악: **AGNM**, vol. 2, fol. 48v; vol. 8, fol. 185r; vol. 9, fols. 269v-272V, 276r-v; vol. 12, fols. 314v-315r , 332v, 429r-v, 485; vol. 13, fols. 244v-245r; vol. 14, fols. 290r-v; vol. 17, fols. 52r-v; vol. 18, fols. 127r-228r; vol. 19, fol. 27; vol. 21, 79v- 80r. **AGNT**, vol. 1748, exp. 1, fols. 1r, 19r-

22r, 39r, 48r-49r. **AGNI**, vol. 5, exp. 762, 940. **AGNG**, vol. 1, exp. 255.

테테팡고: **AGNM**, vol. 10, fols. 13v-14r; vol. 111, fols. 16v-17r; vol. 19, fols. 150r-151r; vol. 22, fol. 440v. **AGNT**, vol. 1520, exp. 5, fols. 54v-55r; vol. 2742, exp. 17, fols. 2r, 7r, 8r, 19r. **AGNI**, vol. 6, pte. 1, exp. 750. **AGNG**, vol. 1, exp. 184. **Mendizábal**, vol. 6, pp. 114-16.

테페시: **AGNM**, vol. 3, fols. 101r-v, 824v; vol. 4, fols. 292v; vol. 5, fols. 167r-v; vol. 6, fols. 515r , 516r-v; vol. 7, fol. 349r; vol. 8, fol. 50r; vol. 11, fols. 254r-v; vol. 13, fols. 181r-v; vol. 18, fols. 165v-166r; vol. 21, fol. 161v; vol. 23, fol. 26v. **AGNT**, vol. 1697, exp. 1, fols. 2r, 3r, 4r, 6r; exp. 1 pte. 2, fols. 1r-2r; vol. 2284, exp. 1, fols. 744v; vol. 2721, exp. 10, fol. 6r; vol. 2721, exp. 13, fols. 1r-8r; vol. 2729, exp. 10, fol. 152r; vol. 2754, exp. 13, 1ols. 1r-20r; vol. 2762, exp. 12, fol. 154r ; exp. 13, fols. 147r , 153r; vol. 3517, exp. 1, fol. 5r. **AGNG**, vol. 1, exp. 538, 539.

테페티틀란: **AGNM**, vol. 13, fol. 166v; vol. 16, fols. 99v-100r. **AGNG**, vol. 1, exp. 548; vol. 2, exp. 1228.

텍파테펙: **AGNM**, vol. 12, fols. 397v, 447r-448r; vol. 13, fols. 71v, 166v, 176r-v; vol. 16, fols. 201v-202r, **AGNT**, vol. 1519, exp. 4, fols. 1r-199r; vol. 2766, exp. 3, fols. 1r-22r.

토르나쿠스틀라: **AGNM**, vol. 5, fol. 70r; vol. 19, fols. 217v-218r; vol. 20, fols. 180v-181r, 204r-v. **AGNG**, vol. 1, exp. 94; vol. 2, exp. 992. **AGIJ**, leg. 143 no. 2. **Mendizábal**, vol. 6, pp. 114-16.

투산틀랄파: **AGNM**, vol. 6, fol. 456r. **AGNG**, vol. 1, exp. 970.

툴라: **AGNM**, vol. 3, fols. 169r-v; vol. 4, fol. 30 ; vol. 5, fols. 36, 122r, 157v, 208r-v; vol. 6, fol. 359r; vol. 8, fols. 59r, 67r-v, 69r, 191r; vol. 18, fols. 67r-68r, 77v, 101r, 156v; vol. 19, fol. 194r. **AGNT**, vol. 71, exp. 6, fol. 523v; vol. 1527, exp. 2, fols. 4v-7r, 18r-v; vol. 2284, exp. 1, fol. 817v; vol. 2337, exp. 1, fols. 391v, 395r-396r; vol. 2721, exp. 9, fol. 1r-10v; vol. 2713, exp. 18, fol. 1r; vol. 2737, exp. 14, fols. 1r-11r; vol. 2813, exp. 13, fol. 412r; vol. 3460, exp. 1, fol. 3r. **AGNI**, vol. 2, exp. 225. **AGNG**, vol. 3, exp. 173; vol. 5, exps. 378, 478, 486, 0611. **AGIE**, leg. 161, pte. *c*, fol. 195r.

틀라노코판: **AGNM**, vol. 13, fols. 15r-v. **PNE**, vol. 1, p. 219.

틀라마코: **AGNM**, vol. 5, fol. 7r; vol. 11, fols. 206v-207r; vol. 12, fol. 343r; vol. 14, fols. 229v-230v; vol. 16, fols. 4r , 73r-v, 131r; vol. 17, fol. 55r. **AGNG**, vol. 2, exp. 243; vol. 5, exp. 291. **Mendizábal**, vol. 6, pp. 114-16.

틀라신틀라: **AGNM**, vol. 6, fol. 468r; vol. 8, fol. 208r; vol. 12, fols. 471v-472r; vol. 23, fol. 107r .

틀라우엘릴파: **AGNM**, vol. 2, fols. 246v-248r; vol. 5, fols. 100r-v; vol. 7, fol. 164r; vol. 10, fols. 82v-83r, 164v; vol. 11, fols. 242r-v, vol. 18, fol. 180r. **AGNT**, vol. 1640, exp. 2, fols. 15, 16r, 19; vol. 2776, exp. 1, fols. 1r-11r; vol. 3, fol. 22r. **AGNI**, vol. 6, pte. 2 exp. 192.

틀라코틀라필코: **AGNM**, vol. 6, fols. 391r-392r; vol. 12, fols. 435v-437r. **AGNT**, vol. 2717, exp. 9, fol. 3r .

틀라파날로야: **AGNM**, vol. 2, fols. 86r, 95v-96r; vol. 5, fols. 253r-v; vol. 7, fol. 87r; vol. 8, fols. 98r, 101v; vol. 9, fols. 151r-v, 155v-156r; vol. 15, fols. 161v-162r. **AGNT**, vol. 1525, exp. 1, fol. 1; vol. 2674, exp. 18, fol. 307r; vol. 2697, exp. 10, fols. 308r-315r, exp. 11, fol. 319r . **AGNI**, vol. 3, exps. 753, 754, 805; vol. 4, exp. 216.

틀릴콰우틀라: **AGNM**, vol. 2, fol. 47r; vol. 12, fol. 443r. **AGNT**, vol. 64, exp. 1, fols. 1r, 5r.

티안키스통고(Tianquistongo): **AGNM**, vol. 7, fol. 37r .

약어 설명

Archival Sources

Archivo General de la Nación (México D. F.)

AGNA	AGN, Archivo Histórico de Hacienda
AGNC	AGN, Ramo de Civil
AGNG	AGN, Ramo de General de Parte
AGNH	AGN, Ramo de Historia
AGNI	AGN, Ramo de Indios
AGNL	AGN, Libro de Congregaciones
AGNM	AGN, Ramo de Mercedes
AGNT	AGN, Ramo de Tierras

Archivo General de Indias (Sevilla)

AGIM	AGI, Audiencia de Mexico
AGIE	AGI, Escribania de cámara
AGIC	AGI, Contaduría
AGII	AGI, Indiferente General
AGIJ	AGI, Justicia
AGIP	AGI, Patronato

Published Primary Sources

PNE	Papeles de la Nueva España, vols. 1, 3, and 6.

Secondary Sources

HMAI	Handbook of the Middle American Indian

용어 설명

Agostadero 여름철 방목지; 그루터기 방목지

Alcalde 재판관과 카빌도cabildo(자문 회의) 구성원

Alcalde mayor〔알칼데 마요르〕 특정 지역을 관할하는 에스파냐 관리(시장이나 읍면장)

Alcaldía 알칼데 마요르(시장이나 읍면장)의 지역 또는 관할 구역

Arroyo 개울(실개천) 또는 강바닥

Audiencia〔아우디엔시아〕 부왕副王이 관할하는 법정과 통치 조직 또는 그 관할 구역

Baldías 공한지 또는 공유지

Barranca 협곡

Caballería de tierras 농지의 단위, 1카바예리아는 약 42.5헥타르에 해당

Cabecera〔카베세라〕 지방 행정 중심지

Cacique〔카시케〕 원주민 수장, 지방의 통치자

Calichal〔칼리찰〕 염류 피각鹽類皮殼, Caliche로 덮인 땅, 경토층硬土層

Cardones 아마 구세계로부터 유입된 가시로 뒤덮인 카르둔 또는 노팔 카르돈nopal
    cardón(부채선인장Opuntia streptocantha)일 듯

Cédula 칙령 또는 교회의 명령

Composición de tierras 토지 조성 또는 토지 소유권의 합법화(공인)

Congregación 흩어져 있는 주민들의 회합 또는 집결

Corregidor〔코레히도르〕 특정 지역을 책임지는 에스파냐 관리

Corregimiento〔코레히미엔토〕 코레히도르 제도, 직위 또는 관할 구역

Diligencia 시찰

Doctrina 교구 관할 구역

Encomendero〔엔코멘데로〕 엔코미엔다 보유자

Encomienda〔엔코미엔다〕 원주민 공물 납부와 노동의 하사(승인); 하사받은 원주민
    지역

Eriaza 경작되지 않은 토지

Estancia de ganado mayor 소 목장, 약 1756헥타르

Estancia de ganado menor 양 또는 염소 목장, 약 780헥타르

Ganador mayor 소, 말, 노새 또는 당나귀(머리가 큰 네발짐승)

Ganador menor 양, 염소 또는 돼지(머리가 작은 네발짐승)

Gobernador 특정 지역의 통치자

Hacienda〔아시엔다〕 대규모 사유지, 대농장

Informe 보고서

Jagüey 물을 모으기 위해 인공적으로 조성한 웅덩이(샘)(원문에는 jaguey로 표기되어
   있으나 jagüey가 맞음 — 옮긴이)

Labor〔라보르〕 일반적으로 농장(때로는 채굴장)을 의미

Legua〔레구아〕 육지나 해양의 길이 단위

Llanos 평원

Loma 작은 언덕(구릉, 야산)

Macegual〔마세구알〕 원주민 평민

Maguey 용설란

Mayorazgo 한사限嗣 상속 토지(장자 상속 재산)

Merced 일반적으로 토지의 하사(승인)를 의미

Mesquite〔메스키트〕

Mesta〔메스타〕 목축업자 조합

Mestizaje 인종적 혼혈 또는 혼성

Mestizola 유럽인과 원주민 혈통 사이의 혼혈인

Milpa 농작물이 재배되는 경작지 또는 곡물밭

Monte 숲; 관목 또는 덤불이 우거진 지역; 산

Nopal〔노팔〕 가시배선인장 (부채선인장종Cactus opuntia)

Oficiales Reales 에스파냐 국왕의 재무 부서를 책임지는 왕실의 회계관

Palma silvestre 유카

Paso〔파소〕 보步(토지 측량 단위)

Peso〔페소〕 8레알real에 해당하는 화폐 단위

Principal 원주민 상류층 구성원, 유지有志; 상속 신분

Pueblo〔푸에블로〕원주민 촌락

Quebrada 협곡

Real Hacienda 에스파냐 국왕의 재무 부서

Realengos 비점유지 또는 왕실 소유지

Relación 보고서

Repartimiento〔레파르티미엔토〕노동력 징발

Sabana〔사바나〕대초원

Sementera 파종된 땅

Servicio 서비스, 노동 또는 물품의 공급(제공)

Sub-macegual 원주민 상류층 구성원에게 공물을 납부하는 이들(원주민 귀족에게 공
        물과 노역을 빚지고 있는 하층민)

Tameme 원주민 짐꾼(운송인)

Tasación 공물이나 공물 사정 기록

Temporal 필요한 물이 공급되지 않은 농경지

Tepetate〔테페타테〕경토층(딱딱하고 배수가 잘되지 않으며 비옥하지 않은 화산 지
        대의 토양), Calichal〔칼리찰〕항목 참조

Tierras de humedad 습한 저지대

Tributo 공물

Tuna 가시배선인장 열매

Visita 정기 시찰; 일시적으로 체류하는 성직자가 관할하는 공동체 또는 교회

Zacate 짚; 호수 갈대; 꼴; 풀(잔디)

참고문헌

Ahlstrand, Gary M. 1982. "Response of Chiuahuan Desert Mountain Shrub Vegetation to Burning." *Journal of Range Management*, 35(1), pp. 62~65.

Allen, R. B., I. J. Payton, and J. E. Knowlton. 1984. "Effects of Ungulates on Structure and Species Composition in the Urewera Forests as Shown by Exclosures." *New Zealand Journal of Ecology*, 7, pp. 119~130.

Altman, Ida and James Lockhart. 1975. *Provinces of Early Mexico*. Austin, Texas.

Alvarado Tezozomoc, Hernando. 1949. *Cronica mexicayotl*. Trans. and ed. Adrián León. Mexico City.

Assadourian, Carlos Sempat. 1989. "La despoblación indígena en Perú y Nueva España durante el siglo XVI y la formacion de la economia colonial." *Historia Mexicana*, 38(3), pp. 419~451.

Atlas Nacional del Medio Físico. 1981. Mexico City.

Australian Capital Territory. 1949. *Soil Conseroation Council, Second Annual Report* Canberra.

Australian Encyclopedia. 1977. New South Wales.

Bakewell, Peter J. 1971. *Silver Mining and Society in Colonial Mexico, Zacatecas 1546-1700*. Cambridge.

Beadle, N. C. W. 1948. *The Vegetation and Pastures of Western New South Wales with Special Reference to Soil Erosion*. Sydney.

Bentura Beleña, Eusebio. 1787. *Recopilación sumaria de todos los autos acordados de La real audiencia y sala del crimen de esta Nueva España, y providencias de su superior gobierno*. 2 vols. Mexico City.

Bergerud, A. T. 1974. "Decline of the Caribou in North America Following Settlement." *Journal of Wildlife Management*, 38, pp. 757~770.

Bergerud, A. T., R. D. Jakimchuk, and D. R. Carruthers. 1984. "The Buffalo of the North: Caribou (*Rangifer. tarandus*) and Human Developments." Arctic, 37 (1), pp. 7~22.

Bishko, C. J. 1952. "Cattle Raising and the Peninsular Tradition." *Hispanic American Historical Review*, 32(4), pp. 491~515.

Bishko, CharlesJ. 1963. "The Castilian as Plainsman: The Medieval Ranching Frontier in La Mancha and Extremadura." In *The New World Looks at its History*. eds. Archibald R. Lewis and Thomas F. McGann. Austin, Texas.

Biswell, Harold H. 1974. "Effects of Fire on Chaparral." In *Fire and Ecosystems*. eds. T. T. Kozlowski and C. E. Ahlgren. New York. pp. 321~364.

Blasquez, L. 1938. "Hidrogeologia." *Memoria de la comisión geologica del Valle del Mezquital, Hgo*. Mexico City.

Bolton, Geoffrey. 1981. *Spoils and Spoilers: Australians Make Their Environment, 1788-1980*. Sydney.

Borah, Woodrow. 1951. *New Spain's Century of Depression*. Berkeley and Los Angeles.

_____. 1960. *The Population of Central Mexico in 1548: An Analysis of the Suma de Visitas de Pueblos*. Berkeley and Los Angeles.

Branlbila, M. 1942. *Mapa de Suelos de Mexico*. Mexico City.

Brand, D. 1961. "The Early History of the Cattle Industry in Northern Mexico." *Agricultural History*, 25, pp. 132~139.

Bryant, W. G. 1973. "The Effect of Grazing and Burning on a Mountain Grassland, Snowy Mountains, New South Wales." *Journal of the Soil Conservation Service*, 24, pp. 29~44.

Budowski, G. 1956. "Tropical Savannahs, A Sequence of Forest Fellings and Repeated Burnings." *Turrialba*, 6, pp. 23~33.

Butler, F. C. 1959. "Agriculture in Southern New South Wales, 1830-1958." *Agri-*

cultural Gazette, 70(6), pp. 281~295.

Butzer, Karl W. 1992. "Ethno-Agriculture and Cultural Ecology in Mexico: Historical Vistas and Modern Implications." *Conference of Latin American Geographers*, 17/18, pp. 139~152.

Caillavet, Chantal. 1989. "Las técnicas agrarias autóctonas y la remodelación colonial del paisaje en los Andes septentrionales (siglo XVI)." In *Ciencia, Vida y Espacio en Iberoamérica*. Madrid.

Campbell, D. J. and M. R. Rudge. 1984. "Vegetation Changes Induced over Ten Years by Goats and Pigs at Port Ross, Auckland Islands (Subantarctic)." *New Zealand Journal of Ecology*, 7, pp. 103~118.

Canabal, Cristiani Beatriz and Carlos R. Martínez Assad. 1973. *Explotacion y Dominio en el Mezquital*. Mexico City.

Carrasco, Pedro. 1979. *Los Otomíes. Cultura e historia prehispánica de los pueblos mesoamericanos de habla Otomiana*. Mexico City.

Caughley, Graeme. 1970. "Eruption of Ungulate Populations with Emphasis on Himalayan Thar in New Zealand." *Ecology*, 51(1), pp. 53~72.

_____. 1976a. "Plant & Herbivore Systems." In *Theoretical Ecology: Principles and Applications*. ed. R. M. May. London. pp. 94~113.

_____. 1976b. "Wildlife Management and the Dynamics of Ungulate Populations." *Applied Biology*, 1, pp. 183~247.

_____. 1979. "What is This Thing Called Carrying Capacity?" In *North American Elk: Ecology, Balance and Management*. eds. M. S. Boyce and L. D. HaydenWing. Laramie, Wyo. pp. 2~8.

_____. 1981. "Overpopulation." In *Problems in Management of Locally Abundant Wild Mammals*. eds. P. A. Jewell and S. Holt. New York. pp. 7~19.

_____. 1982. "Vegetation Complexity and the Dynamics of Modelled Grazing Systems." *Oecologia*, 54, pp. 309~312.

_____. 1987. "Introduction to the Sheep Rangelands." In *Kangaroos: Their Ecology and Management in the Sheep Rangelands of Australia*. eds. Graeme Caughley,

Neil Shepherd, and Jeff Short. Cambridge. pp. 1~13.

Chávez Orozco, Luis. 1956. *Papeles sobre la mesta de la Nueva España*. Mexico City.

Chevalier, François. 1975. *La formación de los grandes latifundios en Mexico*. Mexico City.

Claxton, Robert H. 1986. "Weather-based Hazards in Colonial Guatemala." *Studies in the Social Sciences*, 25, pp. 139~163.

Claxton, Robert H. and Alan D. Hecht. 1978. "Climatic and Human History in Europe and Latin America: An Opportunity for Comparative Study." *Climatic Change*, 1, pp. 195~203.

Cook, Sherburne F. 1949. *The Historical Demography and Ecology of the Teotlalpan*. Berkeley and Los Angeles.

. 1949. *Soil Erosion and Population in Central Mexico*. Berkeley and Los Angeles.

_____. 1958. *Santa María Ixcatlán: Habitat, Population, Subsistence*. Berkeley and Los Angeles.

_____. 1963. "Erosion Morphology and Occupation History in Western Mexico." *Anthropological Records*, 17(3), pp. 281~334.

Cook, Sherburne F. and Woodrow Borah. 1960. *The Indian Population of Central Mexico, 1531-1610*. Berkeley and Los Angeles.

_____. 1971~1979. *Essays in Population History*. 3 vols. Berkeley and Los Angeles.

Costin, A. B. 1958. *The Grazing Factor and the Maintenance of Catchment Values in the Australian Alps*. Melbourne.

_____. 1980. "Runoff and Soil Nutrient Losses from an Improved Pasture at Ginninderra, Southern Tablelands, New South Wales." *Australian Journal of Agricultural Research*, 31, pp. 533~546.

Costin, A. B., D. J. Wimbush, D. Kerr, and L. W. Gay. 1959. *Studies in Catchment Hydrology in the Australian Alps. 1: Trends in Soils and Vegetation*. Melbourne.

Cronon, William. 1983. *Changes in the Land: Indians, Colonists, and the Ecology of New England*. New York.

Crosby, Alfred. 1972. *The Columbian Exchange: Biological and Cultural Consequences of 1492.* Westport, Conn.

_____. 1976. "Virgin Soil Epidemics as a Factor in the Aboriginal Depopulation in America." *William and Mary Quarterly*, 33, pp. 289~299.

_____. 1986. *Ecological Imperialism: The Biological Expansion of Europe, 900-1900.* New York.

_____. 1988. "Ecological Imperialism: the Overseas Migration of Western Europeans as a Biological Phenomenon." In *The Ends of the Earth: Perspectives on Modern Environmental History.* ed. Donald Worster. Cambridge.

Davies, Keith A. 1984. *Landowners in Colonial Peru.* Austin, Texas.

Denevan, William M.(ed.). 1976. *The Native Population of the Americas in 1492.* Madison, Wis.

Diccionario Manual e Ilustrado de La Lengua Española. 1950. Madrid.

Dobyns, Henry F. 1966. "Estimating Aboriginal American Population: An Appraisal of Techniques with a New Hemispheric Estimate." Current Anthropology, 7, pp. 395~415.

_____. 1981. *From Fire to Flood: Historic Human Destruction of Sonoran Desert Riverine Oases.* Socorro, New Mexico.

Donald, C. M. 1965. "The Progress of Australian Agriculture and the Role of Pastures in Economic Change." *Australian Journal of Science*, 27(7), pp. 187~198.

Doolittle, William E. 1987. "Las Marismas to Panuco to Texas: The Transfer of Open Range Cattle Ranching from Iberia through Northeastern Mexico." *Yearbook, Conference of Latin Americanist Geographers*, 13, pp. 3~11.

Drury, William H. and Ian C. T. Nisbet. 1973. "Succession." Journal of the Arnold Arboretum, 54(3), pp. 331~368.

Dusenberry, William H. 1948. "Ordinances of the *Mesta* in New Spain." The Americas, 4, pp. 345~350.

_____. 1963. *The Mexican Mesta: The Administration of Ranching in Colonial Mexico.* Urbana, Ill.

Estrada Albuquerque, Anselmo. 1983.8.15. "El Valle del Mezquital: Las aguas negras matan la fauna y dan vida agrícola." *Unomásuno*, 22.

Feldman, Lawrence. 1992. "Comment on Whitmore's 'Population Decline'." *Latin American Population History Bulletin*, 21, p. 2.

Finkler, Kaja. 1973. "A Comparative Study of the Economy of Two Village Communities in Mexico with Special Reference to the Role of Irrigation." Ph.D. dissertation, City University of New York.

Florescano, Enrique. 1969. *Precios del maíz y crísis agrícolas en México (1708–1810)*. Centro de Estudios Históricos, n.s. no. 4, Mexico City.

_____. 1971. *Estructuras y problemas agrarias de Mexico (1500–1821)*. Mexico City.

_____. 1986. "La formación de los trabajadores en la época colonial, 1521–1750." In *La Clase Obrera en la Historia de México*. eds. Enrique Florescano, Isabel González Sánchez, Jorge González Angulo, Roberto Sandoval Zanauz, Cuauhtemoc Velasco A., and Alejandra Moreno Toscano. Mexico City.

Fox, David J. 1965. "Man–Water Relationships in Metropolitan Mexico." *The Geographical Review*, 55(4), pp. 523~545.

Frank, André Gunder. 1979. *Mexican Agriculture, 1521–1630: Transformation of the Mode of Production*. New York.

Frederick, Charles D. "Late Quaternary Sedimentation by the Rio Laja, Guanajuato, Mexico." Abstract, Department of Geography, University of Texas at Austin.

Gardner, W. 1854. *Production and Resources of the Northern and Western Districts of New South Wales*. 2 Vols. Archives of the Mitchell Library, Sydney.

Gerez Fernández, Patricia. 1985. "Uso del suelo durante cuatrocientos años y cambio fisionómico en la zona semiárida Poblana–Veracruzana, México." *Biotica*, 10 (2), pp. 123~144.

Gerhard, Peter A. 1972. *A Guide to the Historical Geography of New Spain*. Cambridge.

Gibson, Charles. 1967. *The Aztecs under Spanish Rule*. Stanford, Calif.

González Quintero, Lauro. 1968. *Tipos de vegetacion del Valle del Mezquital, Hgo*. Mexico City.

Grenfell, B. T., O. F. Price, S. D. Albon, and T. H. Clutton-Brock. 1992. "Over-compensation and population cycles in an ungulate." *Nature*, 355, pp. 823~826.

_____. 1964. *Handbook of the Middle American Indians*. Vol. 1. ed. Robert C. West. Austin, Texas.

Hanmer, T. H. 1960. "Land Use and Erosion in the Glen Innes Area." *Journal of Soil Conseroation, New South Wales*, 16(4), pp. 277~287.

Hardin, Garret. 1968. "The Tragedy of the Commons." *Science*, 162, pp. 1243~1248.

Hastings, James R. and Raymond M. Turner. 1965. *The Changing Mile: An Ecological Study of Vegetation Change With Time in the Lower Mile of an Arid and Semi-Arid Region*. Tucson, Ariz.

Heathcote, R. L. 1975. *Australia*. London.

Heathcote, R. L. and J. A. Mabutt(eds.). 1988. *Land, Water and People: Geographical Essays in Australian Resource Management*. Sydney.

Henige, David. 1992. "Native American Population at Contact: Standards of Proof and Styles of Discourse in the Debate." *Bulletin, Latin American Population History*, 22, pp. 2~23.

Hilder, E. J. 1966. "Rate of Turn-over of Elements in Soils: The Effect of the Stocking Rate." *Wool Technology and Sheep Breeding*, 12(2), pp. 11~16.

Holdgate, M. W. and N. M. Wace. 1961. "The Influence of Man on the Floras and Faunas of Southern Islands." *Polar Record*, 10, pp. 475~493.

Howard, Walter E. 1964. "Introduced Browsing Mammals and Habitat Stability in New Zealand." *Journal of Wildlife Management*, 28(3), pp. 421~429.

Hughes, P. J. and M. E. Sullivan. 1986. "Aboriginal Landscape." In *Australian Soils: The Human Impact*. eds. J. S. Russell and R. F. Isabel, Sta. Lucia. pp. 117~133.

Johanssen, Carl L. 1963. *Savannas of Interior Honduras*. Berkeley and Los Angeles.

Johnson, Kirsten J. 1977. " 'Do as the Land Bids.' A Study of Otomi Resource-Use on the Eve of Irrigation." Ph.D. dissertation, Clark University.

Jones, Rhys. 1969. "Fire Stick Farming." *Australian Natural History*, 16, pp. 224~

248.

Joyce, Arthur A. and Raymond G. Mueller. 1992. "The Social Impact of Anthro-
pogenic Landscape Modification in the Rio Verde Drainage Basin, Oaxaca,
Mexico." *Geoarchaeology*, 7, pp. 503~526.

Kaleski, L. G. 1962. "Erosion and Soil Conservation in the Hunter Valley with Special
Reference to Flood Mitigation." *Journal of the Soil Conseroation Seroice of
New South Wales*, 18(1), pp. 2~9.

_____. 1963. "Erosion Survey of New South Wales (East Central Division)." *Journal
of the Soil Conseroation Seroice of New South Wales*, 19(4), pp. 171~183.

Keith, Robert G. 1976. *Conquest and Agrarian Change: The Emergence of the
Hacienda System on the Peruvian Coast*. Cambridge, Mass.

King, C. J. 1957. "An Outline of Closer Settlement in New South Wales. Part 1: The
Sequence of Land Laws, 1788-1956." In *Review: Marketing and Agricultural
Economics, Department of Agriculture*. vol. 25. New South Wales. pp. 3~290.

Klein, David R. 1968. "The Introduction, Increase, and Crash of Reindeer on St.
Mathew Island." *Journal of Wildlife Management*, 32, pp. 350~367.

Klein, Julius. 1920. *The Mesta: A Study of Spanish Economic History (1273-1836)*.
Cambridge.

Konrad, Herman W. 1980. *A Jesuit Hacienda in Colonial Mexico: Santa Lucia, 1576-
1767*. Stanford, Calif.

Leader-William, N. 1988. *Reindeer on South Georgia*. Cambridge.

Licate, Jack A. 1981. *The Making of a Mexican Landscape: Territorial Organization
and Settlement in the Eastern Puebla Basin 1520-1605*. Chicago.

Lipsett-Rivera, Sonya. 1988. "Water and Social Conflict in Colonial Mexico: Puebla,
1680-1910." Ph.D. dissertation, Tulane University.

_____. 1990. "Puebla's Eighteenth-Century Agrarian Decline: A New Perspective."
Hispanic American Historical Review, 70(3), pp. 463~481.

Lockhart, James and Stuart B. Schwartz. 1984. *Early Latin America: A History of
Colonial Spanish America and Brazil*. Cambridge.

MacLeod, Murdo. 1973. Spanish Central America: A Socioeconomic History, 1520–1720. Berkeley and Los Angeles.

_____. 1983. "The Three Horsemen: Drought, Disease, Population, and the Difficulties of 1726–27 in the Guadalajara Region." *Annals of the Southeastern Council on Latin American Studies*, 14, pp. 33~47.

McKay, Bonnie J. and James M. Acheson. 1987. *The Question of the Commons*. Tucson, Ariz.

McNeill, William H. 1976. Plagues and Peoples. New York.

Mastache de Escobar, Alba Guadalupe. 1974~1976. "Sistemas de riego en el área de Tula, Hgo." In *Proyecto Tula*. ed. Eduardo Matos Moctezuma. Mexico City.

Mastache de Escobar, Alba Guadalupe and Ana Maria Crespo O. 1974~1976. "La occupación prehispánica en el area de Tula, Hgo." In *Proyecto Tula*. ed. Eduardo Matos Moctezuma. Mexico City. pp. 71~78.

Matezanz, Jose Antonio. 1965. "Introducción de la ganaderia, 1521–35." *Historia Mexicana*, 14, pp. 133~165.

Medina, Andres and Noemi Quesada. 1975. *Panorama de los Otomies del Valle del Mezquital: Ensayo metodológico*. Mexico City.

Melville, Elinor G. K. 1983. "The Pastoral Economy and Environmental Degradation in Highland Central Mexico, 1530-1600." Ph.D. dissertation, University of Michigan.

_____. 1989. "Elite Formation in the Immediate Post-Conquest Era." *Proceedings, 37th Annual Meeting of the Rocky Mountain Council on Latin American Studies*. Las Cruces N.M. pp. 91~94.

_____. 1990. "Environmental and Social Change in the Valle del Mezquital, Mexico (1521-1600)." *Comparative Studies in Society and History*, 32(1), pp. 24~53.

_____. 1992. "The Long-term Effects of the Introduction of Sheep into Semi-Arid Sub Tropical Regions." In *Changing Tropical Forests: Historical Perspectives on Today's Challenges in Central and South America*. eds. Harold K. Steen and Richard P. Tucker. Durham, N.C. pp. 144~153.

Mendizábal, Miguel Orthón de. 1946~1947. *Obras Completas*. Vols. 1-6. Mexico City.

Merchant, Carolyn. 1987. "The Theoretical Structure of Ecological Revolutions." *Environmental Review*, 11(4), pp. 265~274.

Meyer, Michael C. 1984. *Water in the Hispanic Southwest: A Social and Legal History, 1550-1850*. Tucson, Ariz.

Miranda, José. 1944. "Notas sobre hi introducción de la Mesta en la Nueva España." *Revista de Historia. de América*, 17, pp. 1~26.

_____. 1965. *Lafunción económica del encomendero en los orígenes del régimen colonial*. Mexico City.

_____. 1966. "La población indigena de Ixmiquilpan y su distrito en la epoca colonial." *Estudios de Historia Novohispana*, 2, pp. 121~130.

Moore, R. M. 1962. "Effects of the Sheep Industry on Australian Vegetation." In *The Simple Fleece*. ed. C. Barnard. Melbourne. pp. 170~183.

Moore, R. M. and E. F. Biddiscombe. 1964. "The Effects of Grazing on Grasslands." In *Grasses and Grasslands*. ed. C. Barnard. New York.

Morner, Magnus. 1973. "The Spanish American Hacienda: A Survey of Recent Research and Debate." *Hispanic American Historical Review*, 53(2), pp. 183~216.

Morrisey, Richard J. 1951. "The Northward Expansion of Cattle Ranching in New Spain, 1550-1600." *Agriculture*, 25, pp. 115~121.

_____. 1957. "Colonial Agriculture in New Spain." *Agricultural History*, 31, pp. 24~29.

Motolinia (Toribio de Benavente). 1950. *History of the Indians of New Spain*. trans. Elizabeth Andros Foster. Berkeley and Los Angeles.

Murphy, Michael. 1986. *Irrigation in the Bajío Region of Colonial Mexico*. Boulder, Colo.

Nicholson, Phyllis H. 1981. "Fire and the Australian Aborigines-An Enigma." In *Fire and the Australian Biota.* eds. A. Malcolm Gill, Richard H. Groves, and Ian R. Noble. Canberra.

Noble, J. C. and D. J. Tongway. 1986. "Pastoral Settlement in Arid and Semi-Arid Rangelands." In *Australian Soils: The Human Impact.* eds. J. S. Russell and R. F. Isabel. Sta. Lucia. pp. 219~242.

_____. 1986. "Herbivores in Arid a.nd Semi-Arid Rangelands." In *Australian Soils: The Human Impact.* eds. J. S. Russel and R. F. Isabel. Sta. Lucia. pp. 244~270.

Ouweneel, Arij. 1992. "Silent Drama in Indian Agriculture: Or, How Late Spring Droughts Ruined Maize Harvests in Anahuac during the 1780s and 1790s." Unpublished manuscript.

Papeles de Nueva España. 9 vols. 1905~1948. ed. Francisco Paso y Troncoso. Madrid.

Parsons, Jeffrey R. and Mary H. Parsons. 1990. *Maguey Utilization in Highland Central Mexico: An Archaeological Ethnography.* Ann Arbor, Mich.

Patch, Robert. 1976. "La formación de estancias y haciendas en Yucatan durante la colonia." *BoLetín de La EscueLa de Ciencias Antropogicas de La Universidad de Yucatan,* 4, pp. 21~61.

Peek, James M. 1980. "Natural Regulation of Ungulates (What Constitutes a Wilderness?)" *Wildlife Society Bulletin,* 8, pp. 217~127.

Perez Urbe, Matilde. 1991.9.23. "Rechazen suspender el uso de aguas negras en Hidalgo." *La Jornada* (Mexico City).

_____. 1991.9.24. "Se reducirá el uso de aguas negras en el Mezquital: CNA." *La Jornada* (Mexico City). p. 1, p. 16.

Pineda, Raquel. 1981. *Catálogo de documentos para La historia deL Valle deL M ezquitaL en eL Archivo GeneraL de La Nación, México.* Mexico City.

Poillon, Jacqueline Signoret. 1970. "Datos sobre algunos características ecoloógicas del mesquite (*Prosopis Laevigata*) y su aprovechamiento en el Valle del Mezquital." In *Mesquites y huisaches, aLgunas aspectos de La economía, ecología y taxonomía de Los géneros prosopis y acacia en Mexico.* ed. Frederico Gomez Lorence. Mexico City.

Powell, J. M. 1975. "Conservation and Resource Management in Australia, 1788–1860." in *Australian Space, Australian Time*. eds. J. M. Powell and M. Williams. Melbourne.

Powell, Philip Wayne. 1952. *Soldiers, Indians, and Silver*. Berkeley and Los Angeles.

Pyne, Stephen J. 1982. *Fire in America: A Cultural History of Wildland and Rural Fire*. Princeton, N.J.

_____. 1991. *Burning Bush: A Fire History of Australia*. New York.

Rappaport, Roy A. 1987. "The Flow of Energy in Agricultural Society." Cited in Timothy C. Weiskel. "Agents of Empire; Steps Toward an Ecology of Imperialism." *Environmental Review*, 11(4), pp. 275~288.

Salvucci, Richard J. 1987. *Textiles and Capitalism in Mexico: An Economic History of the Obrajes*, 1539–1840. Princeton, N.J.

Sanders, W. J., J. R. Parsons, and R. Sandey. 1979. *The Basin of Mexico*. New York.

Sauer, Carl O. 1963. *Land and Life: A selection from the Writings of Carl Ortwin Sauer*. Berkeley and Los Angeles.

Schwartz, Stuart B. 1978. "Indian Labor and New World Plantations: European Demand and Indian Responses in Northeastern Brazil." *American Historical Review*, 83.

Scott, J. J. 1983. "Landslip Revegetation and Rabbits, Subantarctic Macquarie Island." *Proceedings of the Ecological Society of Australia*, 12, pp. 170~171.

Secretaria de Indústria y Comércio, Dirección General de Estadistica. 1971. In IX *Censo General de Población*. Mexico City.

Secretaria de la Presidencia, Comisión de Estudios del Territorio Nacional (CETE-NAL). Maps: Topographic, Soil Use, and Geology.

Secretaria de Programación y Presupuesto, Coordinación General de Servicios Nacionales de Estadistica Geográfica e Informática, Dirección General de Geografia del Territorio Nacional. Maps: Topographic, Soil Use, and Geology.

Serrera Contreras, Ramón Maria. 1977. *Guadalajara ganadera: Estudio regional novohispano, 1760–1805*. Seville.

Simpson, Lesley Byrd. 1952. *Exploitation of Land in Sixteenth Century Mexico*. Berkeley and Los Angeles.

Sinclair, A. R. E. 1979. "The Eruptions of the Ruminants." In *Serengeti: Dynamics of an Ecosystem*. eds. A. R. E. Sinclair and M. Norton-Griffiths, Chicago. pp. 82~103.

Smith, D. I. and B. Finlayson. 1988. "Water in Australia: Its role in environmental Degradation." In *Land, Water and People: Geographical Essays in Australian Resource Management*. eds. R. L. Heathcote and J. A. Mabutt. Sydney.

Stern, Steve J. 1988. "Feudalism, Capitalism and the World-System in the Perspective of Latin America and the Caribbean." *American Historical Review*, 93, pp. 829~872.

Stevens, Rayfred L. 1964. "The Soils of Middle America and Their Relationship to Indian Peoples and Cultures." In *Handbook of the Middle American Indian*. Vol. 1. Austin, Texas. pp. 265~315.

Strzelecki, Paul Edmund. 1845. *Physical Description of New South Wales and Van Diemen's Land*. London.

Swan, Susan. 1981. "Mexico in the Little Ice Age." Journal of InterDisciplinary History, 11(4), pp. 633~648.

Tamayo, Jorge L. 1964. "The Hydrography of Middle America." In *Handbook of the Middle American Indian*. vol. 1. Austin, Texas. pp. 84~121.

Taylor, William B. 1972. *Landlord and Peasant in Colonial Oaxaca*. Stanford, Calif.

Tewkesbury, A. R. 1961. "Soil Erosion and Soil Conservation in Northern New South Wales." *Journal of Soil Conservation, New South Wales*, 17(1), pp. 23~30.

Turner, J. S. 1962. "Catchment Erosion." In *The Simple Fleece*. ed. C. Barnard. Melbourne. pp. 170~183.

Van Young, Eric. 1981. *Hacienda and Market in Eighteenth-Century Mexico: The Rural Economy of the Guadalajara Region*, 1675-1820. Berkeley and Los Angeles.

_____. 1983. "Mexican Rural History Since Chevalier: The Historiography of the

Colonial Hacienda." *Latin American Research Review*, 18, pp. 5~61.

Vassberg, David E. 1984. *Land and Society in Golden Age Castile*. Cambridge.

Vázquez Lira. 1981.9.12. "Marginación." *Unomásuno*. Mexico City.

Vivo, Jorge A. 1964. "Weather and Climate of Mexico and Central America." In *Handbook of the Middle American Indian*. vol. 1. Austin, Texas. pp. 187~215.

Wagner, Philip L. 1955. "Parras: A Case History in the Depletion of Natural Resources." *Landscape*, 5, pp. 19~28.

_____. "Natural Vegetation of Middle America." In *Handbook of the Middle American Indian*. vol. 1. Austin, Texas. pp. 216~264.

Walker, J., R. J. Raison, and P. K. Khanna. 1986. "Fire." In *Australian Soils: The Human Impact*. eds. J. S. Russell and R. F. Isabel. Sta. Lucia.

Wallerstein, Immanuel. 1974. *The Modern World-System: Capitalist Agriculture and the Origins of the European World-Economy in the Sixteenth Century*. New York.

_____. 1980. *The Modern World-System II: Mercantilism and the Consolidation of the European World-Economy 1600-1750*. New York.

Weiskel, Timothy C. 1987. "Agents of Empire: Steps Toward an Ecology of Imperialism." *Environmental Review*, 11(4), pp. 275~287.

West, Robert C. 1964a. "Surface Configuration and Associated Geology of Middle America." In *Handbook of the Middle American Indians*. vol. 1. Austin, Texas. pp. 33~83.

_____. 1964b. "The Natural Regions of Middle America." in *Handbook of The Middle American Indian*. vol. 1. Austin, Texas. pp. 363~383.

Whalley, R. D. B., G. C. Robinson, and J. A. Taylor. 1978. "General Effects of Management and Grazing by Livestock on the Rangelands of the Northern Tablelands of New South Wales." *Australian Rangeland Journal*, 1(2), pp. 174~190.

Whitmore, Thomas M. 1991. "Sixteenth-Century Population Decline in the Basin of Mexico: A Systems Simulation." *Bulletin, Latin American Population History*,

20, pp. 2~18.

Williams, Barbara J. 1972. "Tepetate in the Valley of Mexico." *Annals of the Association of American Geographers*, 62(4), pp. 618~626.

Williams, N. Leader. 1988. *Reindeer on South Georgia: The Ecology of an Introduced Population*. Cambridge.

Wilson, P. R. and D. F. G. Orwin. 1964. "The Sheep Population of Campbell Island." *New Zealand Journal of Science*, 7, pp. 460~490.

Wodzicki, Kazimirez. 1961. "Ecology and Management of Introduced Ungulates in New Zealand." *La Terre et la Vie*, 1(jan.-Mar.), pp. 130~157.

Wolf, Eric and Angel Palerm. 1972. *Agricultura y civiliznción en Mesoamérica*. Mexico City.

Worster, Donald(ed.). 1990. *The Ends of the Earth*. Cambridge, 1988. "Ecology of Order and Chaos." *Environmental History Review*, 14(1-2), pp. 1~18.

Wright, H. A. 1986. "Effect of Fire on Arid and Semi-Arid Ecosystems - North American Continent." In *Rangelands: A Resource Under Siege*. London.

Wright, H. A., Stephen C. Bunting, and Leon F. Neuenschwander. 1976. "Effect of Fire on Honey Mesquite." *Journal of Range Management*, 29(6), pp. 467~471.

Zambardino, R. A. 1980. "Mexico's Population in the Sixteenth Century: Demographic Anomaly or Mathematical Illusion?" *Journal of Interdisciplinary History*, 11, pp. 1~27.

찾아보기

옮긴이의 글

이 책은 미국의 역사가 엘리너 멜빌이 1994년에 출판(1997년 문고판 발간)한 *A Plague of Sheep: Environmental Consequences of the Conquest of Mexico*를 우리말로 옮긴 것이다. 멜빌의 이 첫 번째 저서는 유럽인들의 정복이 신세계의 환경에 미친 결과를 다루는 흥미진진한 연구서이다. 멜빌은 이 책 『양 떼의 재앙: 멕시코 정복이 환경에 초래한 결과』에서 구세계의 방목 가축들이 16세기 멕시코 중부의 산악 지대 메스키탈 계곡에 유입되면서 어떤 환경적·사회적 변화가 초래되었는지 탐구하고 그런 변화가 어떻게 에스파냐인들의 토지 인수와 광활한 농촌 지역의 지배를 가능하도록 이끌었는지 상세하게 고찰한다. 멜빌이 밝히듯이 해당 지역은 17세기 말에 '메스키탈 계곡' 또는 '엘 메스키탈'이라는 별칭을 얻었는데, 그 무렵 건조 상태, 토착 원주민들의 빈곤, 대토지 소유자들의 착취 등으로 널리 알려졌다. 대부분 현재 멕시코의 이달고 Hidalgo주에 속하는 메스키탈 계곡은 특정한 행정 단위나 지리적 공간, 정치적 단위가 아니었고 명확하게 규정된 농업 체계와 연관되지도 않았지만, 그런 평판 탓에 멕시코에서 척박한 지역의 전형이 되었다.

1970년대 중후반 미국의 역사학계에서 독자적인 분야로서 자리 잡기 시작한 환경사는 1990년대에 크게 성장했다고 할 수 있다. 도널드 워스터Donald Worster, 앨프리드 W. 크로스비Alfred W. Crosby, 캐롤린 머천트 Carolyn Merchant 등 제1세대 환경사 연구자들이 자연에는 순수한 무엇인가가 존재한다고 생각하면서 자연환경을 수동적이고 변하지 않는 것으로 상정했다면, 멜빌 같은 제2세대 환경사 연구자들은 자연환경이 특정한 역사적·문화적 맥락에서 구성된 산물이라고 파악한다. 멜빌의 연구는 신세계의 정복이 정치적·군사적 정복만큼이나 생물학적 정복이었고 뚜렷한 환경 변화를 수반했다는 크로스비의 통찰력에 힘입은 바 크다. 다만 크로스비가 여러 저서와 논문을 통해 유럽인들이 온대 기후대, 이른바 '신유럽'에 정착해 문화와 경관을 재생산할 수 있었던 수단에 주목해 온 반면, 멜빌은 원주민들이 거주해 온 열대와 산악 지대에서 정복의 특징이 무엇이었는지에 주의를 기울인다.

이 책에서 멜빌은 크로스비가 다룬 미개척지 전염병의 확산 외에 유제류(발굽 동물)의 급증이라는 환경 파괴적인 과정이 인간의 역사에 미친 광범위한 영향력을 추적한다. 멜빌은 지리 보고서, 법원 소송 사건의 증거로 활용된 토지 관련 서술 등에 근거해 16세기 중후반 메스키탈 계곡의 원주민 인구 격감, 농작물 생산과 자연환경의 변화를 세 국면으로 나눠 정리한다. 첫 번째 국면(1530~1565)에 유입된 구세계 종들은 대체로 그 개체 수가 폭증해 신세계의 생물학적·사회적 체제를 바꾸기 시작했다. 생물학적인 정복의 성공은 혼성 생물군의 규모와 다양성, 팽창 능력 등 '제국주의의 생태적 구성 요소'에서 비롯되었다. 식민 시대 초기에 조밀한 원주민 인구와 농경지 규모가 정착의 걸림돌인 듯했지만, 에스파냐인들은 정착지로 유럽식 농업의 기본 요소들을 수입하면서 원주민들이 재배한 농산물에 추가해 일종의 혼합 농업을 만들어냈다.

두 번째 국면(1565~1580)에는 집약적인 양 방목이 메스키탈 계곡의 생산을 지배했다. 목축업의 성행으로 매우 높은 방목률이 유지되면서 지역의 토착 생물학적 체제나 생태 환경은 근본적인 변화를 겪었다. 구세계 방목 가축들의 확산과 더불어 원주민 인구의 붕괴는 변화의 주된 계기였다. 에스파냐인 침입자들이 대동한 천연두, 홍역 등 유럽의 풍토병과 병원균은 아메리카 곳곳에서 원주민들에게 치명적인 전염병으로 폭발했다. 16세기 초부터 17세기 초까지 정기적으로 되풀이된 전염병은 원주민 인구를 매우 낮은 정체 상태까지 감소시켰고 그 산발적인 충격은 식민 시대 내내 이어졌다.

세 번째 국면(1580~1600)에는 양 떼의 규모와 밀도가 증가하면서 목축업자들이 덜 매력적인 곳에서도 목초지를 늘리고 토지를 독점하고자 했으며 에스파냐식 보유 체계로의 공식적인 토지 이전이 신속하게 이뤄졌다. 메스키탈 계곡은 본래부터 척박하지 않았지만, 집중적인 방목으로 토질이 회복할 수 없는 상태에 이르렀다. 목축 관련 활동에 더해 광산용 목재 공급, 석회 생산과 숯 제조용 벌목이 가속되면서 침식, 토양의 집수 가치 악화, 경토층硬土層 형성 등 심각한 환경 훼손이 발생했다. 정복 과정의 장기적인 여파는 20세기 말에도 포착되었지만, 멜빌의 연구는 1600년에서 끝을 맺는다. 메스키탈 계곡에서는 다양한 방식으로 취득된 토지에 대한 소유권이 1591년에 공인됨으로써 원주민의 체제에서 에스파냐식 토지 보유 체제로 이전되는 최종 단계가 완료되었다. 1600년 무렵 메스키탈 계곡 생산의 주도권은 소규모 토지를 기반으로 사업을 추진한 다수의 가축 소유자로부터 넓은 지역을 차지한 소수의 지주와 목축업자에게 넘어갔고 정복의 시대는 누에바 에스파냐 중부 산악 지대에서 마무리되었다. 농촌에는 아시엔다hacienda 체제로 대표되는 식민지 생산 체제의 틀이 자리 잡았다.

멜빌은 목축업의 팽창이 원주민들에 대한 정복과 광활한 농촌 지역의 지배를 가능하게 만들었을 뿐 아니라 환경 변화가 식민 사회의 전개 과정에서 중대한 역할을 맡았다는 견해를 제시한다. 환경 변화는 집약적인 관개 농업에서 목축업으로 바뀐 메스키탈 계곡 지역의 생산 활동을 고착시켰다. 멜빌이 에스파냐인들의 침입 이전에 이미 메스키탈 계곡의 토지에 대한 압력이 심해졌거나 훼손의 경향이 있었는지를 따져보기 위해 고고학적 증거를 제대로 채택하지 않았다는 비판이 존재한다. 하지만 멜빌이 환경 결정론의 덫에 빠지지 않으면서 연구 결과를 정치적·사회적 맥락에 자리매김하려는 시도는 주목할 만하다. 환경 결정론은 지리적 조건이나 자연환경과 기후 등이 인간의 사회 활동과 문화를 결정하는 주된 요소임을 강조하는 경향인데, 멜빌은 환경 변화가 정복 단계에 미친 영향을 강조하면서도 에스파냐인과 원주민들이 토지, 물, 목초지에 접근하는 과정에서 어떻게 법률과 관습을 교묘하게 활용했는지, 그리고 에스파냐 법률을 제대로 알지 못했던 원주민과 에스파냐인 사이의 권력 차이, 천연자원 이용에 대한 이질적인 인식 등의 문제를 놓치지 않는다.

목초지와 물, 토지에 대한 에스파냐인들의 권리 획득은 정복의 본질적인 요소였는데 그 주된 수단은 무력의 활용이었다. 하지만 멜빌은 에스파냐인들의 정복과 지배 방식을 설명하는 데 그것만으로 충분하지 않다고 지적한다. 그들의 토지 인수가 흔히 물리적 폭력 없이 법정 다툼을 통해 이뤄졌기 때문이다. 약삭빠른 이들은 판결의 취지를 왜곡하거나 법의 허점을 노리면서 에스파냐 법률의 적절한 적용을 어그러뜨렸다. 또한 에스파냐인 목축업자들은 토지에 대한 개인의 권리가 농작물의 파종부터 수확에 이르는 기간에만 유효하고 그루터기만 남은 밭이나 휴경지를 공유 목초지로 취급하는 자국의 관행('수확기 방목 허가')을 근거로 메스키탈 계곡 원주민들의 농경지를 방목지로 활용하려고 했다. 목축업의 팽창으로 대변되는 에스파냐인들의 정복 과정에 무단 점유와 불법적인 토지 약탈, 무력, 토지와 자원 활용에 대한 이질적인 인식, 합법적인 자원의 개발 등이 모두 작용한 셈이었다.

멜빌은 당대의 여러 가지 증거를 검토한 뒤 메스키탈 계곡이 고립된 사례가 아니었음을 강조한다. 유제류 급증의 모델에 따라 예측된 것처럼 방목 가축들이 유입된 누에바 에스파냐의 어디에서나 개체 수가 기하급수적으로 증가해 정점에 도달한 뒤 과도한 개발과 환경 악화 탓에 하락하고 시간이 더 흐르면서 점차 안정되는 양상을 보였다. 멜빌은 16세기 초 메스키탈 계곡이 오염되지 않은 낙원은 아니었을지라도 사회 경제적 수요와 환경 사이에 얼마간 균형이 유지된 상태였으리라고 유추해 낸다. 그러나 에스파냐인들은 진행 중인 과정을 확대하고 강화하는 데 그치지 않았고 인간과 자연환경 사이의 관계를 바꿨다. 사회적이고 생태적인 변화의 원동력에 새롭고 이질적인 요소들을 추가함으로써 그들은 감당하기 힘든 상황을 촉발했고 그 결과 유럽인뿐 아니라 원주민에게도 이질적인 세계가 생겨났다. 멜빌은 메스키탈 계곡이 복잡한 농경의 조합에서 대규모 목장이 지배하는 관목들의 건조 지대로 바뀌게 된 것, 달리 말해 '자연 발생적으로' 척박한 멕시코 지역들의 전형처럼 여겨지도록 메스키탈 계곡의 경관이 변형된 것은 "정복 과정의 불평등한 권력관계로부터 발생했고 가장 중요하게는 신세계 환경의 본질에 대한 무지에서 비롯되었다"라고 결론짓는다.

이 책의 제목에 나오는 plague는 오늘날에도 양과 염소 떼를 파괴한다고 알려진 peste de petits ruminantsPPR 같은 치명적인 바이러스성 전염병을 가리키는 표현이 아니라 양 떼의 유입 자체가 메스키탈 계곡에 초래한 재난 또는 재앙 같은 상황을 의미한다. 따라서 제목은 양들의 역병이나 전염병이 아니라 양 떼의 재앙으로 옮긴다. 어린 시절부터 누구이 들어온 성경 속의 '선한 목자'와 '순한 양'의 이미지 때문인지 양이나 양 떼는 그저 수동적인 존재로 각인되어 있었는데 역사적 현실 속의 양 떼는 재앙의 주역으로까지 지목된 셈이다.

끝마치기 전에 특기할 만한 몇 가지 사항을 간단히 언급하고 싶다. 우선 멜빌이 극도로 상세하게 소개한 1차 자료의 출처를 훑어보기만 하더라도 『양 떼의 재앙』이 그야말로 혼신의 역작임을 느낄 수 있으리라 생각한다. 또 『양 떼의 재앙』 3장에서는 경관과 기후가 멕시코와 유사한 호주 뉴사우스웨일스New South Wales 산악 지대와 고원의 19세기 역사가 일종의 비교 사례 연구로 제시된다. 목축업의 도입이 기존 생태계와 환경에 미친 충격을 보여주는 이 비교 서술은 흥미로운 부분인데 미국의 서남부, 아르헨티나의 팜파스Pampas, 에스파냐의 카스티야Castilla 등과의 비교가 더 설득력이 있거나 현실적이지 않겠느냐는 지적이 있기도 하지만, 그것은 멜빌의 생활 체험과 현장 연구가 반영된 결과로 이해해야 할 것이다. 아울러 『양 떼의 재앙』 5장이 주시하는 사실, 즉 환경 변화가 뚜렷하기에 예전의 토지 이용 양식의 흔적이 사라지고 양 방목의 증거만 남은 시점에 그런 증거를 활용해 에스파냐인들의 토지 소유권 청구를 확정하고 원주민들의 권리를 부인한다든지 무단 점유와 약탈을 사실상 용인해 주는 소유권의 공식적 승인을 거친다든지 법정 소송전과 이른바 '법의 지배'가 에스파냐인 목축업자들의 토지 장악을 촉진하고 식민 지배 구조를 확립하는 주된 방식이었다는 점을 확인하면서, 기막히게도 오늘날 세계 여러 곳에서 더욱 기승을 부리고 득세하는 듯한 '법 기술자'의 행태를 떠올릴 수밖에 없을 듯하다.

마지막으로 『양 떼의 재앙』의 번역 출판을 후원하는 한국외국어대학교 중남미연구소에 감사의 말씀을 전한다. 산업 문명에서 생태 문명으로의 이행이라는 소중하고 뜻깊은 연구 의제에 주력하고 있는 연구소의 학술 활동에 약간이나마 힘을 보탤 수 있게 되어 기쁘다. 그리고 김윤경(6장과 부록), 하상섭(3장), 박구병(1~2, 4장), 황보영조(5장)가 분량을 나눠 번역 작업을 진행한 뒤 박구병이 용어 통일과 초고 전체 검토를 포함해 내부 감수자의 역할을 맡았음을 밝히며, 세심하게 원고를 다듬어준 한울엠플러스(주)의 편집진에게도 감사드린다. 잘못된 번역과 거친 대목 들이 남아 있다면 그것은 전적으로 감수자의 역량 부족 탓이다. 지난 30여 년 동안 동서양의 학계에서 명성이 자자했던 『양 떼의 재앙』이 한국의 독 자들에게도 좀 더 효과적으로 읽힐 수 있기를 기원한다.

2025년 1월
옮긴이를 대표해 박구병

지은이

엘리너 G. K. 멜빌(Elinor G. K. Melville, 1940~2006) 역사와 인류학의 학제 간 연구 분야의 선구적인 학자 멜빌은 1983년 미시간 대학교(University of Michigan)에서 인류학 박사 학위를 받았다. 요크 대학교(York University) 역사학과 및 환경학부 교수로 재직하던 중 세상을 떠났다. 『양 떼의 재앙』으로 1995년 미국역사학회 볼턴 상(AHA Bolton Prize)을 수상했고, 그 후 관심을 경제사로 확장시켜 『케임브리지 라틴아메리카 경제사(*Cambridge Economic History of Latin America*)』(공저)를 비롯해 많은 논고를 남겼다.

옮긴이

김윤경 서울대학교 서양사학과를 졸업하고 대학원에서 멕시코혁명 후 인디헤니스모에 관한 연구로 박사 학위를 받았다. 현재 한국외국어대학교 중남미연구소 HK+ 사업단 연구교수로 재직 중이다. 주요 연구 활동 분야는 원주민의 사상, 원주민운동, 여성사, 종교사이다. 저서로는 『라틴아메리카 문화 흠뻑』(공저), 『라틴아메리카 생태를 읽다』(공저), 『라틴아메리카 생태위기와 부엔비비르』(공저) 등이 있으며, 역서로는 『메소아메리카 전통의 꼬스모비시온 '우주와 신성'』(공역), 『메소아메리카 전통의 꼬스모비시온 '신과 인간'』(공역), 『과거는 살아 있다: 라틴아메리카 환경사』(공역) 등이 있다. 그 밖에 라틴아메리카 원주민의 역사에 관한 다수의 학술 논문이 있다.

하상섭 한국외국어대학교 스페인어학과 및 동 대학원에서 중남미 지역학(경제)을 전공하고 영국 버밍엄 대학교(University of Birmingham)에서 국제 정치 경제학 석사, 리버풀 대학교(University of Liverpool)에서 라틴아메리카 지역학으로 박사 학위를 받았다. 한국외국어대학교 중남미연구소 HK+ 사업단 연구교수를 거쳐 현재 국립외교원(KNDA) 전략지역연구부 교수로 재직 중이다(2024년 10월). 주요 연구 활동 분야는 국제정치, 라틴아메리카 정치 외교, 환경 정치, 기후 외교이다. 저서로는 『국제정치의 신패러다임: 존재론·인식론·방법론적 고찰』(공저), 공동 역서로는 『현대 카리브의 삶과 문화』, 『21세기 라틴아메리카 기후변화에 대한 새로운 도전: 저탄소 성장을 향한 대응과 적응』 등이 있다. 이 밖에도 라틴아메리카 관련 국제 정치, 정치 사회, 환경 정치, 기후 외교 분야에서 다수의 학술 논문이 있다.

박구병 서울대학교 서양사학과에서 학사 학위와 석사 학위를 받고, 미국 로스앤젤레스 소재 캘리포니아 주립대학교(UCLA) 사학과에서 멕시코 정치의 탈군사화 과정 연구로 박사 학위를 받았다. 현재 아주대학교 사학과 교수로 재직 중이다. 주요 연구 분야는 멕시코 혁명을 비롯한 20세기 라틴아메리카 정치사, 미국과 라틴아메리카의 관계이다. 저서로는 『세계화 시대의 서양현대사』(공저), 『글로벌 냉전과 동아시아』(공저), 『제3세계의 역사와 문화』(공저), 『사회갈등과 역사교육』(공저) 등이 있고, 역서로는 『아메리카노: 라틴아메리카의 독립투쟁』(공역), 『현대 라틴아메리카』(공역), 『과거는 살아 있다: 라틴아메리카 환경사』(공역), 『변화하는 라틴아메리카: 세계화와 근대성』, 『근대세계체제 IV』 등이 있다. 그 밖에 20세기 라틴아메리카 정치사에 관한 다수의 학술 논문을 집필했다.

황보영조 서울대학교 서양사학과를 졸업하고 박사 과정을 수료한 뒤, 마드리드 콤플루텐세 대학교에서 에스파냐 현대사 연구로 박사 학위를 받았다. 현재 경북대학교 사학과 교수로 재직 중이다. 주요 연구 활동 분야는 에스파냐 내전과 프랑코 정권, 아나키즘이다. 저서로는 『순례의 인문학: 산티아고 순례길, 이냐시오 순례길』, 『토지와 자유: 에스파냐 아나키즘 운동의 역사』, 『기억의 정치와 역사』, 『토지, 정치, 전쟁』, 공동으로 집필한 저서로는 『세계 각국의 역사논쟁』, 『스페인 문화 순례』, 『세계화 시대의 서양현대사』, 『역사가들』, 『꿈은 소멸하지 않는다』, 『대중독재』 등이 있고, 역서로는 『인류의 발자국』, 『세계사 특강』, 『전쟁의 패러다임』, 『정보와 전쟁』, 『대중의 반역』, 공동 역서로는 『피와 불 속에서 피어난 라틴아메리카』, 『현대 라틴아메리카』, 『아메리카노』, 『스페인사』 등이 있다. 이 밖에도 에스파냐 현대사 분야에 관한 다수의 학술 논문이 있다.

생태문명총서 6
한울아카데미 2566

양 떼의 재앙
멕시코 정복이 환경에 초래한 결과

지은이 엘리너 G. K. 멜빌
옮긴이 김윤경·하상섭·박구병·황보영조
펴낸이 김종수
펴낸곳 한울엠플러스(주)
편집 김우영

초판 1쇄 인쇄 2025년 2월 6일
초판 1쇄 발행 2025년 2월 25일

주소 10881 경기도 파주시 광인사길 153 한울시소빌딩 3층
전화 031-955-0655
팩스 031-955-0656
홈페이지 www.hanulmplus.kr
등록 제406-2015-000143호

Printed in Korea.
ISBN 978-89-460-7566-5 93950(양장)
        978-89-460-8367-7 93950(무선)

이 저서는 2019년 대한민국 교육부와 한국연구재단의 지원을 받아 수행된 연구임
(NRF-2019S1A6A3A02058027)